서양 근대합리론 특강

저자 | **박삼열**

숭실대학교 철학과 졸업
영국 글래스고 대학교 철학박사
현 숭실대 조교수

주요논문
「개인과 공동체에 관한 스피노자적 고찰」
「스피노자의 속성개념에 대한 객관적 해석의 문제점」
「라이프니츠의 현상론」

서양 근대합리론 특강

2010년 10월 20일 초판 인쇄
2010년 10월 25일 초판 발행

지 은 이 | 박 삼 열
펴 낸 이 | 이 찬 규
펴 낸 곳 | 선 학 사
등록번호 | 제10-1019호
주 소 | 121-801 서울시 마포구 공덕동 115-13번지 2층
전 화 | 02) 704-7840
팩 스 | 02) 704-7848
이 메 일 | sunhaksa@korea.com
홈페이지 | www.sunhaksa.com
ISBN 978-89-8072-241-9 (93160)

값 14,000원

이 도서의 국립중앙도서관 출판시도서목록(CIP)은
e-CIP 홈페이지(http://www.nl.go.kr/ecip)에서 이용하실 수 있습니다.
(CIP제어번호: CIP2010003994)

서양 근대합리론 특강

박삼열 지음

선학사

일러두기

1. 스피노자의 『윤리학』은 다음과 같은 약자들로 인용된다.

- E = the *Ethics*
- A = axiom
- P = proposition
- D = definition
- Dem = the demonstration of the proposition
- C = corollary
- S = scholium
- Post = postulate
- L = lemma
- Exp = explanation
- Pref = Preface
- App = Appendix

예를 들어 'E1D1'은 '1부 정의 1', 'E2P13S'는 '2부 정리 13의 주해', 'E2P31Dem'는 '2부 정리 31에 대한 증명'을 의미한다.

2. 라이프니츠의 저작들은 다음과 같은 약자들로 인용된다.

- *DM* = *Discourse on Metaphysics*, cited by section number from Leibniz, *Leibniz: Discourse on Metaphysics, Correspondence with Arnauld and Monadology,* trans. Dr. George R. Montgomery (Illinois: The Open Court Publishing Company, 1950)
- *G* = *Die Philosophischen Schriften von G. W. Leibniz*, ed. C. I. Gerhardt, 7 vols. Berlin: Weidmannsche Buchhandlung, (1875-1890), cited by volume and page.
- *GM* = *Leibnizens Mathematische Schriften,* ed. C. I. Gerhardt (Berlin: A Asher, and Halle, 1849-1863), cited by volume and page.
  Gr = *Textes inedits*, ed. Gaston Grua(Paris: Presses Universitaires de France, 1948), cited by page.
- *L* = *Gottfried Wilhelm Leibniz: Philosophical Papers and Letters*. ed. and trans. L. E. Loemker. 2nd ed.(Dordrecht and Boston: Reidel, 1969), cited by page.
- *L-A* = *The Leibniz-Arnauld Correspondence,* ed. and trans. H. T. Mason(Manchester: Manchester University Press, 1967).
- *Mon* = Monadology, cited by section number from Monadology and Other Philosophical Essays, trans. Paul Schrecker and Anne Martin Schrecker(New York: The Bobbs-Merrill Company, 1965).

:: 머리말

20세기 철학 연구는 비교적 많은 인원들에 의해 이루어지고 있으며, 과학, 문화, 예술, 심리, 언어 철학 등 그 분과도 비교적 다양하다. 그런데 재미있는 사실은 꼭 시간적으로 멀다고 해서 그 관심이 먼 것은 아니라는 점이다. 서양 고대에 관한 연구를 보면 그 시대적 거리에 비하면 오히려 근대 연구보다 풍성한 편이다. 서양이든 동양이든 고대의 것들은 그 기원으로서 나름의 관심을 받고 있다. 대학에서도 기원전 수세기 전의 사상을 마치 최신 포스트모던 사상을 대하는 것처럼 신선하게 느끼는 학생들이 많이 있다. 이들에게는 도리어 근대의 철학은 너무도 낡고 멀리 있는 것으로 인식되기도 한다.

그러나 서양의 역사에서 근대는 철학과 과학이 아직 분리되지는 않았지만 각 학문이 각자의 길을 모색함으로써 사회 전체가 어느 때보다도 활발한 지적 모험을 감행하던 시기였다. 따라서 이 시기는 그 어느 시기보다 치열한 지적 작업이 이루어졌고, 풍부한 문화적 결실을 맺었다. 또한 이러한 발전의 결과는 오늘날의 과학문화로 이어지게 되었고, 이러한 직, 간접적인 영향은 다양한 분야의 발전에도 자극이 되었다.

이처럼 서양 근대철학은 우리에게 학적 지식과 인간에 대한 근본적인 문제제기, 그리고 문제해결을 위한 끝없는 노력이라는 측면에서 많은 도전을 준다. 또한 다양하고 풍부한 상상력의 보고(寶庫)로 알려져 있다. 이러한 보고를 제대로 활용하기 위해 필자는 그동안 연구한 서양근대 합리론을 책으로 내게 되었다.

서양의 합리주의 정신은 근대에 들어서 꽃을 피우게 되었다. 근대철학의 근본정신을 파헤치고 이것이 현대철학에 어떠한 영향을 미치며 발전되는지 살펴보는 것은 단순히 철학적 연구를 넘어서 서양의 근대와 현대의 사상사 그리고 그 영향으로 근대화과정을 거친 우리의 정신사를 근본적으로 조망하는 일이 될 것이다.

끝으로 이 책이 세상 빛을 볼 수 있도록 도움을 주신 많은 분들께 감사드린다. 무엇보다 본인에게 근대 사상으로 처음 길을 열어주신 최명관 선생님께 감사를 드린다. 허심탄회한 토론으로 필자의 학문적 발전에 많은 도움을 주시는 서양근대철학회의 선생님들께도 감사를 드린다. 그리고 어려운 출판계의 사정에도 불구하고 이 책의 출간을 선뜻 허락해 주신 이찬규 사장님께 감사를 드린다.

2010년 10월

박삼열

:: 차 례

| 제1장 |

아리스토텔레스와 스피노자

스피노자의 형이상학을 아리스토텔레스주의의 관점에서 이해해야 한다는 해석이 있다. 이 해석에 의하면 그의 형이상학은 아리스토텔레스의 형이상학을 새로운 용어로 재진술한 것에 불과하다. 따라서 그의 형이상학은 아리스토텔레스의 질료형상론(hylomorphism)에 기원을 두고 있다는 것이다. 사실상 스피노자의 형이상학은 질료형상론으로 해석될 가능성을 항상 안고 있다. 그 이유는 그가 데카르트의 이원론에 반대하여 정신과 물체에 대해 일원론적 입장을 지니고 있기 때문이다. 스피노자의 형이상학은 데카르트의 실체개념의 문제점을 해결하는 것에서 시작하고 있다. 데카르트는 실체개념을 새롭게 정립함으로써 새로운 세계관을 제시한다. 그는 목적론적 자연관에 반대하여 자연에서 정신을 분리시킨다. 따라서 자연은 물질만을 가진 기계론적 자연이 되었다. 그러나 그는 자연에서 분리시킨 정신을 사유하는 실체로 인정함으로써 전혀 다른 속성을 가진 두 실체를 인정하게 된다. 데카르트는 실체를 우선 무한실체와 유한실체로 구분한다. 무한실체는 신이고, 유한실체는 비록 신에게는 의존하고 있더라도, 세계 안에 있는 어떤 것에도 의존하지 않고 스스로 독립하여 존재하는 것이다. 이 유한실체는 사유하는 실체인 정신과 연장된 실체인 물체로 구분된다. 각각 다른 속성을 가진 두 개의 실체(사실상 세 개의 실체)의 문제점은 인간이 서로 다른 실체인 정신과 물체로 구성된다는 주장에 이르러서는 더욱 큰 난관에 봉착하게 된다.

스피노자의 과제는 데카르트의 이러한 문제점을 극복하는 것이었는데, 그의 해결방법은 의외로 간단하다. 정신을 다시 자연으로 귀속시켜 데카르트의 '물질적 자연'을 '정신과 물질을 가진 자연'으로 만드는 것이었다. 데카르트가 정신을 자연에서 떼어내어 인간에게만 포함시킨 이유는 인간 정신의 자유의지가 기계론적 자연관과 모순되기 때문이다. 그러나 스피노자는 자유의지를 인간정신의 상상이나 착각으로 간주하면서 부정하였기 때문에 기계론적인 자연에 정신을 포함시키는 데 아무런 문제가 없었다. 그 결과 스피노자는 이 세계에 대해 정신과 물체로 분리되지 않은 하나의 실체를 주장할 수 있었다. 그리고 그의 범신론과 자연주의에 의해서 그 하나의 실체는 다름 아닌 신 즉 자연이 된다. 데카르트에서는 '신이라는 무한실체'와 '정신과 물체라는 유한실체들'이 있는 반면에 스피노자에서는 이 여러 실체들이 하나의 실체로 단순화된 것이다. 그리고 이 실체는 사유 속성과 연장 속성을 소유하고 있는 자연이다.[1] 이렇게 자연의 모든 대상이 사유 속성과 연장 속성을 소유한다는 스피노자의 이론은 모든 개물이 질료와 형상으로 이루어져 있다는 질료형상론과 매우 유사하다. 물론 목적론적 자연관과 기계론적 자연관의 차이가 있기는 하지만, 이것만 제외하면 스피노자는 데카르트가 새롭게 정립한 세계관을 다시 아리스토텔레스의 세계관으로 돌려놓고 있는 듯하다. 따라서 우리는 스피노자의 형이상학을 아리스토텔레스의 질료형상론으

---

1 '실체 즉 신', '신 즉 자연'으로 표현되는 그의 세계관은 하나의 실체가 신이고, 또한 자연이기 때문에 데카르트의 다수의 실체의 문제를 해결한 것으로 보인다. 그러나 정신과 물체의 본질인 사유 속성과 연장 속성들이 이제는 하나의 실체에 속하게 되는 문제가 발생하였다. 즉 하나의 실체가 두 개의 본질을 가지게 된 것이다. 더 나아가 스피노자는 사실상 무한한 수의 속성들을 주장하면서, 그 중에서 인간이 지금까지 발견한 속성은 사유와 연장뿐이라는 점을 강조한다. 그렇다면 하나의 실체가 무한한 수의 본질을 가진다는 모순된 결론이 나온다. 따라서 스피노자의 속성개념은 그의 형이상학을 이해하는데 상당히 중요한 개념이다. 그의 속성개념의 성공여부에 따라 그는 데카르트의 문제점들을 해결하는 것뿐만 아니라 자신이 제시한 새로운 세계관에 정당성을 부여할 수 있기 때문이다. 스피노자의 속성개념의 문제점에 대해서는 다음의 논문을 참조하기 바란다. 박삼열, 「스피노자의 속성개념에 대한 객관적 해석의 문제점」, 『철학연구』 제58집(2002, 가을) 259-277쪽.

로 해석하려는 유혹을 항상 느끼게 되는 것이다.

이 장의 목적은 스피노자의 형이상학에 대한 이러한 질료형상론적 해석을 비판하는 데 있다. 스피노자의 형이상학을 올바르게 이해하기 위해서는 그의 형이상학이 질료형상론과 관계가 없다는 점을 인식하는 것이 반드시 필요하다. 스피노자와 아리스토텔레스의 형이상학적 체계를 자세히 고찰해 본다면, 우리는 질료형상론적 해석의 유혹에서 벗어날 수 있을 것이다.

1. 아리스토텔레스와 스피노자

1) 아리스토텔레스의 질료형상론

'질료-형상' 체계에 대한 아리스토텔레스의 기본적인 주장을 살펴보는 것은 스피노자의 철학에 대한 질료형상론적 해석을 고찰하는 데 필요한 작업이다. 아리스토텔레스에 의하면, 개별적 사물은 그것의 재료들에 어떤 힘이 결합되어 구성된다. 청동구형체를 예로 들면, 청동이라는 재료에 구형성이 결합되면 청동구형체가 된다. 여기서 청동은 질료이고, 구형성은 형상이라고 한다. 그렇지만 형상을 청동구형체의 경우에서처럼 단순히 형태나 모양이라고 생각해서는 안 된다. 아리스토텔레스는 형상을 속성, 구조, 힘 등으로 간주한다. 예를 들어 떡갈나무의 경우, 형상은 단순히 그것의 가시적인 형태가 아니다. 떡갈나무에서 형상은 물과 다른 영양분들이 함께 작용함으로써 이루어진 성장과 열매의 산출 등의 활동들로 구성되는 전체 조직을

포함한다.[2] 이러한 질료-형상 체계는 다음과 같은 보기들로 설명될 수 있다.[3]

질 료	형 상	합성체
청동	구형성	청동구형체
나무와 쇠	절단하는 능력	도끼
빵과 치즈	얇게 썬 빵조각 사이에 치즈를 넣는 것	샌드위치
벽돌과 목재	은신하는 능력	집
문자들	순서대로 배열하기	단어

위의 보기에서처럼 어떤 질료가 적절한 형상과 결합하게 되면, 합성체 즉 현실태가 된다. 도끼를 예를 들면, 나무와 쇠에 절단하는 능력이 결합되면 도끼라는 합성체가 된다. '질료-형상' 체계는 인간 존재와 같은 살아있는 유기체에게도 그대로 적용된다. 아리스토텔레스에게 영혼은 기관을 가진 신체의 형상이고, '신체, 영혼, 인간(또는 동물, 식물)'은 각각 질료, 형상, 합성체이다. 따라서 인간존재의 경우, 어떤 신체에 합리적인 영혼이 결합하면 개별적인 인간이 된다.[4] 인간에 대한 질료형상론적 개념은 '질료'와 '조직화된 형상'의 결합 즉 '신체

---

2 R. S. Woolhouse, *Descartes, Spinoza, Leibniz: the Concept of Substance in Seventeenth Century Metaphysics* (London: Routledge), 10쪽. 울하우스 역시 스피노자의 형이상학에 대해 질료형상론적 관점을 가지고 있다.

3 J. L. Ackrill, "Aristotle's Definition of *Psyche*," in Jonathan Barnes, Malcolm Schofield, Richard Sorabji (eds.), *Articles on Aristotle*, vol. 4 (London: Duckworth, 1979), 66쪽. 마지막 '문자들'의 보기는 필자의 것이다.

4 같은 논문, 같은 쪽. 또한 Richard Sorabji, "Body and Soul in Aristole," in Jonathan Barnes, Malcolm Schofield, Richard Sorabji (eds.), *Articles on Aristotle*, vol. 4 (London: Duckworth, 1979), 43-45쪽 참조.

의 피와 살'과 '합리적 영혼'의 합성체이다. 이처럼 질료형상론은 아리스토텔레스에 그 기원을 두고 있으며, 모든 자연적 대상들이 어떻게든 질료와 형상으로 구성되어 있다고 주장한다. 비록 아리스토텔레스의 형이상학적 체계에 대해 다양한 해석들이 있다고 하더라도, 위의 내용은 그의 질료형상론에 대한 일반적인 설명이다. 그리고 스피노자 철학에 대한 질료형상론적 해석은 아리스토텔레스의 지적 유산을 스콜라철학을 통해 스피노자가 물려받았다는 관점에서 전개되고 있다.

2) 스피노자와 질료형상론

울프슨은 스피노자 철학에 대한 질료형상론적 해석을 『스피노자의 철학』(*The Philosophy of Spinoza*)의 전반에 걸쳐 주장한다.[5] 이 해석에 따르면 스피노자의 형이상학적 체계는 아리스토텔레스의 질료형상론에 그 기원을 두고 있다. 즉 아리스토텔레스 철학이 중세 스콜라철학을 통해 스피노자에게 많은 영향을 끼쳤다는 것이다. 울프슨이 주장하는 스피노자에 대한 아리스토텔레스의 주된 영향들은 다음과 같다.

---

5 H. A. Wolfson, *The Philosophy of Spinoza*. 1, 2권. New York: Schocken Books, 1969. 울프슨은 스피노자 철학의 해석사에서 빼놓을 수 없는 중요한 학자이고, 질료형상론적 해석의 대표적인 학자이다. 또한 2권으로 된 그의 책은 스피노자 철학에 관한 많은 정보를 담고 있다. 따라서 그의 책은 스피노자를 공부하는 사람들이 읽어야 하는 필독서 중의 하나이고, 쉽게 접하게 되는 책이다. 그런데 스피노자를 공부하는 초기에 그의 책을 접하게 되면, 우리는 스피노자를 아리스토텔레스주의자로 (잘못) 간주하게 되고, 그 선입관에서 벗어나기가 쉽지 않다. 이 글은 그의 질료형상론적 해석을 고찰하고 비판함으로써 그러한 선입관을 가지지 않게 하거나 벗어나게 하는 데에도 그 목적이 있다.

① 존재론적 체계

스피노자의 '실체와 양태'에 관한 이론 / 아리스토텔레스의 '유(類)와 종(種)'의 원리

② 속성이론

스피노자의 '연장과 사유' / 아리스토텔레스의 '질료와 형상'

③ 심신이론

스피노자의 '신체의 관념으로서의 정신' / 아리스토텔레스의 '신체의 형상으로서의 영혼'

(1) 존재론적 체계

실체개념에 대한 스피노자의 정의는 다음과 같다. "실체란 자기 자신 안에서 자신만으로 존재하며, 자기 자신에 의해서 생각되는 것으로 이해한다. 다시 말하면 자신의 개념을 형성하기 위해 다른 어떤 개념도 필요로 하지 않는 것이다"(E1D3). 울프슨은 스피노자가 이 정의에서 '자신에 의해 생각되는'이라는 구절을 첨가함으로써 중세 아리스토텔레스주의자들의 정의를 재구성하고, 또한 실체를 신에게만 제한시키려는 시도를 했지만, 그의 정의가 중세의 정의로부터 본질적으로 달라진 것이 없다고 주장한다.[6] 스피노자는 중세철학자들에게 이미 생각되어진 정의, 즉 '그 자체 안에 존재한다'는 정의를 실체개념에 더 엄격하게 적용했을 뿐이라는 것이다. 이 문제에 대해 울프슨은 다음과 같이 결론내린다. "그래서 '실체'라는 용어에 대한 중세의 정의는 스피노자에게서 비록 그것이 신에게만 적용된다고 하더라도 어떤 변화도 없다. 그것은 여전히 자신 안에 존재하는 것으로 정

6 같은 책, 1권, 66쪽.

의되고 있다."[7]

울프슨은 또한 스피노자의 양태 개념도 아리스토텔레스와 연관을 맺고 있다고 지적한다. 스피노자의 '양태'는 아리스토텔레스의 '양태'와는 달리 우유(偶有)적인 성질을 전혀 가지고 있지 않다. 그럼에도 불구하고, 그는 스피노자의 양태 개념의 기원을 아리스토텔레스의 논리학에서 찾아볼 수 있다고 주장한다. 그것은 다름아닌 '유(類) 안에 있는 종(種)'의 개념이다.

> 이것[유 안에 있는 종]이 스피노자가 양태에 대한 그의 정의 즉 '다른 것 안에 있고, 또한 다른 것에 의해 이해되는 것'이라는 정의에서 의미하고자 한 것이다. 다시 말하자면, 개체가 그것의 유 안에 있다는 의미에서 양태는 다른 것[실체] 안에 있고, 다른 것에 의해 이해된다는 것이다.[8]

이처럼 울프슨에 의하면 실체와 양태의 관계에 대한 스피노자의 이론은 아리스토텔레스의 유와 종의 관계로 설명될 수 있다. '양태들은 실체 안에 존재한다'라는 스피노자의 주장에는 아리스토텔레스의 유와 종의 개념이 함축되어 있다는 것이 울프슨의 관점이다. 그래서 그는 스피노자의 '실체와 양태의 관계'를 "인간은 동물 안에 있고, 일반적으로 종은 유 안에 있다"(*Physics*, IV 3, 210a 18)[9]라는 아리스토텔레스의 진술과 동일한 의미로 해석하고 있다. 그 결과, 울프슨은 스

---

7 같은 책, 1권, 76-77쪽.

8 같은 책, 1권, 76쪽.

9 아리스토텔레스의 진술들은 다음의 영역 본에서 인용된다. Aristoteles, *The Works of Aristotle Translated into English*. 2 vols. Edited and translated by Ross, W. D. Oxford: Oxford University Press, 1926.

피노자에서의 실체개념을 가장 상위의 유개념으로 이해하고, 양태를 유에 속하는 종개념으로 이해하고 있다. 따라서 '유가 종보다 우선한다'라는 아리스토텔레스의 주장은 "실체는 본성상 그것의 양태에 우선한다"(E1P1)라는 스피노자의 진술에 그대로 반영되어 있다는 것이다.[10] 이렇게 그는 스피노자를 아리스토텔레스주의자로 인정하면서, 자신의 질료형상론적 해석을 전개해 나간다.

(2) 속성이론

속성개념과 관련된 울프슨의 입장은 다음과 같다.[11] 그는 스피노자의 연장 속성과 사유 속성의 근거가 데카르트의 속성개념보다 아리스토텔레스의 '질료와 형상' 개념에서 더 많이 발견된다는 점을 강조한다. 그에 따르면, 스피노자의 '연장과 사유' 속성은 다름아닌 세계의 두 구성요소인 '질료와 형상'을 의미한다. 다만 스피노자가 이 두 요소를 '연장과 사유'라고 부르기를 선호했을 뿐이라는 것이다.[12] 스피노자의 '연장과 사유' 속성이 '질료와 형상' 개념에서 전환되었다는 것을 설명하는 것은 질료형상론적 해석을 정당화하는 데 근본적인 과제이다. 먼저 '형상'이 '사유'로 전환된 근거는 울프슨에게 아주 명백하다. 아리스토텔레스와 중세철학 전반에 걸쳐 최고의 형상 즉 신은 순수사유라고 불렀다. 이러한 사실에 기인해서 스피노자는 '형상'이라는 용어 대신으로 '사유'라는 용어를 사용했다는 것이다.[13] 다음, 질료가

10 Wolfson, 앞의 책, 1권, 77-78쪽.

11 스피노자의 '사유와 연장' 개념에 대한 울프슨의 해석은 다음을 참조하기 바란다. 같은 책, 1권, 214-261쪽.

12 같은 책, 1권, 235쪽.

13 같은 책.

연장으로 전환된 것에 대해 울프슨은 다음과 같이 진술한다.

> 아리스토텔레스와 그의 주석가들에 따르면, 4요소[물, 불, 공기 흙]의 기초를 이루는 공통의 질료는 연장된 어떤 것이다. 사실 연장된다는 것은 질료의 첫 번째 성질이고, 그렇기 때문에 [질료는] 연장이라고 불릴 수 있다.[14]

이 진술은 아리스토텔레스의 질료 개념과 스피노자의 연장 개념의 밀접한 연관성을 보여주고 있다. 울프슨에 의하면 스피노자는 질료와 형상을 대신할 수 있는 어떤 등가물을 찾으려고 시도했다. 물론 그것은 전통적인 '질료와 형상' 개념을 잘 대체할 수 있는 개념이어야 했다. 그리고 '사유와 연장'은 이러한 요구를 충족시키기에 적합한 개념이었다. 즉 스피노자는 자신의 이론에 적합하도록 아리스토텔레스의 '질료와 형상' 개념을 '연장과 사유' 개념으로 수정해서 사용하고 있다.[15] 질료형상론적 해석에서 스피노자의 형이상학은 새로운 용어들로 단장한 아리스토텔레스의 형이상학에 지나지 않는다.

(3) 심신이론

심신이론에 대한 아리스토텔레스의 영향은 다음과 같다. 스피노자는 '정신'을 '신체에 대한 관념'으로 이해한다. 그런데 울프슨은 이것 역시 '영혼'을 '신체의 형상'으로 이해하는 아리스토텔레스의 심신이론에서 받은 영향이라고 주장한다. 질료형상론적으로 해석되는 스피노자에게 '관념'이라는 용어는 아리스토텔레스의 '형상'의 감각, 상상

---

14 같은 책, 1권, 234쪽.

15 같은 책, 1권, 234-235쪽.

력, 지성의 의미로 사용되고 있다. 울프슨은 다음과 같이 진술하고 있다.

> 결과적으로, 영혼과 동일한 것은 사물의 형상이고, 질료가 아니라는 아리스토텔레스의 견해를 따라, 스피노자는 현실적인 인간정신과 동일한 최초의 것은 사물의 관념이라고 말한다. 여기에서 '관념'이라는 용어는 사물의 감각적이고, 상상적이고, 지성적인 형상이라고 아리스토텔레스가 부른 것을 포함한 가장 넓은 의미로 그[스피노자]에게 사용된다. 정신 또는 영혼은 관념과 동일하기 때문에 스피노자는 가끔 "관념 또는 영혼"(idea, seu anima)이라는 표현을 사용한다.[16]

위의 사실은 스피노자가 '관념'이라는 용어를 아리스토텔레스의 '형상'을 대신해서 사용하고 있다는 주장의 근거로 제시될 수 있다.

이것과 더불어 울프슨이 자신의 해석을 가능하게 하는 중요한 근거로 삼는 것은 "*omnia animata*"(모든 것은 영혼을 지니고 있다)라는 스피노자의 진술이다. "비록 정도의 차이는 있지만, 모든 개체는 영혼을 지니고 있다"(E2P13). 이 진술을 문자 그대로 해석하면, 동식물뿐만 아니라 모든 무생물에도 영혼이 있다는 물활론(animism)이나 범심론(panpsychism)이 된다. 그러나 울프슨의 관점에서는 오히려 위의 진술은 스피노자를 질료형상론자로 해석하게 하는 출발점이자 그 근거가 된다. 스피노자의 "*omnia animata*"는 바로 '모든 것이 형상을 지니고 있다'는 아리스토텔레스의 주장을 그대로 반영하고 있다는 것이 울프슨의 해석이다. "모든 개체가 영혼을 지닌다는 진술은 우리가 보여주려고 노력해 온 것처럼 자연에 대한 범심론적 개념을 지적하는 것이

16 같은 책, 2권, 47-48쪽.

아니다. …… 모든 것은 정도의 차이는 있지만 영혼을 가지고 있다는 진술을 통해 그[스피노자]가 의미하고자 하는 것은 모든 것은 다른 정도의 차이에서 형상들을 가진다고 아리스토텔레스가 말할 때 의미했던 것과 정확하게 같다."[17] 아리스토텔레스의 '형상'이 정도의 차이에서 모든 사물에 존재하고 있듯이, 스피노자의 관념 역시 다양한 정도의 차이에서 모든 사물에 존재하고 있다. "모든 것이 영혼을 가지고 있다"는 스피노자의 진술은 울프슨에게는 더 이상 범심론을 의미하는 것이 아니라, 질료형상론적 해석의 토대가 되고 있다.

이상에서 살펴본 것처럼, 실체, 속성, 심신관계에 대한 질료형상론적 해석은 나름대로 설득력을 지니고 있으며, 우리로 하여금 스피노자를 아리스토텔레스주의자로 보게 하는 몇몇 근거를 제시해 주고 있다.

2. 스피노자는 아리스토텔레스주의자인가?

스피노자는 휴고 복셀(Hugo Boxel)에게 보내는 편지에서 다음과 같이 언급하고 있다. "플라톤, 아리스토텔레스, 소크라테스의 권위는 나에게 그렇게 많은 영향력을 주지 못하고 있다"(서신 56).[18] 이러한

17 같은 책, 2권, 58-59쪽.

18 R. H. M. Elwes (trans.), *The Chief Works of Spinoza*, (London: Chiswick Press, 1883), vol. 2, 388쪽. 컬리(Curley)와 마크(Mark)는 울프슨의 입장을 공격하는데, 이 서신을 사용하고 있다. (E. M. Curley, *Spinoza's Metaphysics: An Essay in Interpretation* [Cambridge, Massachusetts: Harvard University Press, 1969],

사실은 우리가 스피노자의 형이상학적 체계를 질료형상론으로 해석하는 데 어려움이 따른다는 점을 시사한다. 그렇지 않다면 우리는 스피노자가 스스로 혼동하고 있다고 결론내려야 한다. 즉 자신의 형이상학이 질료형상론적 체계를 지니고 있으면서도 그 사실을 의식하지 못한다는 것이다. 여하튼 위의 진술로 미루어 보아서는 스피노자를 질료형상론자로 규정하는 울프슨의 해석은 스피노자를 곡해하고 있는 듯하다. 그럼 질료형상론적 해석이 정당화될 수 있는지 조사해 보기로 하자.

1) 존재론적 체계

우리는 울프슨이 스피노자의 '실체'와 '양태'를 아리스토텔레스의 유와 종(궁극적으로는 개체)[19]으로 각각 간주하는 것을 보았다. 울프슨은 또한 스피노자의 실체를 '우주를 초월해 있는 하나의 전체'로 간주한다. 따라서 그에게 스피노자의 실체와 양태의 관계는 전체와 부분의 관계로 이해된다. 그런데 아리스토텔레스에서도 유와 종의 관계는 다름 아닌 전체와 부분의 관계이다. 이렇게 아리스토텔레스의 유개념과 스피노자의 실체는 같은 맥락에서 이해되고, 공통된 특징을 가지고 있다. 실체와 유는 둘 다 '전체'로 이해되는 개념이고, 자기자신 안에 존재하고, 또한 개체(양태와 종개념)에 우선한다는 공통점을 가지고 있다.

31쪽; T. C. Mark, *Spinoza's Theory of Truth* [Now York: Columbia University Press, 1972], 11쪽, note 4).

19 울프슨은 한편으로는 '종'(species), 또 한편으로는 '개별적인 것'(individual things)이라는 단어를 사용한다.

그러나 이러한 해석이 설득력을 얻고 정당화될 수 있을지는 의문스럽다. 스피노자의 실체와 양태의 관계를 아리스토텔레스의 유와 종의 관계로 이해하기에는 다음과 같은 문제가 있다. 우선 유와 종의 관계를 실체와 양태의 관계에 적용시키기 위해서는 개별적인 인간보다 인간 종이 더 실재성을 지니고, 인간 종보다 동물 유가 실재성을 더 지니고 있어야 한다. 왜냐하면 스피노자에게 양태(또는 개체)는 실체보다 실재성을 덜 지니고 있기 때문이다. 하지만 아리스토텔레스에서 유가 종(또는 개체)보다 더 실재적인 것은 아니다.

다음으로 울프슨은 종이 유 안에 존재한다는 것과 동일한 의미에서 양태들이 실체 안에 존재한다고 주장한다. 그렇다면 컬리가 지적하고 있듯이, 아리스토텔레스의 논리학에 의해 양태들은 술어적인 의미에서 실체이어야 한다. 그러나 스피노자의 체계에서 이것은 불가능하다.[20] 이 점에 대해 조금 더 살펴보기로 하자. 아리스토텔레스에 따르면 소크라테스가 인간 종의 구성원이고, 인간이 동물 유의 종개념일 때 우리는 "소크라테스는 인간이다", 또는 "소크라테스는 동물이다"라고 말할 수 있다. "종은 개체의 술어가 된다. 그리고 유는 종과 개체의 술어가 된다"(*Categories*, Ch. 5, 3a 36-39).[21] 이것은 울프슨이 실체와 대응하는 개념으로 내세우는 최고의 유개념에 대해서도 마찬가지이다. 즉 우리는 "소크라테스는 존재이다"라고 말할 수 있다. 그러나 스피노자의 체계에는 이러한 종류의 관계가 전혀 없다.

---

20 E. M. Curley, *Spinoza's Metaphysics: An Essay in Interpretation* (Cambridge, Massachusetts: Harvard University Press, 1969), 32쪽.

21 이 문제와 관련해서 아리스토텔레스는 또한 다음과 같이 진술한다. "인간은 개별인간의 술어가 되고, 동물은 인간의 술어가 된다. 그래서 동물은 개별인간의 술어가 되기도 한다. 왜냐하면 개별인간은 인간과 동물 모두이기 때문이다" (*Categories*, Ch. 3, 1b 10-15).

실체에 대한 양태의 관계가 유에 대한 종의 관계와 같다면, 실체는 양태에 대해 술어가 될 수 있어야 한다. 하지만 어떤 양태에 대해서도 "양태 X는 실체이다"라고 말하는 것은 불가능하다. 그뿐 아니라, 스피노자에게 양태(또는 개체)는 아리스토텔레스의 개체와는 달리 자립적이지 않다. 양태는 실체에 의존해 있는 실체의 변용(變容)일 뿐이다. 이러한 사실들은 스피노자의 체계를 아리스토텔레스의 체계로 도식화될 수 없다는 것을 보여주고 있다.

더 나아가 실체와 유의 개념에 관한 울프슨의 해석에는 한 가지 중요한 문제점이 더 있다. 그것은 울프슨이 두 개념 모두에 적용하는 '우선성'에 관한 것이다. 앞에서 보았듯이, 울프슨은 "실체는 본성상 양태에 우선한다"(E1P1)라는 스피노자의 진술에 주목하면서, 아리스토텔레스의 '개체와 종에 대한 유의 우선성'을 스피노자가 실체개념에 수용하고 있다고 주장한다. 우선 스피노자의 형이상학에서 실체가 양태에 우선한다는 것은 의문의 여지없이 명백한 사실이다. 이제 아리스토텔레스에게서 유가 개체와 종에 우선한다는 사실이 참이라면, 울프슨은 자신의 질료형상론적 해석에 확실한 증거 하나를 확보하는 것이 된다. 하지만 '우선한다'는 말의 의미를 밝히지 않은 채 어떤 결론을 내리는 것은 성급한 듯하다. 왜냐하면 '우선한다'는 말은 다양한 의미로 사용되고 있기 때문이다. 먼저 유가 종에 대해 어떤 의미에서 우선하는 것인지를 밝히고, 그 다음 그 우선성이 양태에 대한 실체의 우선성과 같은 의미로 사용되었는지를 조사해야 할 것이다.

아리스토텔레스에게 '우선한다'는 말은 다음과 같이 다양한 의미를 가지고 있다(*Categories*, 14a26-14b24).

- 시간의 우선성 : '더 오래되고, 더 고대의' 경우, 우리는 '우선한다'고 말한다.
- 존재의 상호의존성의 우선성 : 예를 들어 B가 존재하면 A는 존재하지만 반대로 A가 존재한다고 해서 B가 반드시 존재하지 않을 때, 우리는 A가 B에 '우선한다'고 말한다.[22]
- 순서상의 우선성 : 예를 들어 기하학에서 '공리'는 '정리'에 순서상 '우선한다'.
- 가치의 우선성 : '보다 좋고, 보다 가치 있는' 경우 우리는 '우선한다'고 말한다.
- 원인의 우선성 : A가 B의 원인일 때 우리는 A가 B에 '우선한다'고 말한다.

그런데 다섯 가지 의미 중에서 그 어느 것도 유개념에는 쉽게 적용되지 않는 듯하다. 중세철학자들은 '종에 대한 유의 우선성'을 주장하려는 경향이 있지만, 아리스토텔레스에게 유의 우선성은 사실상 일반적인 경우가 아니다. 그럼에도 불구하고 울프슨은 유의 우선성을 강하게 주장하는데, 그가 근거로 내세우는 아리스토텔레스의 진술은 다음과 같다.

> 유와 종차를 없애면 종 또한 없어진다. 그래서 유와 종차는 종에 우선한다. 그것들은 또한 [종]보다 더 알려진다. 왜냐하면 종개념이 알려진다면 유와 종차는 필연적으로 알려지기 때문이다. (인간이 무엇인지 아는 사람은 동물과 지구상의 생물이 무엇인지를 또한 안다.) 반면에 유 또는

22 조금 더 구체적인 예를 들면 목재가 존재하면 나무가 존재하는 것은 당연하지만, 나무가 존재한다고 해서 목재가 반드시 존재하는 것은 아니다. 이때 우리는 '나무는 목재에 우선한다'고 말한다.

종차가 알려진다고 해서, 종 또한 알려진다는 것이 필연적으로 따라나오는 것은 아니다. 그래서 종은 덜 가지(可知)적이다. (*Topics*, IV, 4, 141b 28-34)

울프슨은 이 진술에서 아리스토텔레스가 유의 개념에 자신의 네 번째 의미의 우선성, 즉 '가치의 우선성'을 부여하고 있다고 주장한다. 이처럼 유가 종에 대해 가치의 우선성을 가지고 있다면, 우리는 유와 종의 관계를 실체와 양태의 관계로 해석할 수 있는 가능성을 가지게 된다. 그러나 우선 지적되어야 할 것은 위의 진술은 아리스토텔레스에게 다음의 인용되는 진술들과 비교해서 전형적인 진술이 아니다. "제2 실체들 중에서, 종은 유보다 더 진정한 실체이다"(*Categories*, Ch. 5, 2b 7-10) 또는 제2 실체들에서 "동물보다 인간이 더 많은 정보를 준다"(*Categories*, Ch. 5, 2b 33-34). 이러한 진술들은 오히려 유에 대한 종의 우선성을 보여주고 있다.

그러나 이렇게 아리스토텔레스의 상반된 진술들을 제시만 한다면, 울프슨의 해석에서 발생하는 의문점만을 제시하는 것에 불과할 것이다. 울프슨이 제시한 '우선성'에 대한 아리스토텔레스의 진술 역시 유효하고, 따라서 울프슨은 이 점에서는 나름대로 근거를 가지기 때문이다. 하지만 우리가 '우선성'의 다양한 의미에 보다 더 주의를 기울인다면, 그의 해석의 부적합성을 지적할 수 있다. 먼저 스피노자의 체계에서 양태에 대해 실체가 가지는 우선성의 의미를 정의할 필요가 있다. 주석가들의 관점에 따라서 약간의 차이는 있겠지만, 공통적으로 인정되는 의미는 '원인의 우선성'이다. 스피노자의 형이상학에서 실체가 양태의 원인이라는 점은 본질적인 요소이다. 그렇다면 유와 종의 관계에 대해 울프슨이 주장하는 우선성은 이러한 '원인의 우선성'의 의미를 포함하고 있어야만 한다. 울프슨 역시 이 점을 인식하고 있었다. 그래서 그는 가치의 우선성과 더불어 원인의 우선성도 유의 우선성으로 간주한다.[23] 그의 진술은 다음과 같다. "이것[실체가 양태의 원인이라는 것]은 그것[유]을 원인의 의미로 사용한 것을 합법적으로 연장한 것에 지나지 않는다. 왜냐하면 유는 아리스토텔레스에게 개체의 본질의 원인으로 고려되기 때문이다. 또는 이것은 전체가 본성상 그 부분에 우선한다는 아리스토텔레스의 진술을 반영하고 있을지도 모른다."[24]

그러나 필자에게는 '유가 개체의 원인이다'라는 언급은 다소 생소하게 들린다. 그렇다면 울프슨은 어떤 근거로 이런 주장을 하는가? "유는 아리스토텔레스에게 개체의 본질의 원인으로 고려되기 때문이다"라는 문장의 각주에는 『분석론 후서』(*Analytica Posteriora*), II, 2, 90a, 31라고 밝혀져 있다. 그 원문은 "어떤 것이 무엇임[본질]을 아는 것은 그것의 이유를 아는 것과 같다"이다. 이 진술에서 우리는 아리스토텔레스에게 어떤 것의 본질과 그것의 이유는 같은 것으로 간주된다는 것을 알 수 있다. 따라서 유가 개체의 본질이라면 아리스토텔레스에게 유는 개체의 이유 또는 원인이 된다. 그러나 울프슨은 유가 개체의 본질이라는 점에 대해 원문상의 근거를 전혀 제시하지 않고 있다. 그는 아리스토텔레스에게 유가 개체의 본질이라는 점은 당연한 것이라고 전제하고 있는 듯하다. 그러나 필자는 이 점에 대해 선뜻 동의할 수 없다. 왜냐하면 아리스토텔레스는 『형이상학』(*Metaphysica*) 7권 4장 1029b 14에서부터 개체의 본질에 대해 진술하고 있는데, 여기에서 유가 아닌 종을 개체의 본질로 간주하고 있기

---

23 Wolfson, 앞의 책, 1권, 77쪽.

24 같은 책, 1권, 78쪽.

때문이다. "따라서 유의 종들이 아닌 것들은 [개체의] 본질이 아닐 것이며, 오직 종들만이 본질이 될 것이다"(*Metaphysica,* 7권 4장 1030a 11-13).[25] 이처럼 유를 개체의 본질 즉 원인이나 이유로 간주하는 것이 아리스토텔레스의 입장이 아니라면, 울프슨은 '원인의 우선성'에 대한 원문상의 근거를 사실상 제공하지 못하는 것이 된다.[26]

설사 유가 개체의 본질로 간주될 수 있고, 그래서 유가 개체의 원인이라고 말할 수 있더라도, 울프슨의 입장은 여전히 정당성을 얻기 힘들다. 사실상 우리가 아리스토텔레스와 스피노자의 '원인' 개념을 조금만 주의 깊게 살펴본다면, '개체의 원인으로서의 유'를 '양태의 원인으로서의 실체'와 비교하려는 시도를 삼가게 될 것이다. 우선 아리스토텔레스에게 '원인'(aitia)이라는 용어는 '까닭'이나 '이유', '근거'를

---

25 여기에서 아리스토텔레스가 '유와 종들' 혹은 '유나 종들'이라고 하지 않고, '유의 종들'이라고 말하는 점을 주목할 필요가 있다. 왜냐하면 그것은 개체의 본질에서 유가 배제된다는 사실을 재확인해 주기 때문이다. 또한 유는 형이상학 4장에서부터 실체의 후보에서도 제외된다. 그리고 울프슨이 스피노자의 '실체와 양태' 체계와 비교하고 있는 것은 '종과 개체'가 아니라, '유와 종' 또는 '유와 개체'이다. 여기에서 유는 사실상 전체로서의 '최고의 유'를 의미한다. 참고로 이 논의에서 아리스토텔레스가 '개체'라고 사용한 단어는 '헤카스투(hekastou)'인데, 영어로는 each thing's로 번역된다. 이 용어에 대해 『범주론』의 제일실체인 개체로 간주하는 것이 일반적인 해석이다.

26 문제는 울프슨이 위에서 인용한 『분석론 후서』 이외에는 개체의 본질에 대한 아리스토텔레스의 진술을 전혀 제시하지 않는다는 것이다. 아마도 울프슨은 아리스토텔레스가 『형이상학』 7권 13장에서 16장에서 유를 실체의 후보로 비중있게 다룬 것을 염두에 두고 있는 듯하다. 그러나 이 경우에도 다음과 같은 문제가 있다. 우선 그 논의는 개체의 본질에 관한 논의가 아니라, 실체에 대한 논의이다. 더 나아가 실체의 후보로 유를 검토하지만, 최종적으로 유를 탈락시킨다. 아리스토텔레스는 유와 보편을 같은 것으로 보고, '동물' 유를 예로 제시하면서 논의를 했고, 그 결론은 다음과 같다. "이상의 관점에서 해당 문제를 살펴본다면, 보편적으로 속하는 것[동물]은 실체가 아니다"(*Metaphysica,* 7권 13장 1038b 34-35). 이렇게 『형이상학』 7권 13장-16장까지 진행되고 논의는 유를 실체의 후보에서 제외시키는 논의이다.

의미하는 것으로 스피노자의 '원인'(causa)보다 상당히 포괄적이다. 아리스토텔레스에게 '원인'은 질료인, 형상인, 작용인, 목적인 등을 포함하고 있지만, 스피노자에게 '원인'은 '작용인'(causa efficiens)만을 의미하며, 이것 이외의 원인을 인정하지 않는다.[27] 이 작용인은 어떤 결과를 낳는 동력이 되는 원인이다. 가령 'A가 B의 원인이다'라고 한다면, A가 가지고 있는 힘, 즉 B를 생기는 하는 힘 또는 능력이 작용인이다. 그래서 '실체가 양태의 원인이다'라는 진술은 '실체는 양태를 산출하는 힘으로서의 원인이다'라는 의미로 이해되어야 한다. 이것과 관계되는 스피노자의 진술들은 다음과 같다. "신[실체]은 무한한 지성에 의해 파악되는 모든 것의 작용원인이 된다"(E1P16C1); "신[실체]의 본성의 필연성에서 무한히 많은 것들이 무한히 많은 방식으로 생기지 않으면 안 된다"(E1P16); "생성하는 모든 것[양태]은 신[실체]의 무한한 제 법칙에 의해서만 생성되고 신[실체]의 본질의 필연성에서 생긴다"(E1P15S).

이제 우리는 스피노자에게 실체는 양태의 작용인으로서 필연적인 생성의 원인이라는 것을 알았다. 이에 반해 아리스토텔레스의 유나 종은 개체에 대해 이러한 의미의 원인을 전혀 가지고 있지 않다. 유나 종이 개체의 원인이라고 할 때 그 원인은 개체의 본질을 설명해주는 형상인을 의미한다. 유나 종은 개체를 설명할 수 있는 근거나 이유로 이해되는 것이다. 스피노자의 '실체-양태'와는 달리, 유에서 개체가 필연적으로 생성되는 것도 아니고, 개체가 유의 결과인 것도 아니다. 울프슨은 이러한 점을 전혀 간과하고 있다. '원인'이라는 용어가 '실체'나 '유'에게 모두 적용된다고 하더라도 그것의 의미가 이처

---

27 스피노자가 말하는 '자유원인', '자기원인', '제1원인', '내재적 원인' 등의 용어도 이 작용인의 일종이다.

럼 다르다면 '유-개체'의 도식을 '실체-양태' 체계에 적용시킬 수 없을 뿐만 아니라, 그러한 도식은 스피노자 형이상학의 체계를 올바르게 이해하는 데 오히려 방해가 된다. 그리고 이러한 사실 때문에 우리는 질료형상론적 해석을 신뢰할 수 없다. 지금까지 전개된 울프슨에 대한 비판들을 통해 우리는 스피노자의 '실체-양태'의 체계가 아리스토텔레스의 형이상학적 체계의 영향을 받지 않았다는 사실을 분명하게 알 수 있다.

2) 속성 : 사유와 연장

우리는 앞에서 사유와 연장이 아리스토텔레스의 형상과 질료로부터 변형되었다는 울프슨의 주장을 보았다. 물론 역사적으로 거슬러 올라가면 '사유와 연장' 개념은 '형상과 질료' 개념과 전혀 관련이 없는 것은 아니다. 그러나 울프슨은 스피노자의 사고 중에서 데카르트로부터 파생된 측면을 놓치고 있다. 스피노자의 형이상학적 개념들은 데카르트의 이원론에 대한 반대에도 불구하고, 그로부터 많은 영향을 받고 있다는 점을 간과해서는 안 된다. 그 중 가장 큰 영향중의 하나가 사유와 연장이라는 개념이다. 데카르트는 물질적 실체의 본질로는 연장을 택했고, 비물질적 실체의 본질로는 사유를 택했다. 물론 데카르트와 스피노자의 차이점은 데카르트는 사유하는 실체와 연장하는 실체를 구별한 반면, 스피노자는 사유와 연장을 하나의 실체에 속하는 속성들로 간주했다는 것이다. 이 차이점을 제외하고는 스피노자의 속성개념은 데카르트의 '사유와 연장' 개념을 그대로 따르고 있다. 혹자는 데카르트의 '사유와 연장'은 아리스토텔레스의 '형상과 질료'를 반영한 개념일 수 있다고 주장할지 모른다. 그렇다면 (데카르트와 함께) 스피노자는 아리스토텔레스의 영향 아래에 있는 철학자로 간주해야할 것이다. 그러나 아리스토텔레스에게 순수 질료는 아무런 특성도 가지지 않는 잠재태일뿐인 반면에, 데카르트와 스피노자에게 연장은 실체의 가장 기본적인 특성, 즉 본질이다. 이러한 사실은 "연장된다는 것은 질료의 첫 번째 성질이고, 그렇기 때문에 [질료는] 연장이라고 불릴 수 있다"[28]라는 울프슨의 진술을 타당하지 못한 것으로 만들어버린다.

더욱이 울프슨의 질료형상론적 해석은 속성의 실재성에 대한 자신의 해석과 관련하여, 치명적인 문제점을 가지고 있다. 스피노자의 속성 개념에 관해서 주관적 해석과 객관적 해석이 있다.[29] 주관적 해석은 속성들을 인간 정신 안에서만 (*in intellectu*) 존재하는 것으로 다룬다. 따라서 이 해석에 의하면, 사유 속성과 연장 속성은 서로 다른 속성으로 인간 정신에 의해서 인식되지만, 사실상 그것들은 인간 정신이 고안해 낸 것에 불과한 것으로서 실제로는 하나의 속성 즉 본질만이 존재한다. 한편, 객관적 해석은 속성들을 인간 정신 밖에서 (*extra intellectum*) 존재하는 것으로 다룬다.[30] 따라서 각각의 속성들은 실재성을 지니고 있으며, 서로 다른 별개의 것으로 존재한다. 사유 속성과 연장 속성은 실제로 존재하는 서로 분리된 속성들이 된다.

---

28 Wolfson, 앞의 책, 1권, 234쪽.

29 두 해석의 논쟁의 내용은 다음 논문에 구체적으로 나타나 있다. 박삼열, 「스피노자의 속성개념: 주관적 해석과 객관적 해석」, 『철학연구』 제55집(2001 겨울) 91-107쪽.

30 하저로트 이후, 일반적으로 객관적 해석이 타당한 해석으로 인정되고 있다. Haserot, Francis S. "Spinoza's Definition of Attribute". In Studies in Spinoza, edited by S. Paul Kashap, 28-42쪽. 또한 박삼열, 「스피노자의 속성개념: 주관적 해석과 객관적 해석」, 『철학연구』 제55집(2001 겨울) 107쪽 참조.

그런데 울프슨은 주관적 해석을 주장하고 있고, 이 해석의 가장 대표적인 학자이다. 그렇다면 '사유와 연장'에 대한 그의 질료형상론적 해석은 자신의 주관적 해석과 양립될 수 없는 해석이 된다. 아리스토텔레스에게 질료와 형상은 인간의 정신 밖에서 존재하고, 그래서 실재성을 지니고 있는 개념이다. 반면에 주관적 해석에서 사유와 연장은 인간 정신의 환상일 뿐 실재성을 지니고 않는다. 그러므로 울프슨이 실재성이 없는 사유와 연장을 실재성을 지니고 있는 형상과 질료의 개념으로 이해하는 것은 사실상 자기모순을 범하는 것이 된다. 이러한 사실은 우리로 하여금 속성 개념에 대한 울프슨의 주장을 수용할 수 없게 만든다.

3) 정신과 신체의 관계

우리는 영혼을 신체의 형상으로 간주하는 아리스토텔레스의 관점이 용어만 변경되었을 뿐 스피노자에게 그대로 반영되고 있다는 울프슨의 주장을 보았다. 그는 스피노자의 '신체의 관념으로서의 정신'은 아리스토텔레스의 '신체의 형상으로서의 영혼'과 다름없는 것으로 간주한다.[31] 이 문제와 관련해서 그는 다음과 같은 단정적인 결론을 내린다. "이것[정신을 신체의 관념으로 간주하는 스피노자의 정의]은 영혼을 신체의 형상으로 간주하는 아리스토텔레스의 정의를 재진술하는 새로운 방법 이외에 아무 것도 아니다."[32] 그러나 스피노자의

---

31 다음은 '신체의 관념으로서의 정신'에 관련되어 보이는 스피노자의 진술들이다. "인간 정신을 구성하는 관념의 대상은 그 신체 즉 현실적으로 존재하는 연장의 어떤 양태이외의 아무 것도 아니다"(E2P13). 또는 "인간정신의 형상적 존재를 구성하는 관념은 단순하지 않고, 많은 관념들로 구성되어 있다"(E2P15).

32 Wolfson, 앞의 책, 2권, 48쪽.

'관념'을 아리스토텔레스의 '형상'과 동일시하는 것은 스피노자의 '관념'을 너무 단순하게 이해하는 것이다. 우리는 스피노자의 관념을 인식론적 관점을 가지고 이해해야 한다. 그에게 관념은 인간 신체와 외부 물체들을 (혼동스럽게) 표상하는 중개자의 역할을 한다. 인간 정신은 신체의 변용 즉 자극상태에 대한 관념을 통해서만 외부 물체를 현실적으로 존재하는 것으로 지각할 수 있다(E2P26). 따라서 우리는 스피노자의 '관념'을 '인식상황에 필요한 개념'들이라고 이해해야한다. 반면에 아리스토텔레스의 형상은 이러한 개념을 전혀 가지고 있지 않다. 형상 개념은 앞에서 보았듯이 속성, 구조, 힘 등으로 간주된다. 그래서 인간의 경우, 질료인 신체란 '인간으로 만들어지기 위한 것'이고, 형상으로서의 영혼은 '신체를 인간으로 되게 하는 것'이다. 이렇게 아리스토텔레스의 '형상'에는 스피노자의 '관념'에서 볼 수 있는 표상론적 의미가 전혀 없다. 울프슨이 '관념'의 표상론적 역할에 주의를 기울였다면, 스피노자의 심신이론을 질료형상론으로 해석하기를 주저했을 것이다.

스피노자의 심신이론에 질료형상론적 해석이 들어설 여지가 전혀 없는 것은 아니다. 왜냐하면 스피노자가 사실상 '관념'을 이중적인 의미로 사용하고 있기 때문이다. 그는 베드로의 정신의 본질을 구성하는 관념과 다른 사람의 정신 안에 있는 베드로에 대한 관념을 구분한다. 이 가운데 전자의 관념은 후자의 관념과는 달리 아리스토텔레스의 형상 개념과 유사하다. 그러나 이 관념조차도 아리스토텔레스의 '형상'을 대체하기에는 부족하다. 왜냐하면 아리스토텔레스에게 영혼은 신체보다 더 많은 현실성을 가지고 있지만, 스피노자에게서 우리는 신체에 대한 정신의 우월성을 전혀 찾아볼 수 없기 때문이다.[33]

---

33 스피노자의 심신론에 대한 해석은 다음의 논문을 참조하기 바란다. 박삼열, 「스

또한 속성개념에 대한 울프슨의 주관적 해석은 심신이론에서도 문제를 발생시킨다. 아리스토텔레스에게 '정신'이란 '신체를 인간으로 만들게 하는 것'이지만, 울프슨이 해석하는 스피노자에게는 이러한 것이 불가능하다. 왜냐하면 사유와 연장이 실재하는 속성이 아니라 하나의 환상에 불과하다면 사유와 연장의 양태인 정신과 신체 역시 실재하는 것이 아니기 때문이다. 그의 주관적 해석과 관련해서 또 다른 문제가 있다. 그는 '관념이 정도의 차이는 있지만 모든 사물에 존재한다'는 스피노자의 진술과 '형상이 다양한 의미로 모든 사물에 존재한다'는 아리스토텔레스의 진술을 동일시하고 있다. 그러나 관념의 실재성이 전혀 보장되지 않는 주관적 해석에서는 아리스토텔레스의 '형상'의 경우처럼 '관념이 모든 사물에 존재한다'고 주장하는 것은 불가능하다. 속성개념에 대한 그의 주관적 해석은 자신의 질료형상론적 주장을 스스로 무력화시키는 결과를 가져온 것이다. 이처럼 스피노자의 심신이론에 대해 질료형상론적 해석은 아무런 정당성도 가지고 있지 않다.

스피노자를 아리스토텔레스주의자로 보게 하는 요소 중의 하나가 스피노자의 형이상학이 데카르트의 이원론과는 달리 자연에 대해 하나의 실체와 두 개의 속성을 주장하는 실체일원론과 속성이원론이라는 점이다. 이는 모든 자연대상이 질료와 형상으로 구성되어 있다는 아리스토텔레스의 질료형상론과 그 체계가 유사하다. 따라서 우리는 스피노자의 형이상학이 아리스토텔레스의 형이상학을 새로운 용어로 재진술한 것에 불과하다고 생각할 가능성이 있다. 그러나 지금까지의 논의를 통해서 스피노자의 형이상학이 데카르트의 이원론과 분

피노자의 심신론: 심신 동일론과 평행론」, 『철학연구』 제53집(2001 여름) 137-158쪽.

리될 뿐만 아니라, 아리스토텔레스의 질료형상론적 일원론과도 연관이 없는 이론이라는 것이 분명하게 밝혀졌다. 이제 우리는 '자신이 아리스토텔레스의 영향을 거의 받지 않았다'라는 스피노자의 진술을 신뢰할 수 있게 되었고, 그의 독창성을 또한 인정할 수 있게 되었다.

사실상 울프슨은 역사적인 접근을 통해서 스피노자의 형이상학을 해석하는 데 독창적인 시도를 하였다. 그는 자신의 책 전반에 걸쳐서 스피노자에 대한 아리스토텔레스의 영향을 다방면으로 강력하게 주장하였다. 그러나 지금까지 살펴본 울프슨의 해석에 대한 비판은 그가 스피노자를 질료형상론자로 왜곡하였다는 결론을 내리게 해주었고, 스피노자가 더 이상 아리스토텔레스주의자가 아니라는 점을 명백히 해주고 있다. 몇몇 해석자들이 지적하듯이 울프슨은 스피노자의 독창성을 너무나 많이 감소시켰다.[34] 그는 아리스토텔레스의 영향을 너무 과대 포장하였고, 무리하게 스피노자를 아리스토텔레스주의자로 만들려는 경향이 있었다. 그 이유 중의 하나는 아마 그가 스콜라주의자였기 때문에 스피노자의 철학을 아리스토텔레스의 관점에서 해석할 수밖에 없었을 것으로 짐작된다. 그러나 두 권으로 된 그의 책은 부적합한 해석에도 불구하고 스피노자에 관한 풍부한 정보를 지니고 있는 스피노자 철학에 관한 필독서 중의 하나이다. 따라서 우리가 질료형상론적 관점을 떼어내고 그의 책을 접한다면 스피노자 철학을 이해하는 데 많은 도움을 받을 수 있을 것이다.

---

34 Curley, 앞의 책, 30쪽 / J. Delahunty, *Spinoza* (London: Routledge & Kegan Paul, 1985), 194쪽. 델라헌티는 "그[스피노자]의 독창성을 최소화시킴으로써 울프슨은 그의 사유를 위조하고 있다"고 까지 말한다.

| 제2장 |

대륙 합리론자들의 실체 형이상학

1. 데카르트와 실체 개념의 새로운 정립

자연의 모든 것을 신의 섭리로 이해하는 중세의 자연관은 목적론적 자연관이다. 중세에는 자연의 모든 대상이 신의 섭리에 의해 자신이 가지고 있는 목적을 성취하는 방향으로 나아간다고 생각하였다. 그러나 이성에 의해 진리를 인식할 수 있다고 생각하는 근대 과학자들에게 신의 섭리는 더 이상 설득력이 없게 되었고, 형이상학적 사변에 불과한 것으로 간주되었다. 그들은 인간 이성과 모순되는 모든 내용들을 제거하면서 자연에 대해 탐구하였다. 그래서 근대 과학은 자연의 모든 사물들에서 목적이나 의미 등과 같은 정신적인 요소들을 제거했다. 이제 자연은 더 이상 살아 있는 유기체적 자연이 아니라 하나의 거대한 기계가 되었다. 물리적 법칙에 따라 작동되는 기계처럼 자연은 인과적으로만 질서 지워지고 연결되어 있다. 목적론적 자연관에서 기계론적 자연관으로 변화된 것이다.

근대 철학은 새로운 과학적 세계관의 형이상학적 토대를 세우기 위해 실체 개념을 새롭게 정립할 필요가 있었다. 목적론적 자연관이 폐기되고, 기계론적 자연관이 확립됨으로써 새로운 세계관에 맞는 새로운 실체 개념이 필요하게 된 것이다. 근대 과학은 세계를 보다 단순한 하나의 원리로 설명하려고 노력했다. 그것은 자연을 양화시켜서 수로 나타낼 수 있기 때문에 가능했다. 이렇게 근대는 이성의 주체를 인간으로 파악함으로써 신의 섭리가 아닌 과학 법칙으로 자연을 설명할 수 있게 되었다. 그래서 근대 철학자들은 변치 않는 실재의 진면목을 수에서 찾아내기에 이른다. 정말로 변하지 않는 것은 질이 아니라 양이라는 수학적 사고가 실체 개념 속에 자리 잡게 된 것이다. 이제 실체 개념은 과학과 이성의 시대, 즉 근대라는 시대적 상황과 맞물려 데카르트를 필두로 합리론 철학에서 새롭게 정립되면서 활발하게 그 논의가 전개된다.

실체 개념을 새롭게 정립한 철학자는 다름 아닌 데카르트였다. 그는 신이라는 무한 실체와 정신과 물체라는 두 개의 유한 실체를 내세웠다. 이러한 실체의 구분은 자연이라는 거대한 기계의 법칙들을 발견하기 위해 의도된 것으로 보인다. 그의 신관은 이신론(理神論)적 신관이다. 다시 말해 신이 이 세계를 무로부터 창조해서 법칙을 부여한 다음, 이 세계로부터 초월해 있다는 것이다. 따라서 이 세계는 법칙에 의해서만 인과적으로 움직인다. 데카르트의 이러한 신관은 신을 자연과 분리된 실체로 인정하게 만들었다. 그 결과 그에게는 신이라는 무한 실체와 이 세계와 관련된 두 개의 유한 실체들로 분류되었다. 이러한 신관과 실체관은 종교를 인정하면서도 과학을 종교로부터 분리하여 자연에 대한 과학적 탐구를 자유롭게 해줄 수 있는 장점이 있었다. 그러나 신을 세계로부터 분리하는 것만으로 모든 문제가 해결되지 않았다. 그는 신과 분리된 세계를 다시 둘로 나누어야 했다. 왜냐하면 목적이 없는 자연이라는 기계에 정신을 포함시킬 수 없었기 때문이다. 이제 세계는 정신의 세계와 물질의 세계로 분리된다. 신의 세계로부터 분리되고 또한 정신의 세계로부터 분리된 물질의 세계에서는 모든 대상을 수로 나타내는 데 아무런 문제가 없었다. 마음껏 자연 법칙들을 탐구할 수 있는 과학의 세계가 만들어진 것이다. 이제 실체 개념은 신이라는 실체 이외에 정신과 물체라는 두 개의 실체를 필요로 하게 되었다.

실체에 대한 데카르트의 정의는 크게 두 가지로 집약될 수 있다. 첫 번째로 실체는 자존적이고 독립적인 존재로 규정된다. 그는 실체란 '자신이 존재하기 위해 다른 어떤 것도 필요로 하지 않고 독립적으로 존재하는 것'(『철학의 원리』 51절)이라고 정의한다. 이런 실체는 오직 하나밖에 없으며, 그것은 바로 신이다. 신은 무한 실체로서 철저하게 자존적이고 필연적인 현존 자체이며 결코 창조된 존재가 아니다. 그 외의 모든 것들은 자신들의 창조와 지속적 현존을 위해 신에 의존한다. 그러나 데카르트는 피조물들을 실체 개념에서 완전히 배제하지 않는다. 그는 이 첫 번째 정의를 완화시켜서 '비록 존재하기 위해서는 신의 협력을 필요로 하지만, 다른 피조물에는 의존하지 않는 것'들도 실체로 받아들인다'(『철학의 원리』 52절). 신에 대한 의존성은 예외로 하고 피조물들 간의 관계만을 기준으로 한다면, 독립성과 자존성이라는 실체의 조건을 만족시킬 수 있는 것이 피조물의 경우에도 있다. 데카르트는 이러한 실체 개념으로 정신과 물체를 내세운다. 그래서 데카르트의 실체 개념에는 신이라는 무한 실체 외에 정신과 물체라는 두 개의 유한 실체가 있게 된다.

데카르트의 계승자이자 비판자임을 자처했던 스피노자는 데카르트의 실체에 대한 이 첫 번째 정의, 즉 자존성의 조건을 극한으로 밀고 나갔으며, 그 결과로 엄밀한 의미에서 오직 신만을 실체로 인정하게 된다. 따라서 그에게 정신과 물체는 단지 양태에 불과하게 된다. 스피노자의 관점에서는 실체에 대한 데카르트의 두 번째 정의는 실체의 조건인 독립성과 자존성을 스스로 약화시킨 것이기 때문에 받아들일 수 없는 정의이다. 따라서 완전한 실체이외에 불완전한 실체를 인정하거나 또는 무한한 실체이외에 유한한 실체를 인정하는 것 등은 독립성과 자존성이라는 실체 개념의 정의에서 어느 정도 벗어난 것이다. 데카르트는 우리가 살고 있는 세계의 실재를 설명하기 위해 실체의 정의를 약화시켜 신 이외의 다른 실체들을 인정할 수밖에 없었다. 그에게 신의 세계와 우리들이 살고 있는 세계가 분리되어 있기 때문에 신만이 실체라고 한다면, 우리가 살고 있는 이 세계의 실재에 대해 설명하기가 힘들어진다. 따라서 이 세계의 실재를 설명하기 위해서는 이 세계 내에서도 실체 —— 비록 유한한 실체(또는 불완전한 실체)이더라도 —— 의 존재를 인정해야만 한다. 이러한 결과는 신의 세계가 우리 세계를 초월한 것으로 생각하는 데카르트의 신관에서 비롯되었다고 할 수 있다. 반면에 나중에 구체적으로 보겠지만 스피노자의 신관에서는 이 세계의 실재를 설명하기 위해서 신 이외의 다른 실체들을 필요로 하지 않는다. 스피노자에게 신은 이 세계의 초월적 원인이 아닌 내재적 원인이기 때문에, 그리고 신 즉 자연으로 표현되듯이 그 신(실체)의 변화 상태가 이 세계이기 때문에 정신과 물체 등을 실체로 규정할 필요도 없고, 또 규정할 수도 없다. 그래서 스피노자에게 신이라는 실체이외의 다른 것 즉 우리가 살고 있는 세계는 양태(실체의 변화상태)로 설명된다.

어쨌든 우리는 지금까지의 논의를 통해 데카르트의 존재 구조를 다음과 같이 정리할 수 있다. 우선 존재하기 위해 어떤 다른 것에도 의존하지 않는 철저히 자존적인 무한 실체 즉 신을 필두로, 존재하기 위해 신의 통상적인 협력을 필요로 하는 창조된 실체로서의 유한 실체 즉 정신과 물체가 있다. 그리고 그러한 유한 실체의 속성들과 양태들이 있다.

2. 스피노자의 유일 실체관 : 실체, 신, 자연

1) 일원론적 세계관

데카르트가 해결하지 못한 대부분의 문제는 세계를 신으로부터 분리했을 뿐 아니라 다시 세계를 정신과 물체로 분리했기 때문에 발생한 것이다. 스피노자의 과제는 이러한 데카르트의 문제들을 해결하는 것이었다. 그 문제들을 근본적으로 해결할 수 있는 방법에는 하나의 세계, 즉 하나의 실체만을 인정하는 방법이 있다. 관념론, 유물론, 무신론 등은 그러한 방법들이다. 특히 현대 철학에서는 주로 유물론적인 방법으로 데카르트의 문제들을 해결하려고 한다. 이것은 신과 정신을 부정함으로써 세계를 물질로 단순화하는 방법이다. 그러나 스피노자는 다른 것을 부정함으로써 하나의 세계를 만드는 방법은 임시방편일 뿐 진정한 해결책이 될 수 없다고 생각하였다. 그는 정신과 물질, 그리고 신마저도 포함된 하나의 세계를 제시함으로써 데카르트의 잘못된 세계관에서 발생하는 문제들을 해결하고자 하였다. 따라서 스피노자에게는 하나의 실체, 즉 신만 있고, 이 신이 곧 자연이다.

스피노자의 실체 개념은 데카르트와의 비교를 통해서 조금 더 구체적으로 설명될 수 있다. 우리는 데카르트가 실체를 무한 실체와 유한 실체로 구분하는 것을 보았다. 이러한 구분은 자연을 물질적 자연으로 만듦으로써 자연의 여러 법칙을 발견하는 것이 용이하게 되었다. 그리고 이것은 근대 과학이 발전하게 되는 토대가 된다.

그러나 데카르트는 자연에서 정신을 떼어내어 사유하는 실체를 만듦으로써 다음과 같은 난관에 봉착하게 된다. 그는 자연에서 분리한 정신을 (자연의 일부인) 인간에게 귀속시켰다. 그래서 인간은 사유하는 실체(정신)인 동시에 연장된 실체(육체)가 되었다. 하나의 개별체인 인간이 동시에 두 개의 실체가 된다는 것은 쉽게 이해할 수 있는 주장이 아니다. 그래서 데카르트는 송과선이라는 가설을 내세워 두 실체, 즉 정신과 육체의 관계를 설명했다. 그는 뇌의 뒷부분에 있는 송과선을 통해 정신이 자신의 의지를 육체에 전달하고, 또한 육체가 자신의 활동을 정신에 전달한다는 가설을 만들었다. 그러나 이러한 가설은 사람들을 전혀 만족시킬 수 없었고, 하나의 문제점으로 남게 되었다.

스피노자의 과제는 데카르트의 이러한 문제점을 극복하는 것이었는데, 그의 해결 방법은 의외로 간단하다. 정신을 다시 자연으로 귀속시켜 데카르트의 물질적 자연을 정신과 물질을 포함하는 자연으로 만드는 것이었다. 데카르트가 정신을 자연에서 떼어내어 인간에게만 포함시킨 이유는 인간 정신이 지닌 자유의지가 기계론적 자연관과 모순되기 때문이었다. 스피노자는 자유의지를 인간 정신의 상상이나 착각으로 간주하면서 부정하였기 때문에 기계적인 자연에 정신을 포함시키는 데 전혀 문제가 없었다. 그 결과 정신과 물체로 분리되지 않은 하나의 실체를 주장할 수 있었다. 그리고 그의 자연관과 범신론에 의해 그 하나의 실체는 다름 아닌 신이 된다. 즉 그에게 실체는 신과 동일시되며, 이 실체 즉 신은 유일성을 지니고 있다. 데카르트에게는 신이라는 무한 실체와 정신과 물체라는 유한 실체가 있다. 반면에 스피노자에서는 여러 실체들이 하나의 실체로 단순화된 것이다. 이처럼 스피노자의 실체 개념은 신의 문제와 정신의 문제 등을 기계론적 세계관에 잘 융해시키고 있다.

2) 실체 즉 신

스피노자는 다음과 같이 실체를 정의하고 있다. "실체란 그 자체로 존재하며, 자기 자신에 의해서 이해되는 것을 말한다. 다시 말하면 자신의 개념을 형성하기 위하여 다른 어떤 개념도 필요로 하지 않는 것이다"(E1D3). 실체에 대한 스피노자의 정의는 실체의 전통 철학적인 의미인 '논리적 독립성'을 포함하고 있을 뿐만 아니라 '인과적 자족성'의 의미도 포함하고 있다. 위의 정의에서 "자기 자신에 의해서 이해되는 것"이라는 구절은 '그 개념이 그 이외의 어떤 개념으로부터도 형성되어진 것이 결코 아닌 것'으로 이해된다. 스피노자는 '그 자체로 존재한다'는 전통적 정의를 더 엄격하게 적용하고, 나아가 '자기 자신에 의해서'라는 인과적 자족성을 자신의 정의에 포함하고 있다. 실체 개념을 정의할 때, 데카르트부터 '인과적 자족성'의 의미가 포함되기 시작한 것이다. 데카르트는 실체를 '존재하기 위해서 다른 어떤 것도 필요로 하지 않고 존재하는 것'이라고 정의하고 있다. 그러므로 실체란 인과적으로 자존적인 어떤 것이다. 이에 따르면 신만이 실체가 된다. 그러나 데카르트는 그 정의를 실제로 적용할 때, 의미를 약화시킴으로써 자신의 정의에 충실하게 따르지 않았다. 그는 실체란 '존재하기 위해서 신의 도움만을 필요로 하는 것들'이라고도 정의한다. 이는 실체의 개념을 창조된 피조물에까지 확대시킨 것이다. 데카르트와는 달리 스피노자는 이 정의를 보다 엄격하게 적용함으로써 신만이 실체라고 주장한다. 스피노자에 따르면 신 이외의 어떠한 실체도 존재할 수 없으며, 생각할 수 없다(E1P14). 따라서 스피노자에게 실체는 유일하며 이 유일한 실체가 곧 신이다. 그는 『윤리학』 1부에서 신에 관하여 고찰하면서, 그의 유일 실체관을 다음과 같이 전개시키고 있다.

- 자연 안에는 동일한 본성, 또는 속성을 가지는 두 개 이상의 실체는 존재할 수 없다. (E1P5)
- 신은 절대적으로 무한한 존재이며, 즉 각각의 속성들이 실체의 영원하고 무한한 본질들을 표현하는 무한한 속성으로 이루어진 실체이다. (E1D6)

그는 위의 두 가지 전제로부터 실체 일원론을 다음과 같이 증명하고 있다.

- 만약 신 이외의 다른 실체가 존재한다면, 그 실체는 신이 가지고 있는 속성들 중의 어떤 속성들을 소유할 것이다. 왜냐하면 위에서 보듯이 신은 무한한 속성을 가지고 있기 때문이다.
- 그렇다면 같은 속성을 가진 두 개의 실체가 존재하게 된다.
- 그러나 이것은 동일한 속성을 가지는 두 개 이상의 실체는 존재할 수 없다는 정리 5 (위의 1번)에 의하여 부당하다.
- 따라서 신 이외에는 다른 어떤 실체도 존재할 수 없고 인식될 수 없다.

이와 같은 방식에서 스피노자는 자연 안에는 오직 하나의 실체, 즉 신만이 존재한다는 실체일원론을 주장한다.

스피노자는 『윤리학』 2부를 "사유는 신[실체]의 속성이거나 신은 사유하는 것이다"(E2P1)라는 명제로 시작한다. 사유를 가지고 신을 개념화하는 작업은 철학사에서 계속되었다. 사유는 아리스토텔레스의 부동의 원동자가 지니는 주요 특성이며, 데카르트에 이르기까지 신은 사유하는 비물질적인 것으로 간주되었다. 전통적인 신은 어떤 물질성도 혼합되지 않았을 뿐 아니라 연장도 없는 오직 사유하는 것이다. 그러나 스피노자는 정리 2에서 "연장은 신[실체]의 속성이거나, 신은 연장하는 것이다"(E2D2)라고 진술한다. 이렇게 스피노자에게 실체, 즉 신이 사유의 속성뿐만 아니라 연장의 속성도 가지고 있다. 사실상 실체, 즉 신에게는 무한히 많은 속성이 있으나, 그 중에서 우리 인간이 인식할 수 있는 속성은 '사유'와 '연장'뿐이다. 그러므로 신은 '사유하는 것'으로서, 그리고 '연장된 것'으로서 우리에게 나타난다. 이처럼 스피노자는 무한히 많은 속성들을 가정하고 주장하면서도, 구체적으로 우리에게 드러나는 사유와 연장의 속성만 가지고서 자연과 인간, 다시 말해 전체와 부분의 관계를 설명하면서 자신의 체계를 형성한다. 데카르트에게 사유와 연장은 각각 유한 실체인 정신과 물체의 속성이다. 따라서 정신은 사유하는 실체이고, 물체는 연장된 실체이다. 스피노자는 데카르트의 사유와 연장이라는 두 가지 성질을 계승한다. 그러나 정신과 물체를 실체로 인정하고 각각 사유와 연장을 속성으로 본 데카르트의 이원론적 견해에 반대하면서 사유와 연장을 동일한 실체의 두 속성으로 보고 있다. 즉 데카르트에게서 유한 실체였던 정신과 물체는 스피노자에게서는 그 실체성을 상실한 채, 실체의 양태에 불과하게 되었다.

스피노자에게서 '속성'은 실체와 양태를 연결하는 개념이다. 양태란 실체가 변한 모습이다. 다시 말해 양태란 실체가 속성들을 통해서 여러 가지 형태로 나타난 것이다. 따라서 양태는 실체 안에 존재하며, 실체에 의해 이해되어질 뿐이다. 실체가 그 자신만으로 존재하고 다른 것을 필요로 하지 않는 반면에, 양태란 다른 존재 즉 실체가 있음으로써 존재가 가능한 것이다. 이처럼 양태는 실체를 떠나서는 존재할 수도 없고, 이해될 수도 없다. 또한 양태는 실체 안에 포함되지만 단순히 실체의 일부분으로 존재하는 것이 아니라 변화된 상태로 존재한다. 세계를 구성하고 있는 모든 개물(個物)은 바로 실체의 양태들이다. 양태가 실체로부터 변화하는 것은 필연적이고, 양태는 무한한 방식으로 무한히 많이 산출된다. 인간도 실체가 아니라 이러한 양태이다. 스피노자는 인간이 자연에서 유일한 공간을 소유하고 있는 것이 아니라, 자연의 일부분으로 존재할 뿐이라고 보았다.

또한 그는 양태를 무한 양태와 유한 양태로 분류하여 설명하고 있다. 다시 무한 양태는 직접적 무한 양태와 간접적 무한 양태로 구분된다. 직접적 무한 양태는 실체의 절대적 본성에 의해서 생겨나는 양태로서 사유의 속성에 따르는 지성(신의 절대 무한 지성)과 연장의 속성에 따르는 운동과 정지가 있다. 간접적 무한 양태란 유한한 개물의 전체를 의미하는 것으로서 전 우주의 얼굴이다. 그리고 유한 양태는 특수한 각각의 개별적인 사물들이다. 이렇게 절대적으로 무한한 신으로부터-신의 사유와 연장이라는 속성으로부터-직접적 무한 양태가 따라 나오고, 직접적 무한 양태로부터 간접적 무한 양태가 따라 나온다. 그리고 이 간접적 무한 양태로부터 유한 양태가 따라 나온다. 그러므로 스피노자에게 존재하는 것은 엄격히 실체(신, 자연)와 신적 본성의 필연성(자연의 법칙)으로부터 도출되는 양태뿐이다. 이러한 우주의 체계에 대한 스피노자의 설명에 따르면 자연은 하나의 법칙에 의해 체계 지워져 있다. 이를 통해서 자연을 초월한 어떠한 실재도 인정하지 않는 스피노자의 합리적인 자연관을 볼 수 있다.

3) 신 즉 자연

스피노자에게 모든 것은 법칙과 질서에 따라 존재하고 발생할 뿐, 단지 우연이나 변화에 따르지 않는다. 그는 존재하는 모든 것들을 유기적 우주 안에서 하나로 연결하고자 노력하였다. 그에게 우주 전체는 합리적으로 질서 지워지고, 인과적으로 상호 연결된 하나의 존재이다. 그리고 그것 이외는 아무 것도 존재하지 않는다. 이렇게 스피노자는 우주를 통일된 하나의 단일체 즉 하나의 실체로 인정하고 있다. 이는 그의 철학에서 가장 기본적이고 중요한 개념이다. 그리고 이 개념은 어떤 사물이나 사건에 대해 그 원인을 철저하게 끝까지 이해하려고 노력함으로써 더 분명하게 이해될 수 있다. 단순한 하나의 사물조차도 그것과 관계된 원인들은 멀리, 그리고 넓게 확산되면서 체계적으로 잘 조직된 인과적 연쇄를 이루고 있다.

어떤 대상, 사건, 경험이 고려되든지 그것들은 다른 사물, 사건, 경험들에 의존해 있고, 그것들은 또 다른 무수한 사물, 사건, 경험에 의존해 있다는 것을 발견할 수 있다. 이러한 계속되는 의존관계는 다른 어떤 것에도 의존하지 않는 절대적으로 독립적인 존재에 이를 때까지 무한히 계속될 것이다. 따라서 인과적 연쇄가 무한히 계속되지 않기 위해서 독립적인 존재, 다시 말해 자기 의존적인 존재가 있어야 한다는 것에 동의할 수 있게 된다. 그런데 새로운 문제가 제기될 수 있다. 즉 "자기 의존적인 존재는 무엇인가?", 또한 "이 존재는 자기에게 의존하고 있는 대상, 사건, 경험들의 세계와 어떤 관계에 있는가?"라는 문제가 제기된다. 일반적으로 자기 의존적인 존재인 절대자가 무로부터 세계를 창조하고, 그 세계가 스스로 유지되도록 법칙을 부여하고, 세계로부터는 이탈해 있다고 대답할 수 있다. 또한 절대자는 자신이 창조한 세계에 때때로 기적적인 방법으로 개입하는 전능하고, 초월적인 창조자이다. 이러한 이신론(理神論)적 생각은 스피노자 당시에 거의 일반적이었다. 데카르트 역시 이신론자로서 초월적 절대자의 무로부터의 창조를 인정하였다.

그러나 외부적 창조자와 무로부터의 창조에 대한 주장들은 스피노자를 만족시키지 못했다. 이것은 그의 철저한 합리적 세계관과 상충된다. 그에게 세계는 합리적으로 질서 잡혀져 있고, 인간의 이성으로 이해 가능한 세계이다. 따라서 이 세계를 초월해 있는 다른 존재나 세계를 인정하는 것이나 그 초월적 존재가 이 세계를 창조했다고 생각하는 것 등은 모두 인간의 상상력에 불과하다. 또한 무로부터의 창조와 같은 최대의 기적을 인정하는 것은 이 세계를 제대로 이해하는 데 방해가 될 뿐만 아니라, 세계에 관한 설명을 더 어렵게 만든다. 무로부터의 창조를 합리적이라고 설명하는 것은 거의 불가능하기 때문이다. 따라서 스피노자의 합리적 세계관에서 '초월적 창조자'와 '무로부터의 창조' 개념을 찾아볼 수 없는 것은 당연하다.

그에 따르면 이 세계에 존재하는 모든 것들이 궁극적으로 의존할 수 있는 절대적 존재, 즉 자기 의존적인 존재가 있어야 한다. 그러나 우주를 초월한 곳에서 절대적 존재를 찾는 신비적 방법은 문제해결에 도움이 안 된다. 그래서 스피노자는 각각의 사물, 사건, 경험 등의 절대적인 토대를 우주 안에서 찾으려고 시도했고, 그 토대는 다름 아닌 각각의 사물, 사건, 경험 등의 모든 체계적인 통일이다. 그래서 스피노자는 '이 세계 내에 존재하는 모든 것들이 체계적으로 통합된 전체'를 자기 의존적 존재로 간주한다. 이 '체계적으로 통합된 전체'로서의 존재는 다른 어떤 것에도 의존할 필요가 없는 자기 의존적인 존재이고, 세계의 모든 사물, 사건, 경험들은 이 존재에 의존하고 있다. 이러한 관점은 무로부터의 창조의 문제를 피할 수 있게 한다. 이 세계 즉 자연은 무로부터 창조된 것이 아니라 자기 자신을 스스로 생성하고 소멸하는 것이다. 따라서 스피노자에게는 세계 스스로의 변화 생성이 곧 창조가 된다. 그리고 이 상호 연결된 시스템으로 이해되는 존재는 자연이라고 불린다. 스피노자는 무로부터의 창조를 부정하고, 초자연적인 요소들을 제거함으로써 자연 이외의 어떤 실재성도 인정하지 않았다. 자연은 자존적이고, 스스로 유지되고, 완전히 실재하는 모든 것이다. 그리고 그 모든 것은 하나로 통합되어 있는 단일한 자연이다.

스피노자는 우주를 초월한 어떤 존재도 인정하지 않았지만, 그 대신 존재하는 것이라고 불리는 것은 무엇이든지 우주 체계에 포함시키려고 시도하였다. 그래서 그는 물질을 부정하는 관념론, 정신을 부정하는 유물론, 또한 신의 실재성을 부인하는 무신론 등의 허울만 좋은 단순성을 거부하였다. 스피노자에게 정신, 물질, 또한 신마저도 우주 체계에서 자신들의 자리를 가진다. 범신론적 해석자들에 의하면 스피노자에게 신의 자리는 바로 자연의 전 체계이다. 왜냐하면 신은 완전한 자존적인 존재로서 이해되는데, 그의 합리적 세계관에서는 우주체계, 즉 자연이 그러한 존재이기 때문이다. 따라서 '하나이면서 모든 것'이 신이고, 신은 '모든 것인 하나'가 된다. 이렇게 스피노자가 신과 자연과 동일시하기 때문에 일부 학자들은 그의 학설을 범신론(pantheism)이라고 규정한다.

스피노자의 신관을 정확하게 이해하기 위해서 우리는 능산적 자연(natura naturans)과 소산적 자연(natura naturata)에 관한 논의를 살펴볼 필요가 있다. 중세 스콜라철학에서 능산적 자연은 창조자로서의 신을 의미했고, 소산적 자연은 창조되는 자로서의 자연을 의미했다. 그런데 많은 사람들이 스피노자가 이 두 개념을 창조주와 피조물의 관계로 이해하지 않고, 더 밀접하게 연관시켜서 범신론적 의미를 부여한다고 주장한다. 다시 말해 창조자로서의 자연과 피창조자로서의 자연을 동일시해서 범신론적 사상을 제시했다는 것이다. 범신론적 해석의 기본적인 주장은 다음과 같다. 스피노자는 창조자와 피조물로 나누어 세계를 설명하고자 하는 전통 철학적 입장에 따라 자연을 능산적 자연과 소산적 자연으로 구분을 하고 있다. 그러나 그의 구분은 두 자연을 인정한 것이 아니라 하나의 자연을 보는 두 시각으로 이해해야 한다. 이 경우 스피노자의 능산적 자연과 소산적 자연의 구분은 창조와 피조물의 관계가 아니라, 오히려 '자연전체'와 '그 전체를 구성하는 것들'의 관계로 이해해야 한다는 것이다. 이러한 견해가 옳다면, 스피노자에게 신과 자연, 능산적 자연과 소산적 자연은 원칙적으로 분리해서 생각할 수 없고, 그의 신관은 신 즉 (소산적) 자연이라는 범신론이 된다.

그러나 스피노자의 신관은 이러한 의미의 범신론과는 어느 정도 거리를 두고 있다. 스피노자에게 전체로서의 자연과 동일시되는 것은 능산적 자연이 아니라 소산적 자연이다. 그것은 과거에 존재했던 개체들이나 미래에 지속될 모든 개체들의 총화로서 전 우주의 얼굴이다. 스피노자는 이것을 무한 양태라고 불렀고, 이를 소산적 자연으로 분류하고 있다. 따라서 '자연전체'와 '그 전체를 구성하는 것들'은 모두 소산적 자연에 속하는 양태들일 뿐이다(전자는 무한 양태이고, 후자는 유한 양태이다). 이렇게 전체로서의 자연이 신이 아니라면, 스피노자에게 신의 자리는 없어 보인다. 왜냐하면 스피노자는 자연 이외의 어떤 초월적 존재도 인정하고 있지 않기 때문이다. 사실상 스피노자의 자연관이 우리에게 약간은 생소한 이유가 있다. 그것은 우리가 자연을 생성 소멸하는 변화하는 자연으로 보고, 이 변화를 일으키는 원인을 초월적인 신으로 생각하는 종교적 방식에 익숙해져 있거나, 아니면 초월적 원인을 부정하고 그 변화하는 자연만을 존재로 인정하는 무신론적 사고방식에 익숙해져 있기 때문이다.

스피노자는 능산적 자연을 소산적 자연의 초월적 원인(causa transiens)이 아니라 내재적 원인(causa immanens)으로 규정하고 있다. "신은 존재하는 모든 것의 내재적 원인이며 초월적 원인이 아니다"(E1P18). 초월적 원인은 그 결과를 자신의 바깥에 생기게 하는 원인이고 내재적 원인은 그 결과가 자신의 안에 생기게 하는 원인이다. 그렇다면 스피노자에게 변화하는 소산적 자연은 능산적 자연의 내부에 있게 된다. 즉 능산적 자연은 자신의 결과인 소산적 자연을 자신 안에 가지고 있다. 능산적 자연은 변화가 없는 상태의 자연이고, 소산적 자연은 능산적 자연이 변화하여 생성 소멸하는 자연이다. 다시 말해 능산적 자연은 자신의 본성이 지니는 필연적 법칙에 의해서 끊임없이 여러 상태로 변화한다. 이 능산적 자연의 끊임없는 변화상태가 바로 소산적 자연이다. 우리가 살고 있는 세계는 이 소산적 자연으로서의 세계이지만, 궁극적으로는 능산적 자연으로서의 세계가 된다. 그렇다고 해서 능산적 자연을 소산적 자연과 동일시해서는 안 된다. 변화가 없는 상태의 능산적 자연을 우리는 끊임없이 변화하는 소산적 자연이라고는 할 수 없기 때문이다.

그러면 능산적 자연과 소산적 자연에 대한 스피노자의 이러한 관점을 범신론으로 해석하는 것은 어느 정도 타당한가? 스피노자에게는 신은 '하나이면서 모든 것'이고, 또한 '모든 것인 하나'이다. 스피노자의 내재적 원인으로서의 신을 범신론보다는 범재신론(panentheism)—— 만유내재신론으로도 번역이 가능하다 —— 으로 해석하는 것이 더 정확할 것이다. 범재신론은 세계와 신을 동일시하지 않는다. 세계는 신이 아니다. 그것은 신 안에 있다. 범재신론에서 세계에 존재하는 모든 것들은 신을 원인으로 가지면서, 신 안에 존재한다. 따라서 그것들은 신 없이는 그 존재가 이해될 수 없다. 이렇게 범신론에서는 모든 것(소산적 자연)이 신이라고 주장하는 반면, 범재신론에서는 모든 것이 신 안에 존재한다고 주장한다. 이러한 범재신론은 다음의 스피노자의 진술을 잘 반영하고 있다. "존재하는 모든 것은 신 안에 있으며, 신에 의해서 생각되지 않으면 안 된다. 따라서 신은 자기 자신 속에 존재하는 모든 것의 원인이다"(E1P18Dem). 우리는 스피노자의 신관이 신과 자연을 동일시하는 일반적인 의미의 범신론으로부터 벗어나 있다는 사실을 염두에 두고 그의 사유의 왕국을 탐험해야 할 것이다.

3. 라이프니츠의 현상론 : 실체와 물체

1) 라이프니츠의 실체 개념 : 개별적 실체, 단자, 물체적 실체

라이프니츠의 실체개념은 다음의 3가지로 분류될 수 있다. ① 『형이상학 서설』에서 논리적 주어로 설명되고 있는 '개별적 실체', ② 그 후, 『단자론』에서 본격적으로 전개되고 있는 '정신적인 단자' 즉 '단순실체', ③ 그의 생애 후기에 나타나고 있는 정신과 신체가 그 자체로 하나인 '물체적 실체', 그리고 부가하자면 비록 실체는 아니지만 단자들의 집합체인 '합성체'가 있다. 이것과 연관해서 다음과 같은 문제점들이 제기될 수 있다.

- 첫 번째로 제기될 수 있는 문제는 "개별적 실체와 단자는 어떠한 관계에 있는가?"이다. 물론 이 두 개념의 관계는 해석자들의 상이한 관점에 따라 달라진다. 하지만 이 물음은 라이프니츠의 형이상학적 체계의 일관성에 대한 문제를 제기한다. 즉 두 개의 다른 실체개념에 대한 라이프니츠의 주장은 그의 철학을 일관성 있게 설명하는 데 장애물이 된다. 따라서 이들의 관계를 규명해 봄으로써 라이프니츠가 두 개의 실체개념들을 자신의 철학 전반에서 잘 조화시키고 있는지 살펴보는 것이 중요하다.
- 두 번째로 제기되는 것은 "단자가 어떻게 물질적인 합성체, 즉 물체를 형성하는가?"라는 문제이다. 라이프니츠에게 단자는 정신적인 어떤 것이다. 그리고 그는 물체가 이 정신적인 단자들이 모여서 된 합성체라고 주장한다. 그러나 이 주장에는 정신과 물체 사이에 놓여 있는 해결하기 힘든 간극이 있다. 따라서 '정신적인' 단자들이 모여서 물체를 형성한다는 것은 문제가 있어 보인다.
- 세 번째로 "물체적 실체는 합성체가 현상일 뿐이라고 말하는 그의 체계에 통합될 수 있는가?"라는 문제이다. 라이프니츠의 현상론에 의하면 실체는 단자들뿐이며, 신체 즉 물체는 하나의 현상에 불과할 뿐이다. 그런데 그는 신체와 정신으로 구성된 유기체 — 인간, 동물, 식물 — 를 또 하나의 다른 실체로 간주하고, 이것들에 물체적 실체라는 이름을 붙인다. 그러나 이 물체적 실체는 사실상 그의 형이상학적 체계와 조화를 이루기 어려운 것으로 보인다.

필자는 위에서 제기한 3가지 문제를 차례로 살펴보고자 한다. 우선 개별적 실체와 단자에 대한 두 주장을 모두 살펴보고 또한 그 연관성도 살펴봄으로써 라이프니츠의 실체개념이 일관성 있게 그의 철학에서 주장되고 있는지 살펴볼 것이다. 또한 단자가 단순성을 지닌 정신적인 것임을 명확히 설명하고 연장개념에 대한 라이프니츠의 견해를 살펴볼 것이다. 그런 다음, 신적인 단자와 물체와의 관계에 대한 문제가 라이프니츠의 현상론에 의해서 해결될 수 있다는 것을 보여주고자 한다. 마지막으로 라이프니츠가 단자이외의 또 하나의 다른 실체, 즉 물체적 실체를 내세운 것이 그의 철학적 체계 내에서 성공하지 못했다는 점을 지적할 것이다.

2) 개별적 실체

라이프니츠의 실체개념은 '주어내 술어 원리(predicate-in-subject principle)'에 근거한 '개별적 실체(individual substance)'와 '힘'을 중심개념으로 하는 '단자(monad)'로 설명될 수 있다. 개별적 실체의 가장 기본적인 개념은 '주어내 술어 원리'에서 끌어들인 완전성의 개념이다. 우리는 라이프니츠가 단순실체, 즉 단자를 실체개념으로 내세울 때 이 개념이 없어졌다고 이해하기 쉽다. 왜냐하면 단자는 '주어내 술어 원리'와 같은 논리적 주장을 가지고 있지 않은 형이상학적인 실체개념이기 때문이다. 그러나 어느 한 쪽의 설명만 가지고서는 라이프니츠의 실체개념을 정확하게 이해할 수 없으므로, 양자 모두를 고찰할 필요가 있다.

(1) 주어내 술어 원리

라이프니츠의 실체개념의 중요한 주장 중의 하나는 '참인 긍정명제들의 논리적 본성'에서 이끌어졌다. 이것은 '주어내 술어원리'로 설명될 수 있다. 이 원리의 핵심은 "항상 참인 모든 긍정 명제에 있어서 그것이 필연적이든 특수적이든 간에 술어의 개념은 주어의 개념에 포함된다"는 것이다.[1] 이 원리는 아리스토텔레스의 다음과 같은 진술에 따르고 있다. "제1실체는 어떤 주어의 술어라고 단언할 수 없으며 어떤 주어에도 속하지 않는 것이다."[2] 그러나 라이프니츠는 아리스토텔레스의 진술이 충분하지 못하고 명목상의 것이라고 지적하면서, 그의 정의가 개별적 실재성의 단순한 기준만을 제시해 줄 뿐이라고 생각한다. 즉 아리스토텔레스의 정의가 주어의 유일성을 술어들의 다양성과 연결시켜주는 내재(in-esse)의 관계를 명백히 해주지 못하기 때문에 결함이 있다는 것이다.[3] 그래서 라이프니츠는 아리스토텔레스의 정의에 덧붙여, '주어내 술어 원리'로 개별적 실체를 설명한다.

> 많은 술어가 동일한 주어에 속하고 그 주어가 이미 다른 어떤 주어에도 속하지 않는 경우, 이 실체가 개별적 실체라고 불리는 것은 당연하다. 그러나 그것만으로는 충분하다고 할 수 없고, 더욱이 이러한 설명은 명목상의 것이다. …… 참된 술어 기능이라는 것은 모두 사물의 본성 속에 무엇인가 근거를 가지고 있는 것이다. 그래서 술어가 주어 속에 분명하게는 포함되어 있지 않을 경우에도 술어는 여전히 주어 속에 사실상 포함되어 있다. 이는 철학자들이 술어는 주어 속에 있다는 것을 말하는 것이며 '내재'라고 부르는 것이다. 그러므로 주어의

---

1 John Nason, "Leibniz and the Logical Argument for Individual" in Leibniz: Metaphysics and Philosophy of Science, ed. R.S. Woolhouse(New York: Oxford University Press, 1981), 11-12쪽.

2 Categoriae, V, 2a 11-13 in W. D. Ross (ed.), The Works of Aristotle Translated into English, 2 vols(Oxford: Oxford University Press, 1926).

3 H.W.B. Joseph, Lectures on the Philosophy of Leibniz(Oxford: Claredon Press, 1949), 75쪽.

용어는 항상 술어의 용어를 포함하고 있지 않으면 안 되며, 따라서 주어의 개념을 완전하게 이해하는 사람은 술어가 주어 속에 속해 있다고 판단하게 된다.[4]

술어가 주어 안에 있다고 말하는 것은 무엇인가. 내가 존재하기 시작한 오래된 시간으로부터 이러저러한 일들이 나에게 일어나게 될 것이라고 말할 수 있는 것은 이러한 술어들이 주어 안에 원리적으로 포함되어 있기 때문이며, 이것은 나의 상이한 모든 상태의 내적 연관을 이룬다.[5]

이처럼 라이프니츠는 모든 술어로서의 부분은 주어로서의 전체 안에 포함되며 전체인 주어에서 부분들의 술어들이 연역된다고 본다. 이 주어내 술어 원리에 의거해서 그는 개별적 실체의 개념이 완전한 개념이라는 자신의 주장을 전개시키고 있다.

우선 그는 실체로서의 알렉산더와 우연으로서의 왕을 비교한다. 우리가 "알렉산더는 왕이다"라고 말할 때, 왕의 개념은 알렉산더에게만 한정된 개념이 아니기 때문에, 또한 그 개념은 알렉산더의 여타의 다른 속성들을 포함하고 있지 않기 때문에, 왕의 개념은 불완전한 것이며 우연의 개념이 된다. 한편 알렉산더란 개념은 알렉산더의 모든 속성들이 그의 개별적 개념으로부터 나오고 연역될 수 있기 때문에 완전한 개념이다. 신은 알렉산더란 개념 안에서 "예를 들어 그는 다리우스나 폴루스를 정복할 수 있으리라 등과 같은 알렉산더에 관해서 사실대로 말할 수 있는 모든 술어들의 근거와 이유"를 알 수 있

4 DM, 8절.

5 L-A, 113쪽.

다.[6] 즉 신은 알렉산더가 자연사를 할 것인지 아니면 독살될 것인지 등의 알렉산더에게 있을 모든 것을 선험적으로 알 수 있다. 그래서 알렉산더란 개념에는 여태까지 그에게 일어났던 모든 일의 흔적이나 앞으로 일어나게 될 전조, 더구나 우주에서 일어나는 모든 실마리까지 포함되어 있다고 말할 수 있다.[7] 이것은 "술어나 후건은 항상 주어나 전건에 본래부터 있다"는 라이프니츠의 주어내 술어 원리에 기초한다.[8]

라이프니츠는 또한 '아담'의 개념을 가지고 실체의 완전성을 설명하고 있다. 라이프니츠에 의하면, 신이 아담을 창조했을 때 아담이라는 개별적 개념은 자신이 갖게 되는 많은 자손들을 모두 포함하고 있으며, 또한 그 자손들 각자가 행하게 될 모든 것도 이미 아담이라는 개념 안에 그 아담의 술어로서 포함되어 있다. 이렇게 아담이라는 개념 안에는 아담에게 일어난 모든 사건뿐만 아니라 그의 후손들에게 일어나는 모든 사건까지도 포함되어 있다.[9] 이처럼 우리는 라이프니츠가 개별적 실체의 개념을 주어내 술어 원리에 기초해서 완전한 개념으로 정의하고 있다는 것을 알 수 있다. 하나의 개념이 자신에 해당하는 모든 것들의 모든 특성을 내포하고 있다면 그 개념은 완전하며, 그것이 곧 개별적 실체의 개념이다. 따라서 개별적 실체는 모든 것을 포함하는 존재이고 그 본성 자체로 완전하다.

---

6 DM, 8절.

7 DM, 8절.

8 L, 267쪽.

9 L-A, 129-130쪽.

(2) 실체개념의 역학적 함축

라이프니츠의 주어내 술어 원리에 대해서는 이후 많은 비판이 나타난다. 러셀, 네이슨 등은 '개별적 실체'를 중심으로 라이프니츠의 실체개념을 해석하려는 학자들이다. 이들은 라이프니츠의 『형이상학서설』 8절에 나타난 주어내 술어 원리에 관심을 가지고 있다. 그들은 주어내 술어 원리의 결과인 명제, 즉 "참인 모든 명제는 분석적이다"라는 라이프니츠의 진술이 잘못되었다고 비판한다. 이들의 비판은 「라이프니츠와 개별적 실체에 관한 논리적 주장」이라는 논문에 잘 나타나 있으며, 그것을 요약하면 다음과 같다. 첫 번째, "참인 모든 명제는 분석적이다"라는 주장은 참인 모든 명제들이 주어-술어 형태로 올바르게 표현된다는 것을 불합리하게 전제한다는 것이다. 러셀의 표현을 빌리면 "모든 명제가 주어-술어 형식으로 환원될 수 있는가?" 하는 문제이다. 두 번째, "분석 명제들은 필연적으로 종합명제를 전제하는가?"라는 문제로, 러셀은 "분석 명제는 근본적이고 반드시 필연적인가?"라고 질문한다. 세 번째, "참인 모든 명제는 분석적이다"라는 라이프니츠의 주장은 자신의 필연적 진리와 우연적 진리 사이의 구별을 무효로 만든다. 러셀은 "필연적 명제와 우연적 명제의 구분에 대한 라이프니츠의 참된 원칙은 무엇인가?"라는 문제를 제기한다.[10] 라이프니츠의 주어내 술어 원리에 대한 이러한 비판들은 오늘날 라이프니츠를 연구하는 학자들에게 타당한 것으로 인정되고 있다.

그러나 필자는 다음 두 가지 문제를 제기하고자 한다. 그것은 첫

---

10 John Nason, 앞의 논문, 11-24쪽; Bertrand Russell, A Critical Exposition of the Philosophy of Leibniz(London: Allen and Unwin Ltd., 1937). -네이슨의 네 번째 비판은 "참인 모든 명제가 분석적이라는 라이프니츠의 주장은 우주가 예정조화의 원리에 따라 질서지워졌다는 자신의 이론에 일치되지 않는다"는 것이다.

째 "과연 주어내 술어 원리에 대한 비판이 라이프니츠의 실체개념에 대한 직접적인 비판이 될 수 있는가?"라는 것이고, 둘째 "만일 주어내 술어 원리에 대한 비판이 실체개념에 대한 비판이 된다면, 라이프니츠의 실체개념은 아무런 의미도 없는 것인가?"이다. 첫 번째 제기한 문제는 "주어내 술어 원리는 개별적 실체의 개념이 완전한 개념이라는 것을 설명하기 위한 하나의 방법일 뿐이다"라는 주장을 함축하고 있으며, 두 번째 제기한 문제는 "라이프니츠의 실체개념이 이러한 논리적인 설명만 가지고는 충분하지 않다"는 주장을 함축한다.

먼저 첫 번째 문제에 대해서 살펴보자. 러셀은 라이프니츠가 참인 모든 명제의 '주어내 술어 원리', 즉 주어가 술어를 포함한다는 원리에서 완전한 개별자의 개념을 연역했다고 주장한다. 즉 실체의 개념이 주어와 술어의 논리적 개념에서 파생되어졌다는 것이다.[11] 주어내 술어 원리와 개별적 실체의 개념은 앞에서 언급하였듯이 분명히 관계가 있다. 그러나 이 관계는 러셀이 주장하는 것처럼, 라이프니츠가 주어내 술어 원리에서 개별적 실체의 완전한 개념을 이끌어 내는 것이 아니다. 주어내 술어 원리는 개별적 실체의 완전한 개념을 설명하기 위한 하나의 방법으로 이해되어야 한다. 라이프니츠가 『형이상학 서설』이나 「아놀드에게 보내는 편지」 등에서 궁극적으로 설명하고자 했던 것은 주어내 술어 원리에서의 주어 개념이 아니라 개별적 실체의 개념이다. 주어내 술어 원리에서 나타나는 주어의 '완전한 개념'은 개별적 실체의 '완전성'을 이해하는 데 가장 적절한 설명이 된다. 라이프니츠는 개별적 실체의 '완전성'이란 개념을 설명하기 위해서 주어내 술어 원리를 끌어들인 것이다. 레셔가 말한 것처럼 주어내

11 Bertrand Russell, 같은 책, 9-11쪽.

술어 원리에 대한 라이프니츠의 주장은 명제의 본성에 대한 논리적인 주장이 아니라 실체의 본성에 대한 형이상학적 주장이라고 할 수 있다.[12] 필자는 이러한 레셔의 주장에 동의하여, 라이프니츠가 개별적 실체에 관한 자신의 형이상학적 견해를 논리적 옷을 걸친 채 정렬시키고 있다고 생각한다. 그렇기 때문에 주어내 술어 원리에 대한 비판에 의해서 주어가 완전성의 개념을 상실했다고 하더라도 개별적 실체가 완전성의 개념을 상실한 것은 아니다. 따라서 주어내 술어 원리에 대한 비판만을 가지고서 개별적 실체의 개념을 비판하는 것은 설득력이 없어 보인다.

두 번째로, 만일 주어내 술어 원리에 대한 비판으로 실체개념에 대한 비판을 할 수 있다고 하더라도 라이프니츠의 실체개념이 아무런 의미가 없는 것은 아니다. 라이프니츠의 실체개념을 설명할 때 단지 러셀처럼 논리적인 의미에서만 설명하고 형이상학적인 의미를 전혀 부각시키지 않는다면, 라이프니츠의 실체개념을 올바르게 이해할 수 없게 된다. 마이어는 라이프니츠의 엄격한 논리적인 공식에도 불구하고 개별적 실체의 개념이 라이프니츠에게 우선적으로는 존재론적 문제라는 것을 잊어서는 안 된다고 주장한다.[13] 여기에 대한 라이프니츠의 생각을 우리는 「레몽(Remond)에게 보내는 편지」에서 짐작할 수 있다.

> 그러나 기계론의 궁극적 이유들과 역학 그 자체의 법칙들을 탐구했

---

12 Nicolas Rescher, Leibniz: An Introduction to His Philosophy(Oxford: Basil Blackwell, 1979), 21쪽.

13 R.W. Meyer, Leibniz and Seventeenth-Century Revolution(Chicago: Henry Regnery Company, 1952), 117쪽.

을 때, 그것을 수학 속에서 발견할 수가 없었습니다. 따라서 형이상학으로 되돌아가지 않으면 안 된다는 것을 깨닫게 되고, 이에 나 자신도 상당히 놀랐습니다.[14]

라이프니츠의 실체개념은 논리적인 주장만 가지고는 충분하게 설명될 수 없다. 그것은 실체개념의 설명에서 일부분일 뿐이다. 라이프니츠의 실체 개념에는 많은 설명들이 있고, 그것들은 논리학으로만 설명되는 것은 아니다. 논리적인 설명 외에 개별적 실체에 대한 많은 형이상학적 설명들이 있고 그것들 중 상당수는 논리학에서가 아니라 역학에서 끌어들여졌다.

러셀은 라이프니츠의 철학이 명제의 분석에서 시작하고 있다고 말한다.[15] 그러나 라이프니츠의 실체개념은 명제의 분석을 통하여 얻게 되는 개념 뿐만 아니라 역학을 연구하면서 얻게 되는 개념도 있으며, 이것이 오히려 라이프니츠의 실체개념에 있어서 더욱 중요하다고 할 수 있다. 그것은 다름 아닌 힘이라는 개념으로 설명할 수 있는 '단일체의 활동적 원리'이다. 이 원리 역시 라이프니츠의 실체 이론의 일부분이긴 하지만, 그것은 실체에 대한 라이프니츠의 생각 중에서 가장 중요하고 기본적인 개념으로 보인다. 왜냐하면 '활동적 원리'는 라이프니츠 생애 전반에 걸쳐서 지속되는 개념이기 때문이다. 1666년에 라이프니츠는 움직이거나, 움직이게 되는 것은 무엇이나 실체라고 불렀다. 2년 후 그는 "실체란 그 자체 안에서 활동의 원리를 가지는 것"이라고 말했고, 1676년에 실체의 본질은 "원래적인 힘"에 있다고 주장한다. 계속해서 1686년에 그는 『형이상학 서설』에서 말한 것을

---

14 G, III, 606쪽.

15 Bertrand Russell, 앞의 책, 8쪽.

옹호하기 위하여 「아놀드에게 보내는 편지」에서 이러한 관념들을 정식으로 사용했고 그의 나머지 생애까지 계속되었다. 이렇게 비록 '단일체의 활동적 원리'가 실체에 대한 라이프니츠의 사고들 중 하나에만 관계한다고 하더라도, 그것은 지속적인 것이었다.[16] 실체에 대한 라이프니츠의 이러한 생각이 논리학에서가 아니라 역학에서의 문제들을 해결하려고 연구하는 동안에 중요하게 발전되었다는 것을 우리는 주목해 볼 필요가 있다.[17] 이렇게 역학에서 끌어낸 '단일체의 활동적 원리'는 라이프니츠의 실체개념의 핵심을 이루고 있다.

러셀과 함께 다른 연구가들은 1686년 전후의 저작들에 기초하여 라이프니츠의 실체개념을 논리적 해설의 기반 위에서 설명했다. 그러나 그 당시의 아놀드와의 서신들에서 라이프니츠가 다루고 있는 것은 논리학에서 제기된 실체의 개념이 아니다. 그 서신들에서 라이프니츠는 역학에서 끌어들인 '단일체의 활동적 원리'를 중심으로 실체개념에 관해서 전개하고 있다. 그에 의하면, 행위의 원리인 '힘'은 실체의 특징이고 구성요소이다.

> 힘은 행위와 유사한 가능성 이외의 아무 것도 아니다. 그것은 어떠한 자극이 없이는 아무런 행동도 산출해 낼 수 없는 — 마치 죽은 것과 같은 존재인 — 단순한 능력을 의미하는 것이 아니라 능력과 행동 사이의 어떤 것, 즉 노력과 행동과 엔텔레케이아를 포함하는 어떤 것을 의미한다. …… 그러므로 나는 힘을 실체의 구성요소로 생각한다. 왜냐하면 힘은 실체의 특징인 행위의 원리이기 때문이다.[18]

---

16 Ian Hacking, "Individual Substance" Leibniz: A Collection of Critical Essays, ed. Harry G. Frankfurt(Notre Dame: University of Notre Dame Press, 1976), 138-139쪽.

17 같은 책, 139쪽.

또한 이 점은 그의 간결한 논문 「형이상학의 수정과 실체의 개념」에 언급되어 있는 다음과 같은 라이프니츠의 진술로 더욱 분명하게 된다.

> 힘의 개념은 독일어로는 크라프트(Kraft)라고 부르고 프랑스어로는 라 포르스(La Force)라고 부른다. …… 명백한 '역학'이라는 과학을 확립했던 그 개념은 나에게 실체의 진실한 개념을 이해하는 데에 가장 좋은 지침이 되었다.[19]

이와 같이 라이프니츠는 역학의 관점에서 '실체의 기본적인 힘'이라고 하는 것을 이끌어 내었다. 역학에서 끌어들인 라이프니츠의 실체개념은 『자연의 신 체계』에서 여러 특징들로 나타나고 있으며, 그것들은 단자개념을 형성하게 된다. 그러므로 실체개념에 대한 역학적 설명들은 단자개념의 토대가 되고 있다.

3) 단 자

(1) 개별적 실체와 단자의 관계

앞에서 언급한 실체의 논리적 주장과 역학적 주장에 기초하여 라이프니츠는 '단자(monad)'라는 그의 새로운 용어를 내세운다. '단자'라는 용어는 『형이상학 서설』이나 「아놀드에게 보내는 편지」에서는 나타나지 않았던 단어이다. 그러나 레셔에 의하면 초기 저작들에서부터 『형이상학 서설』에 이르기까지 라이프니츠가 '단자'라는 용어를

---

18 L, 300쪽.

19 L, 709쪽.

도입하지 않았지만 은연중에 단자개념이 나타나고 있다. 『형이상학 서설』에서 라이프니츠가 '개별적 실체'라는 용어를 사용하면서 단자에 대한 첫 번째 체계적인 발표가 있었다고 레셔는 주장한다. 즉 '단자'라는 용어는 『형이상학 서설』에서 개별적 실체나 실체형상으로 불리었던 것과 같은 의미를 가지고 있는 다른 표현의 이름이라는 것이다.[20] 다른 한편, 윌슨은 단자가 개별적 실체와 단순히 동일시될 수 없다는 견해를 전개하면서, 개별적 실체의 개념이 라이프니츠의 논리적 결정론에 정통한 개념으로서 『형이상학 서설』 이후에 그 개념이 없어졌다고 까지 주장한다.[21] 윌슨에 의하면 라이프니츠가 데카르트의 실체개념에 관한 논박에서 힘의 중요성을 암시했음에도 불구하고 『형이상학 서설』에서의 '개별적 실체'의 개념은 역동적이 아닌 어떤 것으로 규정되어 있다는 것이다. 따라서 윌슨은 『형이상학 서설』을 기점으로 라이프니츠의 실체개념이 다른 개념으로 바뀌었다고 주장한다.[22] 그러나 양자의 주장은 다음과 같은 점에서 문제가 있다.

우선, '개별적 실체'는 『자연의 신 체계』에서 '형이상학적인 점', '원초적 힘', '실체적 통일', '엔텔레케이아' 등 여러 가지 표현으로 고쳐진다. 그리고 이러한 개념들이 바로 '단자'의 개념을 형성하게 된다. 이렇게 라이프니츠는 '단자'라는 용어를 사용하기 이전에 단자의 특징들을 『자연의 신 체계』에서 설명하고 있다. 여기에서의 이러한 단자의 특징들은 『형이상학 서설』의 개별적 실체의 개념에는 전혀 없는 것이었다. 그러므로 우리는 개별적 실체가 곧 단자라는 레셔의

---

20 Rescher, 앞의 책, 18쪽.

21 Catherine Wilson, Leibniz's Metaphysics: A History and Comparative Study(Princeton: Princeton University Press, 1989), 18쪽.

22 같은 책, 160쪽.

견해가 잘못되었음을 알 수 있다. 그러나 윌슨이 말한 것처럼 개별적 실체와 단자를 완전히 분리하는 것도 문제가 있다. 윌슨처럼 라이프니츠의 실체개념이 개별적 실체의 개념에서 단자라는 다른 개념으로 바뀌었다고 말하는 것은 적절한 표현이 아니다. 왜냐하면, '단자'는 '개별적 실체'의 개념을 토대로 해서 발전되고 확장된 개념이기 때문이다.『형이상학 서설』에서 라이프니츠는 자신이 생각한 '실체'의 개념을 논리적 논증을 가지고 정립하였으며 그것은 주어내 술어원리로 설명한 '완전성'의 개념이다. 또한 그는『형이상학 서설』에서 실체의 특징 또는 본질 등 실체의 구체적인 내용에 대해서 설명한 것이 아니라 실체의 일반적인 윤곽만을 제시했다. 즉 실체개념의 토대를 마련했다고 볼 수 있다. 이러한 기초 위에서 라이프니츠는 실체에 대한 여러 가지 특징들을 설명하고, 그 특징들을 가진 실체를 '단자'라고 불렀던 것이다. 이렇게 볼 때 개별적 실체와 단자는 레셔가 주장하는 것처럼 동일한 것들이 될 수 없고, 또한 윌슨이 주장하는 것처럼 서로 분리된 것도 아니다. 우리는 라이프니츠의 실체개념에 개별적 실체의 개념을 기초적인 개념이라고 이해해야 한다. 라이프니츠는 이 개별적 실체의 기초 위에서 힘의 한 형태인 욕구개념을 부가하여 '단자' 개념으로 확장시켰고, 발전시켰다.

개별적 실체와 단자의 관계에 대한 이러한 필자의 주장은 지각과 욕구의 개념에 의해서 뒷받침될 수 있다. 라이프니츠는 단자를 단순성을 지닌 정신적인 어떤 것으로 정의하면서 단자의 본질에 지각(perception)과 욕구(appetition)라는 두 성질을 포함시키고 있다. 지각과 욕구는 라이프니츠의 단자를 설명할 때 가장 기본적이고 중요한 개념이다. 라이프니츠는 지각에 대해서 다음과 같이 언급하고 있다.

단일하거나 단순한 실체에 있어서 순간마다 다(多)를 포함하고 다(多)를 표상하고 있는 상태, 이 흐름이 말하자면 지각이다.[23]

이것은 각각의 단자가 다른 모든 단자들의 상태들을 포함하고 있다는 라이프니츠의 주장을 나타내고 있다. 라이프니츠는 "매순간 각각의 단자는 자신의 특별한 관점으로부터 전체의 우주와 닮아 있다"고 말한다.[24] 그런데 그는 단자 각각의 총체적 상태는 다른 단자들의 현재 상태를 닮을 뿐만 아니라, 과거와 미래의 상태도 매우 혼란스러운 방식으로 닮는다고 주장한다. 즉 단자는 매순간 그것의 모든 과거와 미래의 흔적을 담고 있어야 한다는 것이다.[25] 그러므로 단자가 지각을 가지고 있다는 것은 무수한 단자가 서로 엄밀한 대응관계를 가지며, 각각의 하나(一)가 다(多)를 자신 속에 포함하면서 지속하는 것 이외의 다른 것이 아니다. 라이프니츠는 이러한 지각의 개념에 의해서 "단자는 우주를 반영하는 영원히 살아 있는 거울"이라고 말하고 있다.[26] 우리는 지각에 대한 라이프니츠의 생각을 "여러 가지 다른 악기가 동시에 연주되고 있는 오케스트라의 음악을 들을 수 있는 어떤 사람의 청각의 장(場)"으로 비유해서 이해할 수 있을 것이다.[27] 따라서 지각개념은 '다수성이 단일성 안에서 표현되는 것'이라고 특징지을 수 있다. 이러한 지각의 개념은 앞에서 설명한 '주어내 술어 원리'를 생각하게 만든다. 이 점에 대해서는 욕구개념을 설명한 다음에

---

23 Mon, 14절.

24 L, 644쪽.

25 C.D. Broad, Leibniz: An Introduction(London: Cambridge University Press, 1975), 96쪽.

26 Mon, 56절.

27 C.D. Broad, 앞의 책, 95쪽.

언급하기로 하겠다.

지각이라고 하는 말이 넓은 범위의 함축성을 지니고 있듯이 욕구도 넓은 의미를 포함하고 있다. 동물의 욕망, 인간의 의지 등이 모두 이 욕구개념에 포함된다. 라이프니츠는 『단자론』에서 욕구를 다음과 같이 정의하고 있다.

하나의 지각이 다른 지각으로 변화나 이행을 불러일으키는 내적 원리의 활동을 이름 붙여 욕구라고 한다.[28]

또한 『자연과 은총의 원리』에서는 욕구를 경향이라고 말하고 있다. "욕구는 하나의 지각에서 또 다른 하나의 지각으로 발전하려는 경향이다."[29] 이처럼 라이프니츠는 '욕구'를 『단자론』에서는 내적 원리의 활동이라고 하였고, 『자연과 은총의 원리』에서는 경향이라고 하였다. 즉 라이프니츠의 욕구개념은 하나의 지각에서 다른 지각으로 옮겨가려는 능동적 경향이라고 할 수 있다. 그러므로 단자에 있어서의 지각은 욕구의 법칙에 따라서 다른 지각으로 나아갈 수 있다. 즉 단자는 욕구에 의해서 순수한 내재적 변화를 계속하게 되는 것이다. 이렇게 볼 때, 욕구는 지각개념과 더불어 단자의 본질을 형성하는 중요한 개념이며, 힘의 한 형태임을 알 수 있다.

---

28 Mon, 15절.

29 G.W. Leibniz, Principles of Nature and Grace, Based on Reason, cited by section number from Philosophical Essays, trans. Roger Ariew and Daniel Garber(Indianapolis & Cambridge: Hackett Publishing Company, 1989), 2절.

(2) 지각과 욕구 개념에 함축된 주어내 술어 원리와 힘

필자는 단자의 본질인 지각과 욕구가 각각 주어내 술어 원리와 힘의 개념에 밀접하게 연관된 것으로 생각한다. 이는 지각개념이 '주어내 술어 원리'를 연상시키고, 욕구개념이 역학에서의 '힘'의 개념을 연상시킨다는 사실에서 연관성을 찾을 수 있다.

먼저 지각개념과 주어내 술어 원리의 연관성에 대해서 살펴보자. 기억을 떠올리기 위해서 『형이상학 서설』 8절의 마지막 부분과 「아놀드에게 보내는 편지」의 일부분을 다시 인용하기로 하겠다.

> 그러므로 주어의 용어는 항상 술어의 용어를 포함하고 있지 않으면 안 되며, 따라서 주어의 개념을 완전하게 이해하는 사람은 술어가 주어 속에 속해 있다고 판단하게 된다.[30]

> 신이 아담을 창조했을 때 아담이라는 개별적 개념은 자신이 갖게 되는 많은 자손들을 모두 포함하고 있으며 또한 그 자손들 각자가 행하게 될 모든 것도 이미 아담이라는 개념 안에 술어로서 포함되어 있다.[31]

우리는 이렇게 주어내 술어 원리에 근거한 개별적 실체의 개념이 그에게 일어났던 모든 일과 앞으로 일어나게 될 모든 일을 포함하고 있음을 보았다. 즉 개별자의 완전한 개념은 현재뿐만 아니라, 과거와 미래를 모두 포함하고 있어야 한다. 그래서 그것으로 말미암아 개별적 실체는 전 우주의 상태까지도 반영하고 있다. 이것은 우리가 바로

---

30 DM, 8절.

31 L-A, 130쪽.

앞에서 살펴본 하나(一)가 다(多)를 포함하는 단자에서의 지각의 개념과 일치한다. 실제로 우리는 이러한 개념과 관련해서 『형이상학 서설』과 『단자론』에서 개별적 실체와 단자에 관한 거의 같은 표현을 발견할 수 있다. 라이프니츠는 『형이상학 서설』에서 "개별적 실체들은 각각 자신의 방법에서 전 우주를 표현하다"고 말했고, 『단자론』에서는 "어떤 단순실체[단자]도 각각 다른 모든 실체들을 표현하는 관계에 있으며, 따라서 단순실체들은 우주를 반영하고 있는 영원히 살아 있는 우주의 거울이다"라고 진술하고 있다. 이러한 사실은 단자의 지각개념이 '주어내 술어 원리'에 근거한 개별적 실체의 완전한 개념에서 기인하였다는 필자의 견해를 뒷받침하고 있다.

그러나 라이프니츠가 『형이상학 서설』에서 말한 개념들 중에서 단자개념에 포함되는 것은 주어내 술어 원리에 근거한 개별자의 완전한 개념일 뿐이고, 이 개념이 이후 단자의 지각개념에 함축되어 있을 뿐이다. 개별적 실체의 개념에는 '욕구'라는 힘의 개념이 없으며, 힘의 개념으로 유추할 만한 것도 없다. 지각에서 단일성이 다수성을 포함한다는 개념 즉 각각의 단자가 전 우주를 반영하는 영원히 살아 있는 거울이라는 주장은 주어내 술어 원리의 완전한 개별자의 개념에 기인한 것이지만, 단자가 전체의 우주를 반영하기 위해서는 힘이 필요하다. 단자가 우주를 반영하는 행위는 바로 힘에 의해서 이루어지며, 지각의 개념은 힘이 없이는 이루어질 수가 없다. 따라서 지각은 주어내 술어 원리에 기인하였지만 힘을 필요로 하고 있으며, 욕구는 바로 힘의 한 형태인 것이다. 여기에서 힘의 개념인 욕구는 단순히 부가된 특징이 아니라, 단자의 중요한 특징이다. 왜냐하면 지각의 개념이 있다고 하더라도 욕구의 개념이 없으면 단자는 성립할 수 없기 때문이다. 이처럼 개별적 실체의 주어내 술어 원리는 단자의 지각개념으로 이어져서, 분명하게 함축되어 있다. 그리고 역학에서의 힘의 개념도 욕구개념으로 이어져서 실체개념에 중요하게 포함되어 있다.

우리는 개별적 실체의 주어내 술어 원리가 단자의 지각개념에 함축되어 있다는 사실을 보았다. 또한 단자가 가지고 있는 힘의 한 형태인 욕구개념이 개별적 실체에서는 발견될 수 없다는 사실도 보았다. 이러한 사실들은 우리로 하여금 단자를 개별적 실체의 토대 위에서 발전되고 형성된 개념으로 이해하게 한다. 즉 단자는 주어내 술어 원리를 가진 개별적 실체개념에 역학에서 끌어들인 힘의 원리가 부가된 라이프니츠의 완성된 실체개념이라고 할 수 있다. 이렇게 라이프니츠의 실체개념에는 논리적 주장과 역학적 주장이 함께 함축되어 있으며, 우리는 이 두 주장을 모두 고찰하고 종합해서 라이프니츠의 실체개념을 이해해야 할 것이다.

4) 현상론[32]

위에서 보았듯이, 라이프니츠의 두 실체개념 — 개별적 실체와 단자 — 은 서로 분리된 별개의 것이 아니라, 개별적 실체개념이 단자개념에 함축되어 있다. 따라서 두 실체개념은 라이프니츠의 철학을 일관성 있게 설명하는 데 장애물이 아니다. 오히려 문제는 실체와 물체의 관계에 대한 그의 설명에서 생긴다. 라이프니츠에 의하면 단자들은 물질이 배제된 정신적인 것이다. 그리고 물체들은 이 단자들이 모여서 만들어진 합성체이다. 여기에서 "정신적인 단자가 어떻게 물질적인 합성체 즉 물체를 형성하는가?"라는 문제가 제기된다. 라이

32 라이프니츠의 현상론은 우리가 알고 있는 일반적인 현상론과는 다른 그의 독특한 이론이다. 이 점을 염두에 두고 글을 읽어야 할 것이다.

프니츠는 이 문제를 자신의 독특한 이론인 현상론을 가지고 설명하고 있다.

(1) 단자와 연장성

라이프니츠는 단자(monad)란 단어를 '점', '조각' 또는 '최소의 실재'라고 지적한 캠브리지의 플라톤주의자들의 사용에 오랫동안 익숙해 있었으며 이러한 개념에서 많은 영향을 받았다.[33] 그가 자신의 철학적 입장에서 단자라는 용어를 처음 사용한 것은 1695년 「로피탈에게 보내는 편지」에서이다.[34] 그후 1696년 「파르델라(Fardella)에게 보내는 편지」, 1698년 「베르누이(Bernoulli)에게 보내는 편지」, 1703년, 1704년 「볼더(Volder)에게 보내는 편지」, 1704년 「자크로(Jaquelot)에게 보내는 편지」, 1709년 「드 보스(de Bossess)에게 보내는 편지」 등 여러 곳에서 언급되었다.

이 가운데 「베르누이에게 보내는 편지」에서 단자는 "진정으로 하나인 실체 즉 실체들의 집합이 아닌 하나의 실체"[35]로 정의되었다. 라이프니츠는 이처럼 단자가 '하나의 실체'임을 분명히 한다. 그래서 「볼더에게 보내는 편지」에서 단자는 "완전하고도 단순한 실체"[36]로 기술된다. 그리고 「보스에게 보내는 편지」에서는 "완전한 실체"[37]로 기술되었다. 그후, 라이프니츠는 『단자론』에서 단자를 다음과 같이

---

33 C. Wilson, 앞의 책, 181쪽.

34 「파르델라(Fardella)에게 보내는 편지」에서 단자라는 용어가 처음 나온다고 하는 것이 일반적인 견해이나, 윌슨(Willson)은 「로피탈에게 보내는 편지」에서 최초로 나타난다고 주장한다.

35. GM, III, 537쪽.

36 G, II, 252쪽/L, 530쪽.

37 G, II, 306쪽.

정의하고 있다.

> 우리가 여기에서 말하려고 하는 단자란 합성체를 형성하고 있는 단순한 실체 이외에 아무 것도 아니다. 단순하다는 것은 부분이 없다는 것을 의미한다.[38]

라이프니츠의 단자개념은 '원자'의 개념에서 기초했다. 원자들은 사물을 구성하며, 세계 안의 모든 사물들은 원자들의 모양, 크기, 배열, 위치의 차이에 의해 생성된다. 그러나 라이프니츠는 단자개념을 설명할 때 원자들이 갖고 있는 연장을 배제시킨다. 왜냐하면 단자는 부분이 없는 분할 불가능한 단순실체이기 때문이다. 일반적인 물리적 원자들은 물리적으로 분할될 수 없을지라도 그들이 공간을 갖고 있는 한, 이념적으로는 무한히 분할될 수 있다. 그렇기 때문에 모든 단순한 물리적인 원자들은 라이프니츠에게 비실재적이다. 그는 부분이 없는 곳에는 연장이나 모양도 없으며 분할도 가능하지 않고, 따라서 단자들만이 자연의 참된 원자들이며, 사실상 사물들의 요소라고 주장한다.[39] 「볼더에게 보내는 편지」에서 라이프니츠는 단자란 우리가 자신의 내면으로부터 알고 있는 영혼과 본질적으로 다르지 않다고 말하고 있다.[40] 또한 라이프니츠는 「레몽에게 보내는 편지」에서 단자개념에 대한 이러한 입장을 분명히 밝히고 있다.

> 나는 엔텔레케이아(Entelekeia)로 즉 물질적인 것에서 형상적인 것으

---

38 Mon, 1절.

39 Mon, 3절.

40 G, II, 270쪽/L, 537쪽.

로 되돌아가서, 나의 생각을 여러 번 개선하고, 발전시켰습니다. 그런 다음 단자 즉 단순 실체만이 참된 실체라는 것, 따라서 물질적인 것은 비록 근거가 확실하고 잘 결합되어 있더라도 현상에 불과하다는 것을 알게 되었습니다.[41]

이상과 같이 보았을 때 우리는 단자가 부분을 갖지 않는 단순한 실체임을 알 수 있다. 부분이 없다는 것은 연장이 없다는 것을 의미한다. 단순실체 즉 단자는 위치, 운동성, 관성, 그리고 여러 가지 내재하는 활발한 힘을 갖고 있지만, 공간적인 연장을 갖고 있지 않다.[42] 이렇게 라이프니츠는 실체의 속성에서 연장을 배제시킨다. 그는 데카르트나 스피노자가 연장을 실체의 속성을 나타내는 단순한 개념으로 생각한 것은 연장에 대하여 구체적으로 분석해 보지 않았기 때문이라고 주장했다.[43] 따라서 라이프니츠에게 단자는 위의 편지들에서 알 수 있듯이, 정신 즉 영혼이거나 적어도 정신적인 어떤 것이라고 규정할 수 있겠다.

그렇지만 여기에서 다음과 같은 문제가 제기될 수 있다. "연장을 가지지 않는 단순실체 즉 단자들이 어떻게 연장을 가진 합성체를 구성할 수 있는가?" 다시 말해서 "단자가 정신적인 것이라면, 그것이 모여서 어떻게 물질적인 합성체가 성립할 수 있는가"하는 문제이다. 이것은 "라이프니츠가 연장개념을 어떻게 생각했는가"와 관련된 문제이다. 라이프니츠의 연장개념은 다음과 같이 요약될 수 있다. 첫째로 연장개념은 단순한 개념이 아니라 다수성, 연속성, 그리고 동시성

---

41 G, Ⅲ, 606쪽.

42 C.D. Broad, 앞의 책, 93쪽.

43 Nicolas Rescher, 앞의 책, 14쪽.

의 개념으로 분석되는 복합적인 개념이다. 둘째로 연장개념은 상상적이고 현상적인 개념이다. 셋째로 행위의 근거를 제시하지 못하는 개념이다.[44] 연장개념은 라이프니츠에게 불완전한 개념이 된다.

데카르트에게 연장은 물질적 실체의 본질이 되며 다른 성질들이 그것에 의존하게 되는 가장 기본적인 성질이다. 예를 들어 우리는 형체나 행동 없는 연장성은 생각할 수 있지만, 연장성이 없는 형체나 행동은 생각할 수 없다. 따라서 길이, 넓이, 깊이에서의 연장은 물질적 실체의 본질을 이룬다.[45] 이처럼 데카르트에게 물체의 속성은 연장이다. 그러나 라이프니츠는 데카르트가 연장이라고 부르는 것만으로는 충분하지 않다고 주장하면서 연장개념은 본질적으로 불완전한 개념이라고 결론지었다. 그에 의하면 물체의 본질은 연장 즉 크기, 모양, 위치, 운동에 있는 것이 아니라, 영혼과 관계되는 것 즉 실체형상에 있다.[46] 그래서 라이프니츠는 "물체가 연장된다는 개념은 다소 상상적이다. 연장은 물체의 실체를 구성하지 않는다"고 말한다.[47] 라이프니츠에게 연장은 불완전하고 상상적이기 때문에 그것은 물체의 본질이 될 수 없다. 따라서 연장개념과 관련된 '단자와 물체의 문제'는 물체가 연장성을 가지고 있지 않다는 라이프니츠의 주장으로 설명될 수 있다. 우리가 "정신적인 단자들이 어떻게 연장을 가진 물체를 구성할 수 있는가"라는 문제를 제기하게 되는 것은 물체의 속성이 연장이라는 데카르트적인 견해에 익숙하기 때문이라고 생각한다. 라

---

44 같은 쪽.

45 Descartes, Principles of Philosophy, First Part, Principle 53, tr. by E.S. Handane and G.R.T. Ross The Philosophical Works of Descartes(Cambridge: Cambridge University Press, 1970), 240쪽.

46 DM, 12절.

47 DM, 12절.

이프니츠에게 물체는 연장이 배제된 단자들의 집합체일 뿐이고, 여기서 야기될 수 있는 문제는 이제부터 설명할 라이프니츠의 현상론에 의해서 해결될 수 있다.

(2) 물체와 현상론

라이프니츠는 『단자론』 1절과 2절에서 다음과 같이 말하고 있다.

> 이제부터 말하려는 단자란 합성체(composite)를 형성하고 있는 단순실체를 뜻한다. 단순하다는 것은 부분이 없다는 것을 의미한다.[48]

> 합성체가 존재하는 이상 그것을 구성하는 단순실체가 반드시 존재한다. 합성체는 단순실체들의 모임 즉 집합 이상의 다른 것이 아니기 때문이다.[49]

여기에서 우리는 물체가 단자들의 집합체임을 알 수 있다. 아담스는 "사물들 중에 단순실체를 배제하는 것은 아무것도 없으며, 그 사물들에는 지각과 욕구가 있다"[50]는 라이프니츠의 진술을 인용하면서, 이것이 라이프니츠의 형이상학의 가장 기본적인 원리라고 주장한다.[51] 라이프니츠의 이 진술은 물체들이 지각과 욕구의 속성을 지닌 단자들로만 구성될 수 있다는 것을 의미한다. 즉 라이프니츠에게 물

---

48 DM, 1절.

49 DM, 2절.

50 L, 537쪽.

51 R.M. Adams, "Phenomenalism and Corporeal Substance in Leibniz" Midwest Studies in Philosophy, Vol. Ⅷ(Minneapolis: University of Minnesota Press, 1983), 88쪽.

체는 '단순실체 즉 단자들의 집합체'이다.

라이프니츠에 의하면 이 집합체의 본질은 그것을 규정하고 있는 실재물들의 존재상태일 뿐이다. 예를 들어 군대의 본질은 단지 그것을 구성하고 있는 군인들의 존재상태일 뿐이다.[52] 따라서 한 집합체의 이름이 나타내는 모든 명료한 진술은 그것의 구성물의 이름들이 나타내는 일련의 진술들에 의해서 대체될 수 있다. 예를 들면 '군대'에 대한 진술은 처음에는 '연대'에 대한 진술들로 분석할 수 있고, 각 '연대'에 대한 진술들은 '대대'에 대한 진술들로 분석할 수 있다. 이렇게 계속 나아가다가 마지막에는 '개별적인 군인들'에 대한 진술들로 그 과정이 귀결될 것이다.[53] 여기에서 개별적인 군인은 실재하는 것이지만, 집합체인 군대는 실재하는 것이 아님을 알 수 있다. 라이프니츠의 표현으로는 군대는 군인들의 존재상태일 뿐이다. 이렇게 집합체가 그 구성물의 존재상태일 뿐이라면 단자는 실재하는 것이지만, 그것들의 집합체인 물체는 엄밀히 말해서 실재하는 것이 아니다. 그리고 군대가 개별적인 군인으로 환원될 수 있는 것처럼, 물체가 집합체인 이상 그것은 단순실체 즉 단자들로 전적으로 환원될 수 있다.

라이프니츠는 "단순한 사물들만이 진정한 사물들이다. …… 그 나머지는 집합에 의한 사물들이고, 그러므로 현상들이다"[54]라고 주장하고 있다. 다시 말해서 물체는 진정한 단일체가 아니다. 짐승 떼와 같은 모임들이고, 하나의 현상이라는 것이다. 이처럼, 라이프니츠는 어떠한 집합체도 실체가 될 수 없으며, 이 집합체인 물체가 현상일 뿐이라고 주장한다. 라이프니츠는 현상을 '근거가 불충분한 현상(not well-founded

---

52 C.D. Broad, 앞의 책, 71쪽.

53 같은 책, 72쪽.

54 L, 531쪽/623쪽.

phenomenon)'과 '근거가 충분한 현상(well-founded phenomenon)'으로 구분한다. 근거가 불충분한 현상은 그가 "거짓의", "피상적인" 또는 "상상적인" 현상이라고도 불렀던 것으로,[55] 우리에게 주어진 꿈, 환상, 신기루 등과 같은 것들이다. 그런데 라이프니츠는 물체들이 단지 이러한 의미의 현상들이 아니라, '근거가 충분한 현상들'이라고 주장한다. 이 근거가 충분한 현상은 실체적 결합에 의해서 구성된 단자들의 집합체에 해당하는 것이다.[56] 그래서 라이프니츠는 "마침내 물체들은 집합체 이외의 아무것도 아니다. …… 그것들은 근거가 충분한 현상들이다"라고 진술한다.[57]

라이프니츠는 무지개를 예로 들어 물체의 현상을 설명한다. 무지개 비유는 라이프니츠가 자주 사용하고 있으며, 물체의 현상을 설명하는데 좋은 예가 되고 있다. 라이프니츠는 「드 보스에게 보내는 편지」에서 "물질은 무지개와 같은 현상일 뿐이다"[58]라고 진술한다. 또한 "무지개는 우리 눈에 명백한 어떤 색깔을 공동으로 생산하는 물방울들의 집합체이다"[59]라고 하면서 집합체를 무지개에 대조하고 있다. 무지개가 물방울이라는 근거가 있기 때문에 '근거가 충분한 현상'인 것처럼, 집합체는 '실체' 즉 '단자'라는 근거가 있기 때문에 '근거가 충분한 현상'이다. 라이프니츠는 무지개의 실재성에 대해서 다음과 같이 말한다. "무지개는 두 방향에서 감소된 실재성으로 이루어져 있다, 왜냐하면 무지개는 물방울들이 모여서 된 존재이며, 명백히 또는

55 L, 363쪽.

56 Benson Mates, The Philosophy of Leibniz: Metaphysics and Language(New York: Oxford University Press, 1986), 247쪽.

57 G, Ⅲ, 344쪽.

58 G, Ⅱ, 390쪽.

59 Gr, 322쪽.

적어도 우리의 감각에 관계해서 실재적이고 알려진 성질들로 이루어진 존재이기 때문이다."[60] 이처럼 라이프니츠는 무지개의 실재성을 '감소된 실재성'이라고 진술한다. 무지개의 감소된 실재성은 '집합체들이 현상이기는 하지만 근거가 충분한 현상'이라는 '집합체들의 현상성'에 대한 라이프니츠의 명제라고 할 수 있다. 그렇기 때문에 물체들은 엄밀한 의미에서는 실재적이 아니지만 소극적 의미에서는 실재적이라고 할 수 있다. 즉 물체들이 근거가 충분한 현상이라고 했을 때, 소극적 의미에서는 물체들이 실재적 현상임을 나타낸다고 하겠다.[61] 물체의 현상에 대한 라이프니츠의 이러한 입장은 버클리와의 비교에 대한 라이프니츠 자신의 진술을 통해서 더욱 분명하게 된다.

> 버클리에게는 내가 옳다고 인정하고, 나의 견해와 일치하는 많은 점들이 있다. 그러나 그의 주장은 너무 역설적으로 묘사되었다. 물질이 아무것도 아니라고 말해서는 안 된다. 물질은 하나의 무지개와 같은 현상이고, 실체는 아니지만 실체들의 결과라고 말하는 것으로 충분하다.[62]

물리학은 무지개가 특별한 매개를 통하여 빛의 통과로부터 결과되었다는 것을 설명하지만, 라이프니츠는 무지개가 물방울들의 결과인 것처럼 물질들이 '실체들의 결과'라는 것을 설명한다.[63] 물체들이 근

---

60 Gr, 322쪽.

61 R.M. Adams, 앞의 논문, 247쪽.

62 Willy Kabitz, "Leibniz und Berkeley," Sitzungsberichen der Perussischen Akademie der Wissenschaften, Philosophische-Historische Kasse. xxiv (Jahrgang, 1932), 636쪽.

63 Stuart Brown, Leibniz(Brighton: The Harvester Press, 1984), 141쪽.

거가 불충분한 현상들(꿈, 환상, 신기루 등)과 다른 이유는 그것들이 단자 즉 실체로부터 결과되었기 때문이다. 그러므로 라이프니츠는 물체에 대해서 기초가 없는 단순한 현상이 아니라 '근거가 충분한 현상'이라고 주장한다.

그러나 여기에 또 하나의 문제가 발생한다. 즉 "단자들로 구성된 물체가 현상이라면, 단자들이 모여서 현상이 되는 것이 가능한가"하는 문제이다. 이 문제는 다음과 같은 라이프니츠의 진술로 해결될 수 있을 것이다. 그는 「볼더에게 보내는 편지」에서 "엄밀히 말해서 물체들은 단자들로 구성되는 것이 아니고 단자들로부터 결과된다"고 주장한다.[64] 이처럼 물체는 단자들로 구성된 것이 아니라 단자들로부터 '발생하는 결과'들이기 때문에 무지개와 같은 하나의 현상이 된다. 이러한 점에서 필자는 라이프니츠의 무지개 예가 물체에 대한 자신의 견해를 잘 설명한다고 생각한다. 무지개는 엄밀히 말해서 물방울들로 구성된 것이 아니라 물방울들로부터 발생한 결과이다. 물체 역시 단자들로 구성된 것이 아니라 단자들로부터 발생한 결과이다. 그는 「드 보스에게 보내는 편지」에서 단자는 실제로 물체들의 '성분'이 아니라, 단지 '필수적인 것'이라고 언급하고 있다.[65] 단자와 물체의 관계는 물방울과 무지개의 관계와 같은 방식에서 이루어진다. 무지개가 현상인 것처럼 물체 역시 단자들로 구성된 것이 아니라 단자들로부터 결과된 현상이다. 이처럼 단자와 물체의 관계에서 제기되는 문제는 '물체가 단자로부터 결과된 현상'이라는 라이프니츠의 현상론에 의해서 해결될 수 있다.

---

64 G, II, 268쪽.

65 G, II, 435쪽.

5) 물체적 실체

라이프니츠에게 세계란 오직 연장의 성질을 지니지 않은 단자와 그것의 지각과 욕구에 의해서 구성될 뿐이다. 앞에서 보았듯이 모든 물체는 공간적인 연장의 성질을 지닌 연속체가 아니고, 단자들로부터 결과된 현상들일 뿐이다. 이 점은 연장에 대한 데카르트와 스피노자의 견해와 다른 점이며, 해석자들이 현상론이라고 부르는 독특한 것이다. 이렇게 연장을 물체의 속성으로 보지 않는 점은 공간의 실재성을 부인하는 것이나 다름없다. 그러나 이 글에서 라이프니츠가 공간의 실재성을 부인한 점을 비판하는 문제를 다루지 않을 것이다. 그의 연장개념 자체에 대한 비판을 떠나서 문제가 되는 것은 "단자를 정신적인 것으로 규정함으로써 연장을 물체의 속성으로 보지 않은 그의 입장이 자신의 형이상학적 체계에서 어떤 모순도 야기하지 않고 잘 정립되어 있는가"하는 점이다. 필자는 이 점에서 라이프니츠가 성공하지 못했다는 것을 지적하고자 한다.

라이프니츠의 형이상학적 체계에서 발생하는 또 다른 문제점은 그가 단자 이외의 다른 실체를 언급했기 때문에 발생한다. 그는 이 실체를 물체적 실체(corporeal substance)라고 이름 붙인다.

> 단순실체 즉 단자(영혼 또는 영혼과 유사한 어떤 것)들로 구성되고, 그것에 유기적 물체가 결합된 것을 나는 물체적 실체라고 부른다.[66]

이 물체적 실체들은 "활기 있고, 엔텔레케이아를 타고났거나 생명의 원리를 타고난 물체들"이다. 그러므로 그것들은 '살아 있는 것'이

---

66 G, II, 435쪽.

라고 불릴 수 있다.[67] 다른 사물과 구별되는 살아 있는 물체들의 기본적인 특징은 '유기적(organic)'이라는 점에 있다고 라이프니츠는 언급한다.[68] 그는 이러한 유기체의 경우에 한해서 '물체적 실체'라고 부른다. 그래서 「아놀드에게 보내는 편지」에서 "물체는 실체들의 집합이고, 엄밀히 말해서 실체는 아니다"라고 진술하면서도 인간, 동물, 식물 등 살아 있는 물체-유기체-들은 하나의 실체 즉 물체적 실체라고 주장한다.[69]

라이프니츠는 정신과 떨어져 있는 인간 신체는 실체가 될 수 없으며, 신체에 생명을 주는 정신만이 실체라고 주장한다. 그러나 그는 정신과 신체로 구성된 '인간 개별체'를 하나의 실체로 간주한다. 그에 의하면 인간 신체는 물체적 실체가 아니라 집합일 뿐이다. 그러나 그는 인간 개별체를 하나의 단일체인 실체로 간주한다. 왜냐하면 인간 정신은 그 자신과 신체를 구성하는 전체 즉 인간 개별체에게 실체성과 단일성을 주기 때문이다. 그러므로 라이프니츠는 '실체'라는 용어를 '인간 정신'과 '정신과 신체로 구성된 인간 개별체'에 모두 사용한다. 전자는 단순실체(단자)라고 이름 붙이고, 후자는 물체적 실체라고 이름 붙인다.

인간 개별체 이외에도 어떤 물체적 실체들이 있다면, 그것들은 인간 개별체와 같은 방식에서 이루어지는 동물과 식물이다. 이러한 인간, 동물, 식물 등의 '물체적 실체'는 정신 또는 실체형상을 가지는 것으로 신체에 생명을 주는 정신과 생명을 부여받은 신체로 구성된 단일체이다. 즉 '물체적 실체'는 집합에 의한 합성체 즉 물체와 구분

---

67 G, II, 124쪽.

68 G, II, 260쪽.

69 G, II, 260쪽.

되는 '자기 자신에 의한 단일체(unum per se)'이다. 이렇게 라이프니츠에게 '실체'라는 용어는 단자 뿐만 아니라 인간, 동물, 식물 등 유기체까지 확대되어 사용되고 있다.[70]

라이프니츠는 물체들이 단자들로부터 결과된 현상들이고 인간 신체 역시 현상들이라고 주장한다. 그러나 신체와 정신으로 구성된 인간 개별체와 이와 유사한 방식으로 구성된 살아 있는 동물, 식물 등의 유기체에 대해서는 단지 현상일 뿐이라고 주장하는 데에는 무리가 있다고 생각한 것 같다. 그래서 그는 단자 이외의 다른 하나의 실체 즉 합성체이지만 그 자체로 하나(one per se)인 실체가 있다고 주장하게 되었다.[71] 바로 이 점이 라이프니츠의 체계에 있어서 일관성이 없는 점으로 지적될 수 있다. 물체와 연관된 라이프니츠의 실체이론에는 다음의 세 가지 명제가 있다. 첫째, 물체들은 단자들의 집합체라는 것, 둘째, 집합체인 물체들이 현상이라는 것, 셋째, 비록 합성물이지만 그 자체로 하나인 물체형적 실체들이 있다는 것 등이다. 라이프니츠는 이 세 가지 모두를 동시에 주장했는데, 첫 번째와 두 번째는 합리적으로 결합하는데 성공했지만, 세 번째는 성공하지 못했다. 메이츠는 라이프니츠의 물체적 실체에 대해서 "일관성 없고, 명확하지도 않다"고 언급한다.[72] 이 점은 라이프니츠 자신도 의식하고 있었던 것 같다. 그것은 1715년 「드 보스에게 보낸 편지」에서 알 수 있다.

단자들에 대한 나의 마지막 대답이 당신을 만족시킬 수 있는지 나

---

70 G, VI, 539쪽 이하.

71 Adams, 앞의 논문, 218쪽.

72 Benson Mates, 앞의 책, 197쪽.

는 전혀 알지 못합니다. 나는 이 주제에 대해 전에 당신에게 편지했던 내용과 완전히 일치하지 않으리라는 점이 염려됩니다. 왜냐하면 당신은 현상들 또는 합성체들에 관해서 알고 있기 때문입니다.[73]

사실상, 라이프니츠 자신도 물체적 실체에 관해서 충분히 생각하지 않았고, 확실하게 명확한 관념을 가지지 못했다. 아담스는 "라이프니츠가 그의 생애의 마지막 10~12년 동안 이 문제에 관해서 고생한 것으로 여겨진다"고 말한다.[74] 라이프니츠는 물체가 단자들로부터 결과된 현상이라고 말함으로써 단자의 속성에서 연장을 배제시킨 자신의 입장을 합리적으로 체계화하는 데는 성공했지만, 정신과 신체로 구성된 인간을 비롯한 유기체의 경우에 대해서는 현상론으로 설명할 수 없었다.

6) 라이프니츠 실체 개념의 문제점

이 글의 목적은 라이프니츠의 철학을 일관성 있게 설명하는 데 장애물이 될 수 있는 두 개의 다른 실체개념의 관계를 규명해 보고, 그가 이 실체개념들을 물체와 연관시켜 자신의 형이상학적 체계 내에서 잘 조화시키고 있는지를 살펴보는 것이었다. 그래서 이것과 관련해서 ① 개별적 실체와 단자의 관계, ② 단자와 합성체의 관계, ③ 합성체와 물체적 실체의 문제 등이 제기되었다.

우선, '개별적 실체'와 '단자'라는 두 실체개념에 대한 라이프니츠의 주장은 실체개념에 일관성이 없다는 생각을 하게 만든다. 왜냐하

73 G, II, 499쪽.

74 Adams, 앞의 논문, 248쪽.

면 단자는 개별적 실체의 '주어내 술어 원리'와 같은 논리적인 주장이 없는 형이상학적인 실체개념이기 때문이다. 그래서 우리는 라이프니츠가 하나의 실체개념 즉 개별적 실체를 주장했고, 후기로 접어들면서 그 개념을 포기하고 다른 실체개념 즉 단자를 내세운 것으로 생각하게 된다. 그러나 두 실체개념은 라이프니츠의 사유의 발전과정이라는 관점에서 그 관계가 이해되어야 한다. 그래서 필자는 개별적 실체와 단자를 동일한 것으로 간주하는 견해에도 반대하지만, 두 개념을 분리해서 보는 관점에도 반대한다. 필자의 관점은 라이프니츠가 개별적 실체의 개념을 포기한 것이 아니라, 오히려 그 개념을 토대로 해서 단자라는 실체개념을 완성시켰다는 것이다. 단일성이 다수성을 포함한다는 지각개념 즉 각각의 단자가 전 우주를 반영하는 영원히 살아 있는 거울이라는 주장은 '주어내 술어 원리'에 근거한 개별적 실체의 '완전성' 개념에서 기인하였다. 이렇게 개별적 실체의 주어내 술어 원리는 단자의 지각개념으로 이어져서 분명하게 함축되어 있다. 더 나아가 역학적 원리에 근거한 힘의 개념이 욕구개념으로 전개되면서 단자개념에 중요하게 포함되어 있다. 즉 단자는 주어내 술어 원리를 가진 개별적 실체개념에 역학에서 끌어들인 힘의 원리가 부가된 실체개념이라고 할 수 있다. 따라서 라이프니츠에게 단자란 개별적 실체의 연속선상에서 발전된 완성된 실체개념이다.

이 완성된 실체개념인 단자를 라이프니츠는 연장이 배제된 정신적인 어떤 것으로 간주한다. 그는 단자가 단순성을 지닌 정신적인 것임을 명확하게 밝혔다. 그리고 이 단자들이 모여서 물체를 형성한다고 주장한다. 라이프니츠에게 물체는 단자들로 이루어진 집합체 즉 단자들의 합성체인 것이다. 그렇다면, 여기에는 해결하기 힘든 하나의 문제가 있는 것으로 보인다. "단자가 정신적인 것이라면 그것이 모여서 어떻게 물질적인 합성체가 성립하는가"하는 문제이다. 그러나 '물체는 정신적인 단자들이 모여서 된 것'이라는 라이프니츠의 주장으로부터 '단자와 물체의 관계'를 문제삼게 되는 이유는 우리가 데카르트식의 물체 개념에 익숙해져 있기 때문이다. 즉 물체에서 연장을 배제할 수 없으며, 연장을 배제하면 물체가 아니라고 생각하기 때문이다. 그러나 라이프니츠에게 연장개념은 상상적인 개념이고, 행위의 근거를 제시하지 못하는 불완전한 개념이기 때문에 물체의 본질을 구성하지 않는다. 따라서 참으로 실재하는 것은 단자 뿐이고, 이 단자들의 집합체인 물체는 물질적인 연장개념이 배제된 하나의 '현상'일 뿐이다. 즉 '연장이 배제된 단자'가 '연장이 배제된 물체' 즉 '현상'을 형성하게 때문에 단자와 물체의 관계는 연장과 관련하여 문제가 생기지 않는다. 이렇게 '정신적인 단자가 어떻게 물질적인 합성체 즉 물체를 형성하는가?'라는 문제는 '합성체가 물질적인 것이 아니라 단자들로부터 결과된 하나의 현상일 뿐'이라는 라이프니츠의 현상론의 체계에서는 아무런 문제없이 해결될 수 있다.

그러나 라이프니츠에게 또 다른 문제가 발생한다. 그것은 "물체적 실체는 합성체가 현상일 뿐이라고 말하는 그의 체계에 통합될 수 있는가?"이다. 그의 현상론에 의하면 신체는 현상에 불과할 뿐인데, 그 신체와 정신으로 구성된 유기체-인간, 동물, 식물-를 또 하나의 다른 실체로 간주하는 것은 복잡한 문제로 여겨진다. 유기체들이 합성체임에도 불구하고, 라이프니츠가 실체라고 부르는 이유는 그것들이 정신을 가지고 있고, 정신과 신체로 결합된 그 자체로 하나인 단일체로 보기 때문이다. 그러나 '합성체가 현상일 뿐'이라는 그의 이론은 '신체라는 합성체로 구성되어 있는 유기체들을 현상이 아닌 실체'로 간주하는 자신의 입장과 조화를 이루지 못하고 있다. 이렇게 라이프니츠가 단자 이외의 또 다른 실체 즉 물체적 실체를 내세운 것은 그의 현상론의 문제점으로 지적될 수 있다.

라이프니츠의 두 실체 — 개별적 실체와 단자 — 개념은 모순 없이 잘 연결되어 있으며, 일관성 있게 주장되고 있다. 또한 연장개념을 부정하는 라이프니츠의 현상론은 단자로부터 합성체인 물체에 대한 주장까지 모순 없이 잘 설명되고 있다. 그러나 정신적 단자인 실체 이외에 정신과 신체로 구성된 그 자체로 하나인 유기체를 실체라고 주장한 점은 라이프니츠에게 있어서 일관성 없고, 명확하지 못한 점으로 비판될 수 있다. 러셀은 물체의 본질이 연장이라는 것에 반대한 점이 라이프니츠의 가장 큰 실수라고 말한다.[75] 그러나 필자는 라이프니츠의 실체개념에 대한 비판에 있어서 그것 자체를 비판하는 것보다 연장에 대한 그러한 견해를 자신의 형이상학적 체계 내에서 일관성 있게 합리적으로 결합하는 데 성공하지 못했다는 점에서 비판되어야 한다고 생각한다.

---

75 Bertrand Russell, 앞의 책, 101-103쪽.

| 제3장 |

심신 이원론과 일원론

1. 데카르트의 심신 이원론

절대적 실체로서의 유일한 신 이외에 상대적 실체로 받아들인 정신과 물체는 완전히 배타적인 실체들이다. 이것들은 결코 화합할 수 없는 사유와 연장을 속성으로 지닌 실체들이다. 물체와 정신을 분리한 그의 이원론은 물질 세계에 대한 당대의 자연 과학적 탐구를 정당화함과 동시에 철학의 전통인 정신적이고 인간학적인 탐구 역시 정당화하는 이론이다. 이는 그의 이원론이 자연에 관한 기계론적 탐구의 길을 열어놓은 것과 동시에 인간의 정신에 대한 전래의 신뢰 역시 계승하고 있다는 것을 의미한다. 그의 이원론은 사실상 이후 과학과 철학이라는 두 분야의 분리를 촉진시키는 계기가 되었다고 할 수 있다.

한편, 이런 정신과 물체의 실체관은 인간에 대한 데카르트 철학의 특별한 위상을 형성하는 데 기여하기도 했다. 데카르트는 진정한 자아를 육체와는 철저하게 구별되는 순수하게 생각하는 사유로 규정하고 있다. 이런 결론은 오직 두 종류의 실체 즉 정신과 물체만을 허용하는 이원론적 존재론에서 필연적으로 도출되는 것이다. 그는 정신과 육체 사이의 실재적 구분을 통해, '생각하지만 연장되지 않는 자기 자신'에 대한 명석 판명한 관념과 '연장되지만 생각하지 않는 육체'에 관한 명석 판명한 관념을 갖는다고 함으로써 두 실체들 사이의 교통을 철저하게 차단한다. 따라서 데카르트에게 인간은 더 이상 전통 철학에서 주장하듯이 유기적 통일체가 아니다. 인간은 순수하게 정신적인 부분과 기계적인 육체적 부분의 기이한 이원론적 결합체로 여겨진다.

기계론적 세계관의 물체 개념에는 흙이나 돌 같은 것뿐만 아니라 식물, 동물과 같은 것들도 포함되어 있다. 생명의 유무에 따른 구별, 즉 흙이나 돌 같은 이른바 '생명이 없는 것들'과 식물이나 동물 같은 '생명이 있는 것들' 간의 구별은 더 이상 유효하지 않게 된 것이다. 이는 죽어 있는 것으로 여겨지는 것이든 살아 있는 것으로 여겨지는 것이든 크기, 모양, 운동이라는 동일한 원리에 의하여 설명될 수 있다는 점에서는 구별되지 않는다는 것을 의미한다. 이처럼 근대 과학의 기계론은 영혼이나 정신과 같은 형상의 원리를 추방함으로써 이 세계를 물질만 존재하는 기계적 세계로 만들었다.

그러나 문제는 인간의 경우이다. 인간 역시 신체를 가진 존재라는 점에서 물체의 범주에 들어간다. 그렇다면 인간을 설명하는 데에도 영혼이나 정신은 더 이상 필요가 없다는 말인가? 데카르트는 기계론적 세계에서 추방된 영혼이나 정신을 인간에게 귀속시킴으로써 사유하는 실체로서의 인간을 만들었다. 그렇지만 데카르트는 연장하는 실체인 신체도 인간의 본질을 구성하고 있다는 사실을 부인할 수가 없었다. 그래서 데카르트에게 인간만은 연장 실체인 신체와 사유 실체인 정신을 가진 예외적인 존재가 되었다. 그러나 하나의 개별체인 인간이 두 개의 실체가 된다는 것은 쉽게 이해할 수 있는 사실이 아니다.

더구나 데카르트에게 인간의 육체는 하나의 연장된 실체이기 때문에 물질 세계의 기계론적 법칙에 따라 움직여야 하고, 인간의 정신은 사유 실체이기 때문에 그러한 법칙에 의해 지배받지 않고, 정신의 자유로운 의지와 결정에 따라야 한다. 이 때문에 한 인간은 두 개의 다른 법칙 즉 기계적 세계의 법칙과 정신 세계의 법칙을 동시에 따라야 하는 모순된 결과에 직면하게 되었다. 인간은 두 개의 법칙 사이에서 딜레마에 빠지게 된 것이다.

기계론적 원리에 의해 움직이는 인간의 육체와 그러한 원리에 의해 지배받지 않는 정신이 서로 아무런 관계도 없이 병존만 한다면 이러한 딜레마를 벗어나기 어렵다. 그래서 그는 인간의 육체가 기계적 세계의 법칙에 따르지 않고, 마음의 의지와 결정에 따라 행동한다고 주장함으로써 해결책을 제시하고자 한다. 이러한 인과 관계를 설명하기 위해 그는 송과선이라는 가설을 내세웠다. 이것은 뇌의 뒷부분에 있는 송과선을 통해 정신이 자신의 의지를 몸에 전달하고, 또한 육체가 자신의 활동을 정신에 전달한다는 가설이다. 이러한 심신상호작용설로 말미암아 인간은 자연의 법칙을 따르지 않는 독립된 존재가 될 수 있었고, 또한 자연을 인식 대상으로 삼는 주체적 자아가 될 수 있었다. 이로써 데카르트는 인간을 신으로부터 독립한 존재일 뿐만 아니라 물리적 세계인 자연으로부터도 독립한 존재로 만들 수 있었다.

그렇지만 데카르트가 만든 인간은 정신과 육체를 두 개의 실체로 인정했다는 점에서부터 문제가 발생한다. 한 인간이 두 개의 실체로 구성되어 있다는 그의 주장은 현대에 와서는 '기계 속의 유령'이라는 비판을 받게 되고, 몸 이외의 사유하는 실체의 존재에 대한 주장은 '범주적 오류'라는 지적을 받기도 한다. 또한 두 실체간의 인과적 상호작용을 설명하기 위해 내세운 송과선이라는 가설은 오늘날 전혀 근거 없는 것으로 판명되었다. 그리고 이러한 가설에 기반을 둔 데카르트의 심신상호작용설은 사람들을 만족시킬 수 없었고, 하나의 문제점으로 남게 되었다.

2. 스피노자의 심신 동일론

스피노자는 자연 안에는 오직 하나의 실체만이 존재한다는 실체 일원론을 주장하는데, 이는 데카르트와 구분된다. 데카르트가 사유하는 것과 연장된 것을 두 개의 다른 실체로 인정하는 것과는 달리, 스피노자는 사유와 연장이라는 속성들을 가진 하나의 실체만을 인정한다. 이 하나의 실체가 사유의 속성 아래에서 고찰되면 그것은 사유하는 실체로, 연장의 속성 아래에서 고찰되면 연장된 실체로 인식된다. 따라서 사유하는 실체는 개념적으로는 연장된 실체와 다른 실체로 이해되지만, 실재성의 측면에서는 이 두 실체들은 하나의 같은 실체이다. 이처럼 실체 이원론과 속성 이원론을 주장한 데카르트와는 달리, 스피노자는 실체 일원론과 속성 이원론을 주장하고 있다. 잘 알려진 바와 같이, 데카르트의 심신론은 정신과 신체를 두 개의 실체로 간주하는 실체 이원론이고, 그는 이 실체들의 관계를 상호 작용설로 설명하면서 정신과 신체 사이의 연합을 주장하려고 시도했다. 그러나 정신과 신체를 두 개의 서로 다른 실체로 인정했기 때문에, 서로 간의 연합을 설립하는데, 어려움에 빠지게 되었다. 스피노자는 데카르트의 심신론의 이러한 문제점을 보았고, 그래서 정신과 신체의 관계를 다른 방법에서 설립하려고 했다.

스피노자의 심신론은 유물론, 관념론, 질료-형상론, 부수 현상론, 심신 평행론 등으로 다양하게 해석되고 있으며, 아직도 논의가 진행되고 있다. 이러한 다양한 해석들이 나오게 된 원인들 중의 하나는 그의 동일론적 진술과 평행론적 진술이다. 유물론, 관념론, 질료-형상론 등의 해석들은 동일론적 진술에 근거를 두고 이를 각각 다른 관점에서 해석하려는 일련의 시도들로서, 이 해석들은 스피노자의 평행론적 진술을 간과하거나 부정한다. 반면, 동일론적 진술을 간과하고 있는 평행론자들은 정신과 신체를 두 개의 각각 다른 실체로 인정하면서 두 실체 사이의 인과 관계를 부정한다.

그러나 스피노자의 심신론은 그의 동일론적 진술과 평행론적 진술 모두를 함축할 수 있는 이론으로 해석되어야 하며, 그 해석은 동일론과 평행론 간의 관계를 설명할 수 있는 것이어야 한다는 것이 필자의 관점이다. 이러한 관점을 가지고 스피노자의 심신론을 고찰하면 우리는 그의 평행론이 동일론에서 파생된다는 흥미로운 사실을 발견하게 된다. 스피노자 심신론의 핵심은 정신과 신체가 동일하다는 것이며, 이러한 동일성의 기반 위에서 평행론이 주장되고 있다. 따라서 스피노자의 심신론을 해석할 때 무엇보다도 중요한 것은 동일론과 평행론의 양립가능성이다. 여기에서 다음과 같은 문제점들이 제기될 수 있다.

- 스피노자의 동일론이 평행론과 양립하기 위해서는 그의 동일론적 진술이 관념론적이나 유물론적 동일론이 아니라, 중립적인 동일론으로 해석되어야 한다. 왜냐하면 평행론은 정신과 신체 사이의 인과 관계를 부정할 뿐만 아니라, 양자 간의 우월성도 부정하기 때문이다. 따라서 그의 동일론을 관념론적이나 유물론적으로 이해하는 해석들은 동일론과 평행론을 조화시키는데 큰 걸림돌이 된다.
- 정신과 신체가 동일하다는 스피노자의 진술은 정신과 신체 사이의 인과적 상호작용을 부정하는 자신의 평행론적 진술과 모순이 없어 보인다. 그러나 평행론이 '정신들 사이에서의 인과 관계와 신체들 사이에서의 인과 관계'를 인정한다는 사실은 '동일론적 진

술'과 '인과적 상호작용을 부정하는 평행론적 진술'을 양립할 수 없는 것으로 만들어 버린다.

- 스피노자의 동일론이 유물론도 관념론도 아닌 평행론과 조화될 수 있는 중립적인 동일론이라 하더라도, 평행론과 양립될 수 없는 또 다른 문제가 있다. 그것은 동일론이 정신과 신체의 합일을 주장하는 일원론인 반면, 평행론은 정신과 신체가 평행선을 그리면서 전개되는 정신과 신체의 분리를 주장하는 이원론이라는 점이다. 여기에서 우리는 동일론과 평행론의 양립불가능성을 보게 된다.

이렇게 보았을 때, 우리는 동일론과 평행론 중에서 하나만을 스피노자의 이론으로 택하거나, 또는 스피노자가 양립될 수 없는 두 개의 이론을 동시에 주장하는 자기 모순을 범했다고 이해해야 할 것이다. 그러나 전자의 경우는 두 이론에 대한 스피노자의 진술들이 명백하기 때문에 무리가 있고, 후자의 경우는 스피노자의 지적 능력을 너무나 과소 평가하는 것이기 때문에 역시 설득력이 없다. 이러한 결론들을 내리기 이전에 두 이론을 조화시키려는 시도가 먼저 있어야 된다고 생각한다. 위에서 제기된 문제점들이 해결된다면, 동일론은 평행론과 양립될 수 있을 것이며, 이러한 사실은 스피노자의 심신론이 동일론적 진술과 평행론적 진술을 함축할 수 있는 이론으로 해석되어야 한다는 필자의 주장을 지지해 줄 수 있을 것이다.

1) 동일론적 해석들

스피노자의 심신론이 관념론적으로도 또한 유물론적으로도 해석될 수 없다면, 우리는 그의 심신론을 평행론과 양립할 수 있는 동일론으로 해석할 수 있는 토대를 마련하게 된다. 왜냐하면, 평행론은 관념론이나 유물론과 양립될 수 없는 이론이기 때문이다. 따라서 스피노자의 심신론에 대한 관념론적 해석과 유물론적 해석을 고찰해 보는 일은 그의 동일론이 평행론과 조화될 수 있는지를 알아보기 위해서 필요한 작업이다.

(1) 관념론적 해석

스피노자의 심신론을 관념론적으로 해석하는 학자들은 많은 속성들 중 사유의 속성을 가장 중요한 것으로 취급한다. 그들은 사유의 속성이 연장의 속성이나 그 밖의 다른 모든 속성들에 대해서 우월하다고 주장하면서 자신들의 해석을 전개시키고 있다, 그들이 자신들의 해석에 대한 근거로 삼고 있는 것은 속성에 대한 스피노자의 정의, 즉 『윤리학』 제1부 정의 4와 서신 66편이다

속성에 대한 스피노자의 정의는 다음과 같다. "속성이란 지성이 실체에 관하여 그 본질을 구성하는 것으로 지각하는 것이다." 이 정의에서 관념론적 해석자들은 "지성이 …… 지각하는 것 (that which the intellect perceives of)"이라는 구절에 주안점을 둔다. 머어리(J. C. Murray)는 다른 속성들에 대한 사유의 우월함을 주장하는데 이 정의를 사용하고 있다.

> 모든 속성들은 지성이 그것들의 본질적인 존재를 인식함으로써 정의된다. 즉, 모든 속성들은 사유에 대한 관계에 의해서 정의된다고 하겠다. 그래서 사유는 다른 모든 속성들을 해석하는 최고의 속성 또는 범주가 된다. J. Clark Murray, "The Idealism of Spinoza," *The Philosophical Review, 5* (1896), p. 479.

이와 같이 머어리는 "지성이 …… 지각하는 것"이라는 구절을 사유의 우월함에 대한 증거로 채택한다. 머어리에 의하면, 스피노자에게 있어서 모든 속성들은 지성 안에서 질서 지워져 있고, 또한 궁극적으로 사유에 의해서 해석될 수 있다.

또한, 머어리는 스피노자의 이론을 관념론으로 해석하지 않으면, 하나의 실체가 다수의 속성을 가진다는 스피노자의 이론을 설명하기가 힘들다고 주장한다. 모든 속성들은 사유의 속성에 의해서 하나의 실체 안에 연합되어 있는데, 이 연합은 스피노자의 체계에서 제기될 수 있는 "하나의 실체와 다수의 속성"의 문제점을 해소한다는 것이다. 그래서 그는 이 연합을 지성적 연합(intelligible unity)이라고 부른다. 이 점에 대해서 머어리는 다음과 같이 진술하고 있다.) *Ibid.*, 480-481.

스피노자는 하나의 실체가 다수의 속성을 소유한다는 이론이 타당하다는 것을 설명하는데 어려움을 겪고 있다. 그러나 사유의 속성과 연장의 속성은 또 하나의 다른 관계를 가진다. 사유는 그 자신에 대해서 의식할 수 있을 뿐만 아니라, 연장에 대해서도 의식할 수 있다. 사유는 또한 실체의 무한히 많은 다른 속성들에 대해서도 의식할 수 있다.) *Ibid.*, 479-480.

이처럼 머어리는 사유의 우월성에 의해서 하나의 실체가 다수의 속성을 소유한다는 스피노자의 이론을 설명할 수 있다고 주장하고 있다. 즉 사유가 무한하게 많은 모든 속성들을 인식한다면, 그 속성들은 사유의 체계 안에서 질서 지워지고, 따라서 실체는 사유의 속성을 소유하는 것에 의해서 다른 모든 속성들을 소유하게 된다. 이렇게 사유는 실체가 모든 속성들을 소유하는데 중요한 역할을 하고 있다.

스피노자의 서신 66편도 관념론적 해석의 근거로 사용되고 있다.

하리스(Errol E. Harris)는 이 서신을 근거로 하여 그의 관념론적 해석을 전개시키고 있다. 취른하우스(Tschirnhaus)는 스피노자에게 보내는 서신 (65편)에서 무한한 속성의 무한한 양태들에 대한 주장은 인간 정신이 그 신체만을 지각한다는 주장과 모순된다고 지적한다. 그는 우리가 무한한 속성들로 표현된 양태라면, 그러한 양태로서의 우리가 존재한다는 사실은 우리의 정신이 연장의 양태(신체)만을 지각한다는 이론과 상충된다는 것이다. 즉 정신이 신체 이외의 다른 어떤 양태도 지각할 수 없다는 것은 문제가 있다는 것이다. 여기에 대해서 스피노자는 서신 66편에서 다음과 같이 대답하고 있다.

> 당신의 반대에 대해서 나는 다음과 같이 대답하고자 한다. 비록 각각의 개별체들이 신의 무한 지성 안에서 무한한 방법들에서 표현된다고 하더라도, 거기서 표현된 무한한 관념들은 한 개별체의 정신을 구성하는 것이 아니라, 정신들의 무한성을 구성한다. 왜냐하면, 이러한 무한한 관념들 사이에는 서로 아무런 연결이 없기 때문이다. 이것은 내가 『윤리학』 제2부 정리 7의 주해에서 설명하였고, 또한 제1부 정리 10으로부터도 명백하다.

이와 같이 스피노자는 무한 지성을 유한 지성으로부터 구별지었고, 유한한 인간 정신은 속성들과 양태들의 무한한 시리즈를 인식할 없고 무한 지성만이 인식할 수 있다고 주장한다. 이로부터 하리스는 다음과 같은 관념론적 주장을 추론해낸다. 우리의 마음이 사유와 연장 이외의 다른 속성들을 파악할 수 없지만, 무한 지성은 모든 속성들을 파악한다는 스피노자의 진술은 사유가 어떤 다른 속성보다 더 우월하다는 것을 나타낸다. 즉 신의 지성에는 모든 속성들의 양태들에 대한 하나의 관념이 있다는 스피노자의 진술은 사유의 속성이 다른 속성들 보다 더욱 포괄적이라는 것을 의미한다는 것이다. 하리스에 의하면, 실체의 모든 양태들에 있어서 정신들의 무한성이 있다면 그리고 이 무한성이 신의 지성에서 파악될 수 있다면, 스피노자의 다른 진술, 즉 평행론적 진술에도 불구하고, 사유의 속성은 다른 속성들보다 더 포괄적이고 광범위하다고 할 수 있다. 왜냐하면 모든 속성들에 대한 모든 양태들에 대한 관념들은 존재하고, 그 모든 관념들은 사유의 속성에 포함되어 있기 때문이다.) Erroll E. Harris, *Salvation from Despair* (The Hague: Martinus Nijhoff, 1973), pp. 70-71.

이렇게 머어리와 하리스는 속성에 대한 스피노자의 정의와 서신 66편으로부터 스피노자가 사유의 속성에 특혜를 부여했다는 사실을 추론하면서, 스피노자의 이론을 관념론적으로 해석하고 있다.

그러나 우리는 이러한 해석이 타당하지 않다는 것을 다음과 같은 점에서 지적할 수 있다. 속성에 대한 스피노자의 정의는 관념론적 해석자들이 근거로 삼을 만큼, 사유의 속성이 강조되어 있는 것이 사실이다. 사실상, 폴록 (F. Pollock)이 주장하듯이, 스피노자가 "지성이 …… 지각하는 것이다"라는 구절에 의해서 속성을 정의하는 한, 그것이 스피노자가 의도했든 아니든, 사유의 속성은 두 번 해석되었다.) Frederick Pollock, *Spinoza: His Life and Philosophy* (London: Duckworth and Co., 1899), p. 153.

그러나 스피노자가 "지성이 …… 지각하는 것이다"라는 구절을 사용했다는 사실은 사유의 우월성을 주장했다는 사실을 함축하지 않는다. 왜냐하면 이 구절에서 우리가 추론할 수 있는 것은 모든 것이 신의 사유 안에 존재한다는 것이 아니라, 그것들이 신의 사유에 의해서 표상되거나 지각된다는 것이다. 전자는 사유의 우월성을 의미하는 것으로, 관념론적 해석으로 이끌어 지지만, 후자는 사유가 다른 속성들을 표상한다는 사유의 역할을 강조한 것으로 이해되어야 한다. 만약 신의 사유 안에 연장의 속성(또는 다른 어떤 속성)이 존재한다면, 그것은 그 자체로서 존재하는 것이 아니라, 연장에 대한 관념으로서 존재하는 것이다. 사유는 신의 본질을 표현할 뿐만 아니라, 다른 속성들을 표상하는 역할도 한다. 사유의 이러한 이중 역할을 다른 속성들에 대한 우월성으로 해석할 수는 없을 것이다. 여기서 우리는 표상론적 의존성을 존재론적 의존성과 구분하여야 할 것이다. 그리고 사유의 우월성은 표상론적 의존성과 관계되어서 이해되어야 한다. 비록 사유의 속성이 다른 속성들보다 특별하고 구분된다고 하더라도, 이것은 사유가 우월하기 때문이 아니라 사유가 다른 속성들을 표상하는 사유의 역할 때문이다. 표상론적 의미에 있어서의 사유의 우월성은 스피노자의 이론을 관념론적으로 해석하는 것과 관계가 없다.

서신 66편에 대한 하리스의 해석에 대해서도 같은 비판이 적용될 수 있다. 우리는 하리스가 사유의 속성이 다른 속성들보다 더 포괄적이라고 주장하는 것을 보았다. 그리고 그 이유는 신의 사유 안에는 모든 속성들의 양태들에 대한 하나의 관념이 있기 때문이라는 것도 보았다. 만약 신의 사유 안에 모든 속성들의 양태들 자체가 있다면, 우리는 사유의 속성이 다른 모든 속성들을 내포하고 있다고 생각할 수 있을 것이고, 이를 바탕으로 관념론적 해석을 전개시킬 수도 있을 것이다. 그러나 신의 사유 안에 그 양태들 자체가 아니라 양태들에 대한 하나의 관념만이 이 존재하는 한, 우리는 사유가 존재론적으로 우월한 것이 아니라 단지 표상론적으로 우월할 뿐이라고 이해해야 할 것이다. 다음의 스피노자의 진술은 이러한 견해를 뒷받침해 주고 있다.

신의 사유하는 능력은 신의 활동하는 현실적인 능력과 동등하다. 바꾸어 말하면, 신의 무한한 본성으로부터 본래적으로 (formally, inherently) 생기는 모든 것은 신의 관념에서 동일한 질서와 동일한 연결에 의하여, 신 안에서 표상적으로 (objectively, representatively) 생긴다. (E2P7C)

위의 인용문은 사유가 모든 것을 포함한다는 관념론적 해석을 사실상 부정한다. 사유가 가지고 있는 것은 단지 그것들을 표상하는 관념들뿐이라는 것이다. 이렇게 관념론적 해석은 사유의 특별함을 지나치게 강조함으로써 스피노자의 진정한 의도를 잘못 이해하고 있다. 사유의 속성의 우월함을 대해서 우리가 이해해야 되는 것은 관념론이 아니라 표상론이다.

(2) 유물론적 해석

스피노자의 평행론적 진술에도 불구하고 스피노자의 심신론을 유물론적으로 해석하는 학자들이 있다. 햄프셔(Sturat Hampshire), 컬리(E. Curley), 바커(H. Barker) 등은 스피노자가 그의 심신론에서 의도했던 것은 평행론이 아니라 유물론적 이론이라고 주장한다.[1] 그들은 공통적으로 유물론적 해석의 근거를 『윤리학』 제3부 정리 2의 주해와 제2부 정리 13의 주해에서 찾고 있다.

---

1 사실상 바커는 스피노자의 심신론을 부수 현상론으로 해석하고 있다. 그러나 그 해석도 정리 2의 주해와 정리 13의 주해에 근거를 두면서 신체의 우월성을 주장하고 있기 때문에 여기에 포함시켰다. 왜냐하면, 그 주해들이 신체의 우월성을 주장하는 것이 아니라고 판명되면, 바커의 해석도 반박될 것이기 때문이다.

① 정리 2의 주해

유물론자들은 스피노자가 정리 2의 주해 전반에 걸쳐서 정신에 대한 신체의 우월성을 진술하고 있다고 주장한다. 그 주해에서 그들이 근거로 삼고 있는 진술들은 다음과 같다.

> 인간의 지혜를 훨씬 능가하는 많은 것들이 동물들에게서 관찰되거나, 또는 몽유병자가 깨어 있을 때에는 감히 하지 않았던 것을 수면 중에 행하고 있는 일 등에 대하여 여기서 언급할 필요는 없을 것이다. 다만 이것은 정신까지도 놀랄만한 많은 것을 신체 자체가 자신의 본성의 법칙에만 따라서 할 수 있다는 사실을 충분히 보여주고 있다. 한편 어떠한 방법과 어떠한 경로로 정신이 신체를 움직이는지, 정신이 어느 정도의 운동을 신체에게 줄 수 있는지, 또한 어느 정도의 속도로 신체를 움직일 수 있는지 등에 대해서 어느 누구도 모르고 있다. 이 사실로부터 다음과 같은 것이 따라 나온다. 신체의 이러 저러한 활동들은 신체를 지배하고 있는 정신으로부터 생긴다고 말하는 사람들은, 자기들이 하는 말을 이해하지 못하고 있다.(E3P2S)

> 그러나 첫 번째 문제점에 관하여 내가 그들에게 질문하고자 하는 것은 '만일 반대로 신체가 활발하지 못하다면, 동시에 정신도 사색하는 힘이 부족하다는 것을 경험을 통해서 알 수 있지 않는가?'라는 것이다. 왜냐하면 신체가 잠들어 있을 때, 정신도 동시에 의식이 활발하지 않게 되어, 깨어 있을 때처럼 사고할 수 없기 때문이다. (*Ibid.*)

> 그들은 정신의 지시 없이는 발생할 수 없을 것이라고 믿었던 많은 일들이 단지 자연의 법칙에 의해서만 생긴다는 것을 경험하고 있다. 예를 들면 몽유병 환자가 잠자는 중에 행한 것에 대해 잠이 깬 후에 놀란다는 사실을 그들은 보고 있다. (*Ibid.*)

이처럼 정리 3의 주해에서 스피노자는 동시대의 다른 철학자들이 인정했던 정신의 능력을 부정하고 있는 것을 볼 수 있다. 스피노자는 정신이 신체에 명령할 수 있다는 것에 반대하면서 신체의 활동들이 정신의 도움 없이 자연의 법칙으로만 설명될 수 있다고 주장했다. 더 나아가 신체가 활발하지 못하면 정신도 따라서 활발하지 못하게 된다고 주장하고 있는데, 이러한 주장들은 마치 스피노자가 정신의 우월성을 주장한 것처럼 여겨질 수도 있을 것이다. 바커는 "정리 2의 주해에서 스피노자가 본질적으로 주장하고자 한 것은 정신에 대한 신체의 우월성이며, 이 주해에서의 스피노자의 진정한 의도는 정신을 희생시켜서 신체를 높이는 것"[2]이라고 주장한다. 햄프셔 또한 신체가 정신없이 많은 것을 할 수 있다는 점, 그래서 의지나 판단 등의 정신적 과정에 의하지 않고도 인간의 행위가 설명될 수 있다는 점 등을 강조하면서, 정리 2의 주해를 유물론적 해석의 근거로 삼고 있다.

스피노자는 『윤리학』 전반에 걸쳐서 사유의 속성과 연장의 속성을 동등한 관계로서 간주하며, 정신과 신체 사이의 상호작용을 강하게 부정한다. 그럼에도 불구하고 그가 자신의 이러한 주장과 반대되는 견해를 정리 2의 주해에서 전개시켰는지에 대해 검토해 보기로 하자. 위의 인용문들에서 볼 수 있듯이 스피노자가 정리 2의 주해에서 전개시킨 주장은 신체에 대한 정신의 우월성을 부정하는 것만은 분명하다. 그런데 문제는 정신에 대한 신체의 우월성을 부정하는 진술이 전혀 없다는 것이다. 즉, 신체가 정신을 결정할 수 있는지의 여부에 대해서는 아무런 언급이 없는 상태에서 "신체는 정신 없이도 많

---

2 H. Barker, "Notes on the Second Part of Spinoza's Ethics," in S. Paul Kashap (ed.), Studies in Spinoza (Berkeley: University of California Press, 1972), p. 149.

은 일들을 할 수 있다" 또는 "정신은 신체를 지배하지 않는다" 등의 주장들이 정리 2의 주해 전반에 걸쳐서 진술되어 있는데, 이러한 상황은 우리로 하여금 스피노자가 신체의 우월성을 주장한 것으로 생각하게 만들 수 있다.

그러나 스피노자가 주해의 대부분을 정신이 신체를 결정할 수 없다는 점을 설명하는데 할애하면서도, 신체가 정신을 결정하는지의 여부에 대해서는 언급이 없다는 사실에 근거해서 스피노자가 신체의 우월성을 주장했다고 보는 견해는 무리가 있다. 더군다나 스피노자 자신이 정리 2의 주해 이외의 많은 곳에서 정신과 신체의 평행함을 주장한 것을 감안하면, 신체의 위치에 대한 스피노자의 침묵이 유물론적 해석의 근거가 된다고 보기는 어렵다. 위의 인용문에서도 볼 수 있듯이 스피노자 당시에는 정신이 신체를 지배한다는 생각이 팽배해 있었다. 이러한 상황에서 스피노자가 자신의 견해, 즉 "정신이 신체를 지배할 수 없고 또한 신체도 정신을 지배할 수 없다"는 견해를 설명하기 위해서는, 정신이 신체를 지배한다는 그 당시의 일반적인 생각을 반박하는 작업이 필요했을 것이다. 만약 신체가 정신을 지배한다는 것이 당시의 일반적인 생각이었다면, 스피노자는 정리 2의 주해의 대부분을 정신에 대한 신체의 우월성을 부정하는 작업에 할애했을 것이다.

스피노자에게 있어서 모든 주해들은 그 정리에서 언급된 명제들을 뒷받침하고 있다. 따라서 정리 2의 주해도 정리 2의 명제를 설명하는 내용들로 이루어져야 할 것이다. 그런데 우리가 정리 2의 주해를 유물론적으로 해석하면, 그 주해는 정리 2의 명제와 양립할 수 없게 된다. 왜나하면 정리 2는 평행론을 나타내는 명제이기 때문이다.

신체는 정신의 사유 활동을 결정할 수 없고, 또한 정신도 신체의 운동과 정지를 결정할 수 없으며, (다른 어떤 것이 있다면) 다른 어떤 것도 결정할 수 없다. (E3P2)

이처럼 스피노자가 정리의 명제에서 언급한 것은 양자 간의 인과관계나 우월성을 부정하는 것임이 틀림없다. 물론 유물론자들도 이것을 인식하고 있었다. 그러나 그들은 "정리 자체에서의 스피노자의 언급에도 불구하고……"라고 하면서 정리의 주해를 정리의 명제와 다르게 해석하고 있다. 그러나 스피노자에 있어서 주해는 그 정리를 더 잘 이해하기 위한 부연 설명이다. 따라서 주해가 그 정리를 미흡하게 설명하는 경우는 있어도 정리와 모순되게 설명하는 경우는 없다. 만일 이 주해를 유물론적으로 해석한다면, 우리는 스피노자가 정리와 모순된 이론을 그 정리의 주해에서 주장하고 있는 것으로 간주하게 된다. 그렇지만, 스피노자가 자기 모순을 범하고 있는 것으로 이해하기 이전에, 정리 2의 주해를 평행론으로 해석하려는 시도들이 먼저 있어야 할 것이다.

스피노자가 정리 2의 명제를 그 주해에서 설명해야 되는 요점은 다음의 두 가지로 볼 수 있다. 하나는 "정신이 신체를 결정할 수 없다"이고, 다른 하나는 "신체가 정신을 결정할 수 없다"이다. 여기에서 스피노자는 전자만 설명하면, 자신의 이론, 즉 평행론을 사람들에게 입증할 수 있다고 생각했을 것이다. 왜냐하면 앞에서 언급했듯이, 전자는 그 당시에 팽배해 있는 견해에 상반되는 것이지만, 후자는 그 당시 대부분의 사람들이 동의할 일반적인 명제였기 때문이다. 이렇게 정리 2의 주해를 정리의 명제와 연관지어서 생각해 본다면, 우리는 주해에서의 스피노자의 진정한 의도는 신체의 우월성을 주장하기 위해서 정신의 우월성을 부정하는 것이 아니라, 정신과 신체 사이의 평행성을 주장하기 위해서 정신의 우월성을 부정하고 있다는 점을 알 수 있을 것이다.

② 정리 13의 주해

스피노자의 심신론을 평행론이나 관념론으로 해석하는 학자들에게 가장 걸림돌이 되고 있는 부분이 『윤리학』 제2부의 정리 13의 주해이다. 이 주해에서 우리는 신체에 대한 정신의 우월성을 주장한 것으로 여겨지는 스피노자의 진술을 볼 수 있다. 유물론자들은 이 진술을 자신들의 해석을 정당화시키는데 가장 중요한 근거로 삼고 있다.

> 관념들은 그 대상들이 그러한 것처럼 서로 차이가 있는데, 어떤 관념의 대상이 다른 관념의 대상보다 더 우월하고 더 많은 실재성을 가지는 것에 따라서 전자의 관념은 후자의 관념보다 더 우월하고 더 많은 실재성을 가지게 된다. 인간 정신이 다른 정신과 무엇이 다른지 또는 다른 정신보다 어떻게 우월한지를 결정하기 위해서는 이미 말한 바와 같이 우리는 우선 그 대상의 본성 즉 인간 신체의 본성을 알아야 한다. 그러나 그것을 여기서 설명할 수는 없으며, 또한 그것은 내가 증명하려고 하는 것에 필요한 것도 아니다. 그러나 나는 다음과 같은 사실을 일반적으로 언급하여 두고자 한다. 즉 어떤 신체가 많은 활동을 하거나 또는 작용을 받을 때, 다른 신체보다 더 유능하면 할수록, 그만큼 그 정신도 많은 것들을 지각하는데 있어서 다른 정신보다 더 유능하다는 것이다. (E2P13S)

위의 진술은 신체가 서서히 변화하면 그 정신도 따라서 서서히 변화한다는 신체에 대한 정신의 의존성을 주장한 것으로 이해될 수 있다. 즉 관념의 질서와 연결은 신체의 질서와 연결에 의존한다. 이러한 주장은 신체가 변화하지 않으면, 정신이 변화될 수 없다는 정신에 대한 신체의 우월성을 강하게 나타내고 있다. 따라서 이 정리 13의 주해는 스피노자의 심신론을 유물론으로 해석하려는 학자들에게 가장 중요한 자료가 되고 있는 반면, 평행론으로 해석하는 학자들에게는 가장 큰 걸림돌이 되고 있다. 앞에서 고찰해 본 정리 2의 주해와는 달리, 이 주해에서의 스피노자의 진술은 유물론적인 입장이 너무나 강하기 때문이다.

햄프셔는 이 정리 13의 주해에 근거해서 스피노자에게 있어서의 신체의 개념을 '사유를 생산하는 기계'라고 표현한다. 스피노자에게 있어서, 정신은 이 기계, 즉 신체에 포함되어 있으며, 이 기계의 상태가 점차 변한다면 사유의 힘도 따라서 변한다는 것이다. 햄프셔에 의하면, 스피노자는 정신적 기술들이 물리적 기술들로 환원된다고 주장하는 환원적 유물론은 잘못되었다고 생각했으며, 따라서 스피노자의 유물론은 두 개의 기술들을 그대로 인정하는 수정된 유물론(modified materialism)이라는 것이다.[3] 우리는 앞에서 하나의 실체가 사유의 속성 아래에서는 사유하는 실체로, 연장의 속성 아래에서는 연장하는 실체로 나타나는 것을 보았다. 이러한 스피노자의 실체-속성론은 정신적 기술과 물리적 기술을 각각 다른 독립된 기술들로 인정하면서도 (어느 한 쪽으로 환원시키지 않으면서도) 일원론을 주장할 수 있다는 점을 보여주고 있다. 햄프셔는 스피노자의 수정된 유물론이 정신적 기술과 물리적 기술을 각각 인정하면서도 두 기술을 포함하고 있

3 Stuart Hampshire, "A Kind of Materialism" in his Freedom of Mind (Oxford: Clarendon Press, 1972), 225-226쪽.

는 하나의 개별체를 인정하고 있다는 점에서 이중 양면설의 한 맥락에서 이해될 수 있다고 주장한다.[4] 그의 해석인 "수정된 유물론"은 스피노자의 이론에 아주 가깝게 접근하고 있는데, 특히 스피노자가 주장한 정신과 신체 사이의 동일성을 속성이나 기술들에서 찾지 않고, 개별자의 개념에서 찾아야 한다는 관점은 스피노자의 심신론을 잘 이해하고 있다고 하겠다.

그러나 아쉽게도 햄프셔의 해석은 스피노자의 평행론적 진술들을 포용할 수 없다는 데 문제가 있다. 따라서 그의 해석을 받아들인다면, 평행론적 진술들에 대해서 우리는 스피노자가 평행론과 유물론 사이에서 자기 모순을 범했거나, 또는 무의식으로 평행론적 진술을 했다는 설득력 없는 결론을 내려야 할 것이다. 이러한 맥락에서 볼 때, 유물론적 해석은 스피노자의 심신론에 대한 정확한 이해가 아니며, 스피노자의 동일론적 진술은 평행론을 포용할 수 있는 이론, 즉 유물론과 관념론이 배제된 일원론으로 해석되어야 한다는 사실이 따라 나온다. 그러나 우리는 이러한 일원론을 스피노자의 이론으로 해석하기 위해서는 정리 13의 주해의 문제를 해결하는 것이 필요하다. 평행론자인 델라 로카는 정리 13의 주해와 관련지어서 다음과 같이 말하고 있다. "여전히 의문으로 남아 있는 것은 '왜 스피노자가 이 비대칭(asymmetry)을 주장했을까'라는 문제이다. 즉 '왜 스피노자는 우리가 정신의 모습들을 파악하기 위해서 신체의 모습들을 먼저 파악해야 된다고 주장했을까?'라는 것인데, 나는 이 질문에 대한 답을 모르고 있다."[5] 이렇게 델라 로카는 정리 13의 주해와 평행론 간의 모

4 같은 논문, 229쪽.

5 Della Rocca, Representation and the Mind-Body Problem in Spinoza (New York: Oxford University Press, 1996), 22쪽.

순을 해결하지 못하고 있다. 따라서 자신의 평행론적 해석을 전개시키는데 어려움이 있음에도 불구하고, 이를 하나의 문제점으로 그냥 남겨두고 있다. 다른 평행론자들 역시 정리 13의 주해를 언급하지 않거나, 언급하는 경우에도 평행론적 해석을 하는데 하나의 걸림돌이 된다는 사실만 지적하고 있다.

필자는 정리 13의 주해를 그냥 유물론적인 진술이라고 이해하면서 평행론과 모순되는 하나의 문제점으로 남겨 두기 보다는, 이 문제의 해결을 위해서 우리가 할 수 있는 모든 가능한 시도들을 해 보는 것이 바람직한 태도라고 생각한다. 우리는 이 주해를 다음과 같은 관점에서 이해할 수 있을 것이다.

정리 13의 주해에서 스피노자가 주장한 것은 "신체가 실제로 정신보다 우월하다"는 것이 아니라, "정신들 사이의 차이점들을 발견하는 최선의 방법은 신체들 간의 차이점을 공부함으로써 발견할 수 있다"는 것이다. 정신들의 모습을 알기 위해서 신체들의 모습을 먼저 알아야 하는 이유는 정신이 신체에 의존해 있기 때문이 아니라, 우리들이 정신들에 대해서는 잘 모르고 있으면서 물리학의 발달로 신체들에 대해서는 잘 알고 있기 때문이다. 따라서 정신이 실제로 신체에 의존해 있는 것이 아니라, 정신에 대한 지식 획득이 신체에 대한 우리들의 지식에 의존해 있다는 것으로 이해될 수 있겠다. 어떤 것을 설명하는데 있어서 정신적인 어휘들을 사용하는 것보다 물리적인 어휘들을 사용해서 설명하는 것이 그것을 훨씬 더 잘 설명할 수 있다는 맥락에서 정리 13의 주해를 이해한다면, 우리는 스피노자가 주장하려고 한 바를 알 수 있을 것이다. 그의 주장은 "신체는, 우리가 지식을 얻는 것과 관계되는 한에 있어서만, 정신보다 우월하다"는 것이다. 즉 정신에 대한 지식을 얻기 위해서 우리는 신체에 대한 지식에 의존해야 된다. 왜냐하면 우리가 정신보다 신체에 대해서 더 잘 알고 있기 때문이다. 스피노자는 지금의 단계를 우리가 더 나은 지식을 획득하기 위해서 나아가는 잠정적인 단계로 보고 있다. 따라서 미래의 어느 날, 우리는 정신적인 것들에 대해서도 완전히 알 수 있게 된다는 것이다.

스피노자는 자신의 철학을 전개시키는 데 있어서 이러한 태도를 정말로 가지고 있었다. 즉 현재 우리의 지식으로는 완전히 파악할 수 없는 사실들이 있는데, 앞으로의 과학적 발견들에 의해서 우리의 지식이 증가했을 때, 우리는 그 사실들을 알 수 있게 된다는 것이다. 우리는 실체가 무한히 많은 속성을 가지고 있고, 그 속성들 중에서 인간은 사유와 연장 이외에 다른 속성들은 인식할 수 없다는 것을 앞에서 보았다. 이 알려져 있지 않은 무한히 많은 속성들에 대해서 언급할 때도 스피노자는 이러한 태도를 가지고 있었다.

> 완전한 존재에 있어서의 무한한 속성들에 대한 관념이 허상이 아닌 것은 분명하다. 그러나 우리는 다음과 같은 점을 보충하여야 할 것이다. 자연에 대한 끊임없는 숙고 후, 우리는 아직까지는 그것에 속하는 것으로 두 개 이상의 속성을 발견할 수 없었다.[6]

> 무한한 속성들 중에서 그들의 본질을 통해서 지금까지 우리에게 알려진 속성은 사유와 연장뿐이다.[7]

---

6 Spinoza, Short Treatise of God, Man and Human Welfare, Part I, Chapter I, [8], note. d in Curley (ed. and trans.), The Collected Works of Spinoza, vol. 1, (Princton: Princeton University Press, 1985), 63-64쪽.

7 같은 책, Part I, Chapter VII, note. a.

위의 인용문으로부터, 우리는 스피노자가 다음과 같은 입장, 즉 "어떤 사실들에 대해서 현재로서는 알 수 없으나, 앞으로 그것들을 알 수 있다"는 입장을 가지고 있는 것을 확인할 수 있다. 지금까지의 지식으로는 우리가 단지 사유와 연장이라는 두 개의 속성만을 알고 있으나, 언젠가는 그 외의 다른 속성들이 어떤 것인가를 알게 될 것이라는 가능성을 스피노자는 배제하고 있지 않다. 즉 그것들은 알 수 없는 것들이 아니라, 아직까지 알려져 있지 않은 것뿐이다.

필자는 스피노자가 정신과 신체에 대한 우리의 지식에 관련해서도 이러한 태도를 가졌다고 생각한다. 즉 현재의 단계에서는 정신에 대한 지식을 얻기 위해서 신체에 대한 지식에 의존해야 한다. 과학이 아직은 정신이 무엇인지를 우리에게 알려 줄 정도로 발달하지 않았기 때문에 우리가 정신을 알기 위해서 먼저 신체를 아는 것이 필요하다. 정리 13의 주해는 이러한 견해를 스피노자가 진술하고 있는 것으로 이해되어야 한다. 이렇게 지식을 얻는 것과 관련해서 생각할 때만 정신은 신체에 의존해 있고, 더구나 그 의존성도 현재까지의 잠정적인 상황이라면, 정리 13의 주해를 유물론으로 해석할 수 있는 근거를 찾기 어려울 것이다.

이상에서, 우리는 스피노자의 동일론이 관념론적으로도 또한 유물론적으로도 해석될 수 없다는 사실을 보았다. 따라서 우리는 그의 동일론적 진술을 평행론과 양립될 수 있는 동일론으로 해석할 수 있게 된다. 왜냐하면 평행론은 정신과 신체 사이의 인과 관계를 부정할 뿐만 아니라, 양자 간의 우월성도 부정하기 때문이다. 이러한 사실은 스피노자의 심신론이 동일론적 진술과 평행론적 진술을 함축할 수 있는 이론으로 해석되어야 한다는 필자의 주장을 지지해 줄 수 있을 것이다.

2) 동일성과 인과 관계의 부정

관념론적 해석과 유물론적 해석에 관련된 문제가 해결되었다고 하더라도, 스피노자의 심신론을 동일론으로 주장하는데 에는, 평행론과 관련된 또 다른 문제가 제기된다.[8]

① 스피노자에게는, 정신적 사건들 사이에 인과 관계가 존재하고, 물리적 사건들 사이에도 인과관계가 존재한다. 따라서 사유의 양태는 사유의 또 다른 양태의 원인이 되고, 연장의 양태는 연장의 또 다른 양태의 원인이 된다. 즉 정신적 사건 A는 정신적 사건 B의 원인이 될 수 있고, 물리적 사건 A′는 물리적 사건 B′의 원인이 될 수 있다.

② 동일론적 해석은 하나의 정신적 사건이 하나의 물리적 사건과 동일하다고 주장한다. 즉 정신적 사건 A는 물리적 사건 A′와 동일하고, 정신적 사건 B는 물리적 사건 B′와 동일하다.

③ 그렇다면, 정신적 사건은 물리적 사건의 원인이 될 수 있고, 물리적 사건도 정신적 사건의 원인이 될 수 있게 된다. 즉 정신적 사건 A는 물리적 사건 B′(=정신적 사건 B) 의 원인이 될 수 있고, 물리적 사건 A′는 정신적 사건 B(=물리적 사건 B′) 의 원인이 될 수 있다. 이렇게 정신과 신체 사이에 인과적 상호작용이 존재하게 된다.

위의 논증은 "if Fa and a = b, then Fb" 라는 동일성 법칙의 한 경우라고 할 수 있겠다.[9] 그러나, 위의 논증의 결론 즉 "정신적 사건 A

8 R. J. Delahunty, Spinoza (London: Routledge and Kegan Paul, 1985), 197쪽.
9 "F" = "causes c" 라고 하자.

는 물리적 사건 B′(=정신적 사건 B) 의 원인이 될 수 있고, 물리적 사건 A′는 정신적 사건 B(=물리적 사건 B′) 의 원인이 될 수 있다"는 것은 정신과 신체 사이의 인과적 상호작용을 부정하는 스피노자의 입장과 모순된다. 그러므로 이러한 관점에 따르자면, 우리는 스피노자의 심신론을 동일론으로 해석하려는 과정에서 큰 난관에 봉착하게 된다.

그러나 이것은 스피노자가 인과성에 대해서 어떻게 생각했는가에 따라서 달라진다. 델라 로카(Della Rocca)에 따르면, 만약 스피노자가 인과성을 불투명한 (opaque) 것으로 생각했다면, 우리는 여전히 동일론을 주장할 수 있게 된다.[10] 왜냐하면, 위의 논증은 인과성이 투명하다는(transparent) 것에 기본을 두고 있기 때문이다. 여기에서 우리는 "투명하다"와 "불투명하다"의 의미를 먼저 설명할 필요가 있다.

위의 논증에서처럼, "if Fa and a = b, then Fb" 라고 한다면, 우리는 F가 투명하다고 말할 수 있다. 그래서 예를 들어 "……는 곱슬머리이다"는 다른 대부분의 술어들처럼 투명한 술어이다. 그러나 다른 한편, "철수는 ……가 곱슬머리라고 믿는다"는 불투명한 술어이다.

예를 들어, 술어가 투명할 경우는 다음과 같다.

- 영식이는 곱슬머리이다.
- 영식이는 영희의 오빠이다.
- 그러므로 '영희의 오빠는 곱슬머리이다'라는 사실이 따라 나온다.

그러나 술어가 불투명할 경우는 어떤 사실들이 따라 나오지 않는다.

---

10 Della Roca, "Causation and Spinoza's Claim of Identity," History of Philosophy Quarterly, vol. 8 (1991), 268쪽.

- 철수는 영식이가 곱슬머리라고 믿는다.
- 영식이는 영희의 오빠이다.
- 그러나 '철수는 영희의 오빠가 곱슬머리라고 믿는다'라는 사실이 따라 나오지 않는다. (철수는 영식이가 영희의 오빠라는 사실을 깨닫지 못할 수도 있다.)

이와 마찬가지로 스피노자가 인과성을 불투명한 것으로 간주했다면,

- 정신적 사건 A는 정신적 사건 B의 원인이다.
- 정신적 사건 B = 물리적 사건 B′
- 그러나 '정신적 사건 A가 물리적 사건 B′의 원인이다'는 사실이 따라 나오는 것은 아니다.

그러므로 이 경우 우리는 스피노자의 심신론을 동일론으로 해석하면서도 정신과 신체 사이의 인과적 상호작용이 있다는 것을 인정하지 않아도 된다. 다시 말하자면, 스피노자가 인과성이 투명하다는 것을 부정했다면, 우리는 정신과 신체 사이의 인과적 상호작용이 없다는 스피노자의 주장과 모순되지 않으면서도 동일론을 주장할 수 있다. 스피노자가 동일론과 평행론 모두를 주장했다는 사실은 (그가 위에서 제기된 문제를 의식하고 있었다면 즉 무의식적으로 자기 모순을 범한 것이 아니라면) 그가 인과성을 불투명한 것으로 간주했다는 사실을 암시하고 있다. 즉 스피노자가 동일론과 평행론을 동시에 주장할 수 있었던 것은 '……의 원인이다'라는 문맥을 불투명한 것으로 생각했기 때문에 가능하다는 것이다. 우리는 스피노자가 인과성을 불투명한 것으로 생각했다는 것을 다음과 같이 추론할 수 있다.

스피노자에게는

- 사유하는 실체와 연장하는 실체가 동일하다는 사실에도 불구하고
- '사유하는 실체는 사유의 양태 x의 원인이다'라는 것은 참이다.
- 그러나 '연장하는 실체는 사유의 양태 x의 원인이다'는 거짓이다.

또한, 그에게는

- 사유하는 양태 x는 연장하는 양태 y와 동일하다는 사실에도 불구하고
- '연장하는 양태 y는 연장하는 양태 w의 원인이다'라는 것은 참이다.
- 그러나 '사유하는 양태 x는 연장하는 양태 w의 원인이다'는 거짓이다.

이러한 사실로부터 우리는 스피노자가 '…… 원인이다'라는 문맥이 투명하다는 것을 부정했다는 것을 알 수 있다.[11] 따라서 우리는 정신과 신체가 서로 원인이 될 수 없다는 스피노자의 진술과 상충되지 않으면서 스피노자의 심신론을 동일론으로 해석할 수 있게 된다. 이와 같이 스피노자는 우리가 인과성을 불투명한 것으로 간주한다면 정신과 신체 사이의 인과 관계를 부정하면서도 동일론을 주장할 수 있다는 점을 알려 주고 있다. 우리는 스피노자가 인과적 문맥의 투명성을 부정했다는 사실에 기인해서, 그의 이론을 동일론으로 해석하면서도 정신과 신체 사이의 인과적 상호작용을 여전히 부정할 수 있다. 따라서 동일론과 평행론을 모순 없이 동시에 주장할 수 있게 된다.

11 같은 논문, 268-269쪽.

3) 동일론과 평행론

(1) 실체 일원론과 속성 이원론

우리는 스피노자의 동일론이 관념론적이나 유물론적 동일론이 아니라는 것을 밝힘으로써 그의 동일론이 평행론과 양립될 수 있다는 것을 보았고, 또한 그의 동일론이 인과적 상호 작용이 없다는 평행론의 주장과 모순되지 않는다는 것도 보았다. 그러나 스피노자의 심신론을 동일론과 평행론을 함축할 수 있는 이론으로 해석하는데 여전히 어려움은 남아 있다.

쉐퍼(Jerome A. Shaffer)는 평행론에 대해서 다음과 같이 진술하고 있다. "……정신과 신체는 전적으로 다르기 때문에 그것들은 인과적으로 상호 작용을 할 수 없다. 그래서 평행론자들은 정신과 신체란 각각의 기계장치를 가지고 서로 간에 아무런 인과 관계가 없으면서도 항상 같은 시간을 지키면서 같은 단계에 있는 두 개의 시계와 같다고 주장한다."[12] 이렇게 평행론의 기본적인 입장은 정신과 신체가 서로 구분된다는 것이다. 여기에서 스피노자의 이론을 평행론으로 해석하는 것은 거의 불가능하다고 생각될 수 있다. 왜냐하면 스피노자는 정신과 신체가 서로 구분되는 것이 아니라, 하나이며 같은 것이라고 주장하기 때문이다. 정신과 신체가 동일하다면, 거기에는 하나의 것만이 존재하는데, 평행론은 두 개의 실체, 또는 사건들의 두 개의 질서와 관계되어서 주장되는 이원론이기 때문이다. 따라서 동일론을 주장하면서 평행론을 전개시키는 것은 어려운 것으로 보인다.

그러나 우리는 스피노자에게 일원론인 동일론과 이원론인 평행론

---

12 Jerome A. Shaffer, Philosophy of Mind (Englewood Cliffs: Prentice-Hall, 1968), 37-38쪽.

의 양립 가능성을 알기 위해서 그의 유일 실체관의 도움을 받을 필요가 있다. 왜냐하면, '정신과 신체의 관계'에 대한 스피노자의 주장은 그의 실체관에 근거를 두고 있기 때문이다. 앞의 2장에서 보았듯이 스피노자는 자연 안에는 오직 하나의 실체만이 존재한다는 실체 일원론을 주장하는데, 이는 데카르트와 구분된다. 데카르트가 사유하는 것과 연장된 것을 두 개의 다른 실체로 인정하는 것과는 달리, 스피노자는 사유와 연장이라는 속성들을 가진 하나의 실체만을 인정한다. 이 하나의 실체가 사유의 속성 아래에서 고찰되면 그것은 사유하는 실체로, 연장의 속성 아래에서 고찰되면 연장된 실체로 인식된다. 따라서 사유하는 실체는 개념적으로는 연장된 실체와 다른 실체로 이해되지만, 실재성의 측면에서는 이 두 실체들은 하나의 같은 실체이다. 이처럼 실체 이원론과 속성 이원론을 주장한 데카르트와는 달리, 스피노자는 실체 일원론과 속성 이원론을 주장하고 있다. 잘 알려진 바와 같이, 데카르트의 심신론은 정신과 신체를 두 개의 실체로 간주하는 실체 이원론이고, 그는 이 실체들의 관계를 상호 작용설로 설명하면서 정신과 신체 사이의 연합을 주장하려고 시도했다. 그러나 정신과 신체를 두 개의 서로 다른 실체로 인정했기 때문에, 서로 간의 연합을 설립하는데, 어려움에 빠지게 되었다. 스피노자는 데카르트의 심신론의 이러한 문제점을 보았고, 그래서 정신과 신체의 관계를 다른 방법에서 설립하려고 했다.

(2) 동일론과 평행론

스피노자의 심신 동일론과 심신 평행론은 그의 형이상학 이론인 실체 일원론과 속성 이원론에 각각 근거를 두고 있는 것으로 보아야 한다. 이러한 견해는 우리에게 스피노자의 동일론적 진술과 평행론적 진술을 양립시킬 수 있는 토대를 마련해 준다. 실체 일원론으로부터 우리는 정신과 신체가 하나의 동일한 개별체라는 이론을 추론해 낼 수 있으며, 속성 이원론으로부터는 정신적 속성과 물리적 속성은 동일한 속성이 아니라 두 개의 다른 속성이라는 것을 추론해 낼 수가 있다.[13] 스피노자에게 정신은 사유의 속성 아래에서 이해된 실체의 양태들이고 신체는 연장의 속성 아래에서 이해된 실체의 양태들이다. 따라서 사유하는 실체와 연장하는 실체가 하나이고 같은 실체이듯이 '사유하는 실체의 양태와 연장된 실체의 양태', 즉 '정신과 신체'도 하나이고 같은 양태이다. 하나의 실체가 어떤 때는 사유하는 실체로 어떤 때는 연장된 실체로 나타나듯이, 하나의 개별체가 어떤 때는 사유하는 것(정신)으로, 어떤 때는 연장된 것(신체)으로 나타난다. 이렇게 정신과 신체는 두 개의 기술들을 가진 하나의 개별체이다. 그는 정신과 신체 사이의 동일성을 주장할 때마다, 개별체로서의 동일성을 제안했고 속성들은 서로 다른 유형으로 남겨 두었다.

사유하는 실체와 연장된 실체는 한편으로는 이 속성 아래에서, 다

---

13 이 견해는 스피노자의 속성 개념에 관한 객관적 해석의 타당성을 전제로 하고 있다. 그의 속성 개념에 관해서 주관적 해석과 객관적 해석이 있어 왔으며, 오늘날 객관적 해석이 주류를 이루고 있다. 주관적 해석은 속성들을 인간 정신 안에서만 (in intellectu) 존재하는 것으로 다룬다. 따라서 이 해석에 의하면, 사유의 속성과 연장의 속성은 서로 다른 속성으로 인간정신에 의해서 인식되지만, 사실상 그것들은 인간의 정신이 고안해 낸 것에 불과한 것으로서 실재에 있어서는 하나의 속성만이 존재한다. 한편, 객관적 해석은 속성들을 인간 정신 밖에서 (extra intellectum) 존재하는 것으로 다룬다. 따라서 각각의 속성들은 실재성을 지니고 있으면서 서로 다른 것으로 존재한다. 즉 사유의 속성과 연장의 속성은 실제로 존재하는 서로 분리된 속성들이다. 주관적 해석은 H. A. Wolfson에 의해서 주장되었으며, 객관적 해석은 F. S. Haserot, A Wolf 등 대부분의 학자들에 의해서 주장되고 있다.

른 한편으로는 저 속성 아래에서 이해되는 하나이고 같은 실체이다. 이와 마찬가지로 연장의 양태와 그 양태의 관념은 두 개의 다른 방식에서 표현된 하나이고 같은 것이다. (E2P7S)

신체의 관념과 신체, 즉 정신과 신체는 어떤 때에는 사유의 속성에 의해서, 또 다른 때에는 연장의 속성에 의해서 이해되는 하나의 동일한 개별체이다. (E2P21S)

위의 인용문에서 볼 수 있듯이, 스피노자가 정신적인 것들과 물리적인 것들 사이의 동일성의 형태로 생각했던 것은 속성들의 동일성이 아니라 개별체들의 동일성이다. 따라서 우리는 여전히 두 개의 서로 다른 속성들을 가지고 있고, 이 속성들과 관계해서 평행론을 주장할 수 있다.

스피노자의 사유의 영역에서. 평행론은 두 개의 실체 사이에서만 주장되는 이론이 아니다. 비록 정신과 신체가 동일한 개별체라고 하더라도 그것은 다른 속성이나 기술들을 가지기 때문에, 우리는 두 개의 개념 또는 속성 사이에서 평행론을 주장할 수 있다. 하나의 개별체가 두 개의 다른 속성 아래에서 정신적으로 또한 물리적으로 기술되기 때문에, 정신적으로 보여진 개별체와 물리적으로 보여진 (동일한) 개별체가 서로 개념적으로 평행한 관계에 있다고 주장할 수 있다. 또한 우리는 하나의 개별체를 각각의 방식에서 기술하는 정신적 속성과 물리적 속성 사이에서 평행론을 주장할 수 있다. 전자는 개념적 평행론이며, 후자는 속성 평행론이라고 하겠다.

스피노자의 심신론을 평행론으로 해석하는 학자들의 대부분은 그의 동일론적 진술을 간과할 뿐만 아니라, 정신과 신체가 평행한 이유에 대해서도 고찰하지 않고 있다. 그들은 단지 정신적인 과정들과 물리적인 과정들이 (동일하지 않고) 평행하다고 보면서, 물리적 세계에서 일어나는 모든 것들은 정신적 세계에서도 일어나고, 또한 그 반대도 마찬가지라고 주장하고 있다. 다음의 스피노자의 진술들은 그의 심신론을 평행론으로 해석하는데 근거로 사용되고 있는 것들이다.

> 어떤 관념은 필연적으로 그 관념의 대상과 합일되어야 한다. 왜냐하면 전자는 후자 없이 존재할 수 없고, 후자도 전자 없이 존재할 수 없기 때문이다. 관념이 없다면 사물도 없을 것이고, 또한 사물이 존재하지 않으면, 아무런 관념도 존재하지 않을 것이다. 더 나아가 관념이 변화해야만 그 대상은 변화할 수 있으며, 그 반대도 마찬가지이다.[14]

> 사유와 사물들의 관념이 정신 안에서 배열되고 연결되는 것과 마찬가지로, 신체의 변형이나 사물들의 상은 신체 안에서 배열되고 연결된다. (E5Pref)

> 정신에 있어서 관념들의 질서와 연결들은 신체의 변형들의 질서와 연결에 따라서 형성되고, 또한 반대로 신체의 변형들의 질서와 연결은 정신의 사색이나 사물들의 관념에 따라서 형성된다. (E5P1Dem)

위의 인용문들을 통해서 우리는 스피노자가 정신과 신체 사이의 어떤 우월성도 인정하지 않을 뿐만 아니라, 정신과 신체가 일대일 대응을 하면서 평행한 관계를 유지한다는 것을 주장했음을 확인할 수

---

14 Spinoza, *Short Treatise of God, Man and Human Welfare*, Part II, Chapter. XX, note c, # 10 in Curley (ed. and trans.), *The Collected Works of Spinoza*, vol. 1, (Princton: Princeton University Press, 1985), 136쪽.

있다. 그러나 정신과 신체가 아무런 근거나 이유 없이 일대일 대응을 하면서 평행하게 전개된다면 그것은 엄청난 우연의 일치로 보인다. 스피노자는 이 점을 인식하고 있었다. 그는 정신과 신체가 인과적 상호작용에 의해서 나란히 나아가는 것이 아니라면 그것들 사이의 평행 관계를 있게 하는 이유가 반드시 있어야 된다고 보았다. 스피노자에게 정신적 사건과 물리적 사건은 각각 다른 사건이 아니라 동일한 사건으로서, 하나의 사건이 정신적 속성과 물리적 속성 아래에서 한편으로는 정신적 사건으로, 다른 한편으로는 물리적 사건으로 표현될 뿐이다. 이렇게 정신적 사건과 물리적 사건이 동일한 사건으로서 한 종류의 사건들만이 존재한다면, 우리는 인과성에 대한 하나의 질서와 연결만을 발견하게 될 것이다. 그렇다면, 정신적 속성과 물리적 속성은 하나의 사건을 같은 원인들의 질서와 연결에 따라서 각각 정신적 사건으로 또는 물리적 사건으로 표현하는데, 여기에서 우리는 정신적 속성에서의 원인들의 질서와 연결이 물리적 속성에서의 원인들의 질서와 연결과 같다는 속성들 간의 평행한 관계를 볼 수 있다. 전통적인 평행론 (실체 평행론)은 정신과 신체가 그 본성상 너무나 다르기 때문에 평행한 반면에 스피노자는 그것들이 동일하기 때문에 평행하다고 주장하고 있다. 평행론은 데카르트의 심신상호작용설에 대한 불만족에서 나왔으며, 역사적으로 이원론적 입장으로 다루어져 왔다. 따라서 스피노자가 평행론을 동일론 안에서 전개시켰다는 것은 흥미로운 사실이라 하겠다. 이 점에 관한 그의 진술은 다음과 같이 전개된다.

> 예를 들어, 자연 속에 존재하는 원과 신 속에 존재하는 원의 관념은 두 개의 다른 속성을 통해서 설명되는 하나이고 같은 것이다. 그러므

로 자연이 연장의 속성에 의해서 생각되든 사유의 속성에 의해서 생각되든, 또한 다른 어떤 속성에 의해서 생각되든, 우리들은 하나의 동일한 질서, 또는 원인들의 동일한 연결 즉 동일한 것이 상호 계기하는 것을 발견할 것이다. (E2P7S)

정신과 신체는 한편으로 사유의 속성 아래에서 다른 한편으로 연장의 아래에서 인식된 하나이며 같은 것이다. 그러므로 자연이 이 속성 아래에서 또는 저 속성 아래에서 파악되든지 간에 사물의 질서와 연결은 하나이며, 결과적으로 우리 신체의 능동과 수동의 질서는 정신의 능동과 수동의 질서와 동시에 발생된다. (E3P2S)

위의 인용문은 다음과 같이 정리될 수 있다. ① 동일론: 정신과 신체는 두 개의 다른 방식에서 표현된 동일한 것이다. 그러므로 ② 하나의 원인들의 질서와 연결만이 존재한다. 결과적으로 ③ 평행론: 정신의 질서와 연결은 신체의 질서와 연결과 동일하다. 이렇게 우리는 스피노자가 동일론에서 출발하여 평행론을 주장하고 있음을 볼 수 있다. 그는 정신과 신체의 동일성에서 사물들의 동일한 질서와 연결을 추론해 내고, 그것에 근거해서 평행론을 주장하고 있다. 스피노자는 정신의 질서와 신체의 질서가 평행하다는 사실은 정신과 신체의 동일성 (하나의 질서와 연결)의 결과로서 일어난다고 주장하고 있다.

4) 심신 동일론과 평행론

스피노자의 심신론에 대한 관념론적 해석과 유물론적 해석에 대한 비판을 통해서 우리가 알 수 있는 것은 첫째 그는 정신과 신체 사이의 인과 관계를 부정하고 있으며, 둘째 정신과 신체의 실재를 동등하게 인정하고 있다는 것이었다. 심신 평행론적 해석은 이러한 전제들에 부합되기는 하지만, 유일 실체관에 근거를 둔 스피노자의 심신 이론의 핵심이 되는 심신 동일론과는 양립할 수 없는 것으로 보인다.

스피노자에게 정신 A는 다른 정신 B의 원인이 되는데, 정신과 신체가 동일하다면, 정신 A는 신체 B′(=정신 B)의 원인이 된다. 이것은 정신과 신체 사이의 인과 관계를 부정하는 자신의 입장과 상충된다. 또한 평행론은 정신과 신체가 평행선을 그리면서 전개되는 정신과 신체의 분리를 주장하는 이원론인 반면, 동일론은 정신과 신체의 합일을 주장하는 일원론이다. 이것은 동일론과 평행론이 양립하기 어려운 또 하나의 문제점이다. 이 장에서는 스피노자가 자기 모순을 범하지 않았다는 전제하에서 그의 심신론은 동일론과 평행론을 함축하고 있다는 관점을 가지고 양자를 조화시키려는 시도를 해 보았다.

동일론과 인과 관계의 문제에 대해서는 스피노자가 인과성을 불투명한 것으로 보았기 때문에 정신 A는 다른 정신 B의 원인이 되고, 정신과 신체가 동일하다고 하더라도 정신 A는 신체 B′(=정신 B)의 원인이 된다는 사실이 따라 나오지 않는다는 것을 밝혔다. 그의 동일론은 정신과 신체 사이의 인과 관계를 부정하는 자신의 입장과 양립할 수 있다는 것이다. 이러한 사실은 정신과 신체 사이의 동일성을 주장하면서도 양자 간의 인과적 상호작용을 부정할 수 있다는 점을 알려주고 있다.

다음으로 일원론과 이원론의 문제에 관련해서, 스피노자의 심신 동일론과 평행론은 그의 형이상학 이론인 실체 일원론과 속성 이원론에 각각 근거를 두고 있는 것으로 보았다. 실체 일원론으로부터 우리는 정신과 신체가 하나의 동일한 개별체라는 것을 추론해 낼 수 있으며, 속성 이원론으로부터는 정신적 속성과 물리적 속성은 동일한 속성이 아니라 두 개의 다른 속성이라는 것을 추론해 낼 수가 있다. 사유하는 실체와 연장된 실체가 각각 다른 속성 (사유와 연장) 아래에서 표현된 동일한 실체인 것처럼, 정신적 사건과 물리적 사건은 각각 다른 속성 아래에서 표현된 동일한 사건이다. 하나의 사건이 정신적 속성 아래에서 표현될 때는 정신적 사건이며, 물리적 속성 아래에서 표현될 때는 물리적 사건이 된다. 이렇게 스피노자가 주장한 정신과 신체 사이의 동일성은 속성들 사이의 동일성이 아니라, 정신적 사건과 물리적 사건들 사이의 동일성이다. 스피노자는 동일론적 주장을 정신적 사건과 물리적 사건의 관계에 적용시키는 반면, 평행론적 주장을 정신적 속성과 물리적 속성과 연관지어서 전개시키고 있다.

이러한 평행론은 실체 평행론과는 달리 그의 유일 실체관에 상반되지 않을 뿐 아니라, 그의 심신론의 핵심이 되고 있는 동일론과도 조화를 이룬다. 그에게 동일론과 평행론은 서로 양립될 수 있는 이론일 뿐만 아니라 서로 밀접한 관계를 가지고 있다. 그의 심신이론의 핵심은 정신과 신체가 동일하다는 것이며, 이러한 동일성의 기반 위에서 평행론을 주장하고 있다. 그의 평행론은 정신과 신체가 신비스럽게 서로 일대일 대응을 하면서 평행한 관계를 유지하는 두 개의 과정이 있는 것이 아니다. 거기에는 다만 하나의 과정만이 있고, 그것이 한편으로는 사유하는 것으로 다른 한편으로는 연장하는 것으로 나타나면서 평행한 관계를 유지하고 있다. 정신과 신체가 서로 평행한 관계를 유지하면서 일대일 대응을 하는 이유는 정신과 신체가 동일하기 때문이다. 따라서 동일론과의 관계에 대한 고찰 없이 평행론을 주장한다면 그것은 스피노자의 심신론에 대한 적절한 해석이 될 수 없다. 그의 심신론은 동일론과 평행론을 함축하고 있는 이론으로 해석되어야 한다.

3. 현대 심리철학과 일원론

1) 심신 동일론과 무법칙적 일원론

현대 심리철학에서 스피노자 심신론의 의의는 데이빗슨의 무법칙적 일원론에서 찾아볼 수 있다. 스피노자의 심신 동일론과 데이빗슨의 무법칙적 일원론 모두 '개별자'의 동일성을 주장했다는 점에서 매우 비슷하다. 따라서 비록 세부적인 차이점이 있다고 하더라도 두 사람의 연관성을 찾아보는 것은 의미 있는 작업이 될 것이다.

(1) 데이빗슨의 무법칙적 일원론

데이빗슨은 자신의 무법칙적 일원론을 다음과 같이 정의한다. "이 이론이 일원론이라는 이유는 심리적 사건들은 물리적 사건이라는 점에서 일원론이다. 그리고 무법칙적이라는 이유는 사건들이 심리적 용어들로 기술될 때 엄격한 법칙 아래 떨어지지 않는다는 점에서 무법칙적이다."[15] 이러한 무법칙적 일원론은 다음의 세 가지 원리로부터 시작한다.[16]

- 인과적 상호작용의 원리 : 어떤 정신적 사건들은 최소한 물리적 사건들의 원인이 된다. 그리고 그 역도 마찬가지이다.
- 인과성과 법칙의 원리 : 사건들이 원인과 결과로 관계되는 곳에는 반드시 엄격한 결정적 법칙이 있다.

---

15 Donald Davidson, "Psychology as Philosophy," in his Essays on Actions and Events (Oxford: Claren Press, 1980), 231쪽.

16 같은 쪽.

• 정신적인 것들의 무법칙론 : 정신적 사건들을 설명할 수 있는 엄격한 법칙은 존재하지 않는다.

제1원리와 제2원리로부터 우리는 물리적 사건들과 인과 관계를 맺는 정신적 사건들이 엄격한 결정적인 법칙 아래에 놓여있다는 것을 추론할 수 있다. 그러나 제3원리에 따르면 그런 종류의 법칙은 전혀 존재하지 않는다. 따라서 제1원리와 제2원리는 제3원리와 모순 관계에 있는 것처럼 보인다. 다시 말하자면, 정신적 사건과 물리적 사건의 인과성을 인정함과 동시에 인과 관계를 엄격한 법칙과 연결시켰기 때문에 데이빗슨은 정신적 사건들에 대해 엄격한 법칙이 당연히 존재한다고 주장해야 한다. 그런데 데이빗슨의 제3원리는 이와 상충되는 주장을 담고 있다. 그렇지만 그는 이 세 가지 원리에 아무런 내적 모순이 없다고 주장한다. 제1원리는 '정신적인 것과 물리적인 것의 이분법'에 관계하는 것이고, 제3원리는 '정신적으로 기술된 사건들'에 관계하기 때문에 서로 적용범위가 다르다.[17] 따라서 정신적 사건과 물리적 사건의 관계를 설명하는 법칙은 정신적 사건들만을 설명하는 법칙과 구별되어야 한다.[18] 그럼 위의 세 가지 원리로부터 데이빗슨이 정신적 사건과 물리적 사건의 동일성을 어떻게 증명하고 있는지 살펴보기로 하자.[19]

(ⅰ) 정신적 사건 m이 물리적 사건 p의 원인이 되는 경우를 가정하

17 Donald Davidson, "Mental Events," in his Essays on Actions and Events, 215쪽.

18 데이빗슨은 전자의 경우, 두 사건 사건의 인과 관계를 있기 때문에 그 법칙의 존재를 인정하는 반면, 후자의 경우 정신적 사건 간들의 인과성이 없다고 보기 때문에 정신적 법칙의 존재를 부정한다.

19 Donald Davidson, "Mental Events," 224쪽.

자. (제1원리에 따름)

(ii) m과 p는 엄격한 법칙 아래에 있다. (제2원리에 근거함)

(iii) 이 법칙들은 심리학적 법칙도 아니고, 물리-심리적 법칙이 아니라 물리적 법칙이다. (제3원리로부터의 제거에 의함)

(iv) 물리적 기술을 사용하는 경우들에서만 엄격하고 결정적인 법칙이 가능하다.

(v) 그렇기 때문에 m은 물리적 법칙 아래 떨어진다.

(vi) 그렇다면 m은 물리적 용어들에 의해 기술될 수 있어야 한다. 다시 말해 m은 물리적 기술을 가지고 있다.

(vii) 그러므로 m은 정신적 사건이라는 것에 부가해서 물리적 사건이 된다. 보다 정확하게 m은 정신적 속성들에 부가해서 물리적 속성들 (즉 물리적 기술들)을 가진 사건이다.

위의 설명으로부터 우리는 정신적 사건들은 물리적 사건과의 인과관계가 있는 한, 모두 물리적 사건들과 동일하다는 것을 알 수 있다. 정신적 사건의 엄격한 법칙을 예시하는 어떤 기술들이 있어야 하는데, 그 기술은 정신적 기술일 수가 없고, 물리적인 기술임이 틀림없다. 왜냐하면 오직 물리적 기술만이 엄격한 법칙들을 예시할 수 있기 때문이다. 그러므로 물리적 사건들과 인과적으로 상호 작용하는 정신적 사건은 물리적 기술에 의해 설명되는 것을 허용한다. 다시 말해 정신적인 것과 물리적인 것을 연결해주는 물리-심리적 법칙 또는 정신적인 것과 정신적인 것을 연결해주는 심리적 법칙이 없기 때문에 정신적 사건들은 결국 물리적 기술에 의해 예시된 물리적 법칙을 따른다. 이렇게 정신적 사건들은 모두 물리적 속성에 의해 설명되고, 엄격한 물리적 법칙을 따를 수밖에 없게 된다면, 우리는 정신적 사건들이 물리적 사건들과 동일하다고 말할 수 있다. 그럼 데이빗슨의 무법칙적 일원론을 스피노자의 심신론과의 비교하기 위해서 데이빗슨의 이론에 함축되어 있는 내용들을 정리해 보기로 하자.

- 인과성이 있으면, 반드시 엄격한 법칙이 있음이 틀림없다.
- (엄격한) 물심 법칙은 존재하지 않는다.
- (엄격한) 순수 심리적 법칙들은 존재하지 않는다.
- 물리적 기술들은 정신적 기술들보다 선호되어야 한다. 왜냐하면 오로지 물리적 기술만이 엄격한 법칙들을 예시할 수 있기 때문이다.
- 정신적인 것으로부터 물리적인 것으로의 환원은 거부된다.
- 유물론과 속성 이원론의 조합이 있다 : "무법칙적 일원론은 모든 사건들이 물리적이라고 주장한다는 점에서는 유물론과 닮아 있다. 그러나 유물론의 본질로 고려되는 논제, 즉 정신 현상들에 물리적 설명들만이 순수하게 주어질 수 있다는 논제를 거부한다."[20]
- 무법칙적 일원론은 개별자 동일론, 즉 사건 동일론이다. 유형 동일론과는 달리 데이빗슨은 정신적 유형과 물리적 유형 — 즉 정신적 기술과 물리적 기술, 또는 정신적 속성과 물리적 속성 — 의 동일성을 주장하지 않는다. 그는 다만 정신적 사건이 물리적 사건과 동일하다고 주장한다. 두 사건이 동일하기 위해서 한 가지 유형의 속성에 의해서만 기술될 필요는 없다.[21]

---

20 같은 논문, 214쪽.

21 Terence Horgan and Michael Tye, "Against the Token Identity Theory," in Ernest Lepore and Brian P. McLaughlin (eds.), Actions and Events (Oxford: Basil Blackwell, 1985), 427쪽; Brian P. McLaughlin, "Anomalous Monism and the Irreducibility of the Mental," in ibid., 356-357쪽; Mark Johnston, "Why Having a Mind Matters," in Ibid., 409쪽.

- 그는 정신적인 것과 물리적인 것 사이의 인과성을 허용한다. 어떤 정신적 사건은 물리적 사건의 원인이 되고, 그 역도 마찬가지이다.

(2) 스피노자와 데이빗슨

데이빗슨은 물리-심리적 법칙뿐만 아니라 심리적 법칙의 존재를 부정한다. 이에 반해 스피노자는 심리적 법칙을 허용하고 있다. 다시 말해 데이빗슨에게는 오직 한 종류의 엄격한 법칙, 즉 물리적 법칙만이 있는 반면, 스피노자에게는 두 종류의 법칙, 즉 물리적 법칙과 심리적 법칙이 있다.[22] 이와 관련된 스피노자의 진술을 살펴보자.

> 신의 사유하는 능력은 신의 활동하는 현실적인 능력과 동등하다. 바꾸어 말하면, 신의 무한한 본성으로부터 본래적으로 생기는 모든 것은 신의 관념에서 동일한 질서와 동일한 연결에 의하여, 신 안에서 표상적으로 생긴다. (E2P7C)

이처럼 스피노자는 정신적 세계나 물리적 세계 어느 쪽에도 무게 중심을 두지 않았다. 그는 정신이 신체에 의존하거나 수반하는 것, 또는 그 반대의 경우를 인정하지 않는다. 정신적 세계와 물리적 세계는 하나의 법칙을 각각의 독립된 속성에 의해 동등하게 표현한다. 그렇기 때문에 정신적 사건에는 물리적 사건만큼이나 자율적인 법칙이 있다.[23]

---

22 정확하게는 하나의 법칙이 물적 세계에만 적용되고, 정신적 세계에는 적용되지 않는 반면에, 스피노자에게는 하나의 법칙을 정신적 세계와 물리적 세계가 공평하게 공유한다.

23 조금 더 정확하게 말하자면 하나의 법칙이 물리적 세계에만 적용되고, 정신적

그들 사이의 또 다른 차이점은 인과성의 문제이다. 스피노자는 정신과 신체 사이의 인과성은 단호하게 부정하는 반면, 데이빗슨은 정신과 신체의 인과적 상호 작용을 인정한다. 데이빗슨의 무법칙적 일원론에서는 인과 관계가 투명한 것으로 간주되기 때문에 정신과 신체 사이의 인과 관계가 부정되면, 동일론이 주장될 수 없다. 즉 데이빗슨은 인과성을 투명한 것으로 간주하면서 정신적 사건과 물리적 사건이 동일하다고 주장하기 때문에, 정신과 신체 사이에 인과적 상호작용을 인정해야만 한다. 이와 대조적으로 스피노자는 정신적 사건과 물리적 사건은 동일하고 서로 간에 인과적 상호작용이 없다고 주장하기 때문에 그는 인과 관계를 불투명한 것으로 간주해야 한다. 즉 스피노자는 인과 관계의 투명성을 부정했기 때문에 그의 동일론은 정신과 신체 사이의 인과 관계가 없다는 주장과 모순되지 않는다.

데이빗슨과 스피노자는 이러한 차이점에도 불구하고 다음과 같은 중요한 공통점을 가지고 있다. 그들은 모두 유형 동일론과는 달리 정신적 속성을 물리적 속성으로 환원시킬 수 없다는 점에 동의한다. 더 나아가 그들은 이러한 환원 불가능성에도 불구하고, 정신적 사건과 물리적 사건의 동일성을 주장한다. 즉 두 사람 모두 '환원 없는 동일론'을 주장한다는 점에서 같은 사유의 영역을 공유하고 있다. 이러한 점은 그들이 다른 철학자들과는 다르게 가지고 있는 공통점이다.

이 환원 불가능성은 스피노자와 데이빗슨 사이의 또 다른 주목할 만한 공통점을 수반한다. 그것은 스피노자와 데이빗슨 모두 정신과 신체의 동일성을 속성에서가 아니라 사건에서 찾고 있다는 점이다.

세계에는 적용되지 않는 반면에, 스피노자에게는 하나의 법칙을 정신적 세계와 물리적 세계가 공평하게 공유한다.

Odegard는 "그[스피노자]는 정신적 사건과 물리적 사건이 두 개의 속성들 아래에서 이해된 정말로 단 하나의 사건이라는 방식으로 두 사건을 동일시했다."[24]라고 진술하면서 스피노자의 동일론이 '사건'의 동일성을 주장하고 있다는 점을 분명히 한다. Odegard는 결코 스피노자를 데이빗슨과 비교하지 않았다. 그렇지만 그는 앞의 진술에서 스피노자가 개별자 동일론을 주장하고 있다는 점을 살짝 알려줌으로써 스피노자와 데이빗슨의 유사점을 잘 이해할 수 있게 해준다.

이러한 필자의 주장이 설득력을 얻기 위해서는 스피노자의 '양태' 개념이 개별자로서의 양태로 해석되어야 한다. 왜냐하면 그는 정신과 신체를 양태로 규정했는데, 만약 양태가 개별체가 아니라 속성으로 간주된다면 그의 심신론은 개별자 동일론으로 해석될 수 없기 때문이다. 그런데 양태를 개별자로 간주하지 않고, 속성으로 간주하는 해석자들이 있다. 그들은 스피노자의 심신론을 개별자 동일론이 아니라, 속성 동일론으로 해석한다. 개별자 동일론의 관점에서 스피노자를 데이빗슨과 연결시키는 필자의 주장이 논증력을 얻기 위해서는 양태 개념의 개별자 문제가 해결되어야 한다. 따라서 다음 절에서 우리는 '개별자' 또는 '속성'으로서의 양태 개념의 문제를 논의해 본 다음, 데이빗슨과의 비교로 돌아가 볼 것이다.

---

24 Douglas Odegard, "The Body Identical with the Human mind: A Problem in Spinoza's Philosophy," in Eugene Freeman and Maurice Mandelbaum (eds.), Spinoza: Essays in Interpretation (Lasalle: Open Court, 1975), 68쪽.

2) 개별자 양태 개념

(1) '성질로서의 양태'와 라틴어 '*sic*'

필자는 앞에서 양태의 존재론적 지위를 개별체로 간주함으로써 정신과 신체라는 양태는 하나의 동일한 개별체라고 주장하였다. 즉 정신 양태와 신체 양태는 각각 두 개의 성질(사유 속성과 연장 속성) 아래에서 표현된 동일한 양태(개별체)라는 것이다. 이러한 필자의 해석은 양태를 실체의 양태로 이해함으로써 정신과 신체라는 유한 양태에 개별체라는 존재론적 지위를 부여했기 때문에 가능하다. 그러나 이러한 필자의 해석에는 만만찮은 걸림돌이 있다. 왜냐하면 베넷을 비롯한 평행론자들은 필자와 다른 관점을 가지고 있기 때문이다. 필자가 정신과 신체를 실체 일원론에서 추론한 반면, 그들은 속성 이원론과 연관시키려고 한다. 그들은 양태를 실체의 양태로 이해하는 것이 아니라 속성의 양태로 이해한다. 그래서 그들에게 양태 개념은 개별체가 아니라 우연적 성질을 의미한다. 정신과 신체라는 양태는 정신적 성질과 물리적 성질이라는 존재론적 지위를 갖게 되는 것이다. 따라서 우리는 스피노자의 양태 개념에 대한 상반된 입장을 살펴볼 필요가 있다.

위에서 인용했던 스피노자의 진술은 정신과 신체의 동일성이 그의 유일 실체관으로부터 추론된다는 사실을 알려주고 있다. 다시 한 번 인용해 보자.

> 사유하는 실체와 연장된 실체는 한편으로는 이 속성 아래에서, 다른 한편으로는 저 속성 아래에서 이해되는 하나이고 같은 실체이다. 그러므로(sic) 연장의 양태와 그 양태의 관념은 두 개의 다른 방식에서

표현된 하나이고 같은 것이다. (E2P7S)

첫 번째 문장과 두 번째 문장을 잇는 라틴어 '*sic*'은 '그러므로(therefore)'라고 번역되면서 추론의 관계를 더욱 분명하게 해준다. 사유하는 실체와 연장하는 실체가 하나이고 같은 것이라는 사실에서 우리는 사유하는 양태와 연장하는 양태인 정신과 신체도 하나이고 동일한 것이라는 사실을 추론할 수 있다. 그러나 베넷을 비롯한 일부 학자들은 실체와 양태의 관계에 대한 이러한 관점에 반론을 제기한다. 베넷은 라틴어 '*sic*'을 다른 의미를 가진 단어인 '마찬가지로(likewise)'라고 번역하면서 추론의 관계를 일축한다. 그래서 베넷에게 위의 인용문은 '추론'이 아니라 실체와 양태의 관계를 '비교'하는 진술일 뿐이다.[25] 만약 베넷의 해석이 타당하다면 이중측면설에 기반을 둔 필자의 양태적 개인 개념은 정당성을 획득하기가 어려워진다. 따라서 라틴어 '*sic*'과 관련해서 양태 개념을 구체적으로 고찰해 보기로 하자.

라틴어 '*sic*'에 대한 두 가지 번역은 스피노자의 양태 개념에 대한 두 가지 해석을 가능하게 해줄 뿐만 아니라 심신 관계에 대한 다른 관점을 허용해 준다. 필자의 해석처럼 양태를 개체로 이해한다면 정신과 신체는 '실체'의 양태가 된다. 그러나 베넷처럼 양태를 특성 또는 성질들로 이해한다면 정신과 신체는 '속성'의 양태가 된다. 필자의 스피노자는 심신 동일성을 개체의 동일성으로 이해하고, '실체' 일원론에서 이를 추론해 낸다. 반면 베넷의 스피노자는 심신동일성을 성질들의 동일성으로 간주한다. 그래서 베넷은 동일성의 근거를 실체

25 Jonathan Bennett, A Study of Spinoza's Ethics (London: Cambridge University Press, 1984), 142-143쪽.

가 아닌 '속성' 개념에서 찾아야 한다. 베넷의 이러한 해석에 큰 걸림돌이 될 수 있는 것이 위의 인용문의 라틴어 '*sic*'이라는 단어이다. 그래서 그는 '*sic*'을 '그러므로'가 아닌 '마찬가지로'라고 번역하면서 이 걸림돌을 피해 갔던 것이다. 이러한 상반되는 입장은 양태의 정체성에 대해 서로 다른 관점을 가지고 있기 때문이다. 이처럼 양태 개념은 스피노자의 심신론을 이해하는 데 중요한 관건이 될 뿐 아니라 그의 일원론적 개인 개념을 정립하는 데에도 중요한 지표가 된다.

양태 개념에 대한 스피노자의 정의는 다음과 같다 : "양태란 실체의 여러 변화 상태이다. 따라서 다른 것 안에 존재하며, 다른 것에 의해서 사유되어질 뿐이다(E1D5)." 우리가 이 정의를 스피노자의 유일실체관과 함께 고려한다면 정신과 신체는 (베넷의 주장처럼 속성의 양태가 아니라) 하나의 동일한 실체의 양태라는 사실을 알 수 있다. 이러한 사실에도 불구하고, 왜 베넷은 라틴어 '*sic*'을 다르게 번역하면서까지 스피노자의 양태 개념을 개별체가 아니라 성질들로 해석하는 것일까?[26] 필자는 두 가지 이유가 있다고 생각한다. 첫째는 베넷을 비롯한 평행론자들이 데카르트의 양태 개념을 스피노자에게도 그대로 적용시키기 때문이다. 그리고 둘째는 양태 개념에 대한 스피노자의 애매한 진술 때문이다.

첫째 데카르트는 양태를 사물들의 우연적인 성질로 이해한다. 그는 실체가 가지고 있는 본질적인 성질을 속성(*attributum*)이라고 불렀고, 이차적인 성질을 양태(*modus*)라고 불렀다. 정신의 속성은 사유이고, 그 양태는 감정, 의지, 상상력 등이다. 그리고 물체의 속성은 연

---

26 베넷이외의 평행론자들은 라틴어 'sic'에 대해 문제 제기조차 하지 않는다. 그들은 라틴어 'sic'이 자신들의 해석에 걸림돌이 될 수 있다는 사실을 인지하지 못하는 것 같다.

장이고, 그 양태는 크기, 위치, 형태, 등이다.[27] 이처럼 데카르트에 '양태'란 사유 속성과 연장 속성의 양태로서 특성 또는 성질을 의미한다. 양태에 대한 스피노자의 정의는 다음과 같다 : "내가 여기서 양태로 의미하는 것은 다른 곳에서 속성이나 성질로 이해되는 것들이다. 실체가 속성들이나 성질들에 의해 자극되거나 변화되는 점을 고려할 때, 나는 그것들을 양태라고 부른다."[28] 베넷을 비롯한 학자들은 이러한 데카르트의 양태 개념에 익숙해져 있었기 때문에 개별적 사물을 양태로 간주하는 스피노자의 양태 개념의 특징을 놓치고 있다.

둘째, 양태 개념에 대한 스피노자의 애매한 표현들은 양태를 개체가 아니라 성질로 오해하게 만든다.

> 필연적으로 존재하는 모든 양태는 신의 어떤 속성의 절대적 본성이나 또는 필연적으로 또는 무한하게 존재하는 변용에 의해 변화된 어떤 속성으로부터 따라 나온다. (E1P23; 필자의 강조)

> 어떤 속성의 양태들은 그것이 양태로 되어 있는 속성 하에서 신을 고찰하는 한에서만 신을 원인으로 가지며, 신이 어떤 다른 속성 하에서 고찰되는 한에서는 그렇지 않다. (E2P6; 필자의 강조)

위의 인용문들에서 스피노자는 정신과 신체가 '실체의 양태'라고 표현하지 않고, '속성의 양태'라고 진술한다. 이러한 표현은 우리로 하여금 정신과 신체를 개별체가 아니라 성질들로 간주하게 만든다.

---

27 Rene Descartes, Principia Philosophiae 53절 ; 원석영 역, 『철학의 원리』 (서울 : 아카넷, 2002), 53절.

28 같은 책, 56절.

스피노자는 『윤리학』에서 '속성의 양태'라는 용어를 때때로 사용한다. 이처럼 데카르트적 사고 방식과 스피노자의 애매한 진술들은 양태를 성질로 간주하는 평행론자들의 해석의 근거가 된다. 그래서 그들은 데카르트에게 실체였던 정신과 신체가 스피노자에 이르러 성질(속성의 양태)로 그 지위가 격하되었다고 말한다. 데카르트 철학에서 사유 속성과 연장 속성을 각각 소유한 정신과 신체라는 실체는 스피노자에 이르러 오히려 사유 속성과 연장 속성의 양태인 정신적 성질과 물리적 성질이 되었다는 것이다.

이처럼 스피노자의 양태 개념의 정체성은 '개별자로서의 양태'와 '성질로서의 양태'라는 두 해석으로 나누어진다. 만약 성질로서의 양태 개념이 타당하다면, 개인의 존재론적 지위를 실체가 아닌 양태로 규정한 스피노자의 개인 개념의 특징은 많이 퇴색된다. 왜냐하면 그의 개인은 실체의 변화 상태로 존재하는 개체가 아니라, 속성의 변화 상태로 존재하는 성질이 되어버리기 때문이다. 더구나 성질로서의 양태 개념은 속성 이원론에 근거한 개념이기 때문에 우리는 더 이상 스피노자에게서 일원론적 개인을 주장할 수 없게 된다. 이 경우 그의 근대적 개인도 데카르트처럼 분열된 모습을 보이는 이원론적 개인이 되어 버린다.[29] 따라서 필자는 스피노자의 양태 개념이 '개별자로서의 양태'를 의미한다는 점을 분명하게 밝힘으로써 그의 개인 개념을 올바르게 정립하고자 한다.

---

29 양태를 성질로 간주하는 경우, 정신 양태와 신체 양태의 동일성을 주장하는 것은 속성이원론 때문에 거의 불가능하다. 정신과 신체의 동일성은 속성 이원론을 붕괴시킬 위협이 있다. 베넷은 실제로 양태 동일성이 속성 이원론을 위협할 수 있다고 생각했다. Jonathan Bennett, 앞의 책, 143-149쪽.

(2) '개별자로서의 양태'와 라틴어 '*res*'

우리는 평행론자들이 스피노자의 양태 개념을 개별체가 아니라 성질들로 해석하는 두 가지 이유를 살펴보았다. 첫째는 그들이 데카르트의 양태 개념을 스피노자에게도 그대로 적용시켰기 때문이었다. 그러나 양태라는 용어는 철학자들마다 적용되는 경우가 다르다. 사실상 양태라는 단어 자체가 '성질'을 의미하지 않는다. 양태(mode)란 라틴어 '*modus*'에 그 어원을 두고 있으며, '측정 방식' 또는 '나타내는 방식'이라는 사전적 의미를 가지고 있다. 데카르트의 경우 우리는 물체의 속성인 연장을 크기. 형태, 위치, 운동 등의 방식으로 측정할 수 있고, 정신의 속성인 사유를 감정, 의지, 추리 등의 방식으로 판단할 수 있다. 다시 말해 크기, 형태, 위치, 운동 등의 양태란 연장 속성이 나타나는 방식이고, 감정, 의지, 추리 등의 양태는 사유 속성이 나타나는 방식이다. 데카르트가 양태를 속성들에게 적용시켰기 때문에 그의 양태 개념은 성질을 의미한다. 속성이란 실체의 본질을 의미한다. 사유 속성은 정신의 본질이고 연장 속성은 물체의 본질이다. 그리고 양태란 이 속성들이 모습을 드러낸 것으로 이차적인 성질에 해당한다.[30] 이렇게 양태 개념은 데카르트가 속성과 관련시킴으로써 성질을 의미하는 것이 되었다.

그런데 평행론자들은 데카르트적 사고에 익숙해져 있기 때문에 양태 개념 자체가 성질을 의미하거나 또는 양태를 속성에만 적용되는 개념으로 생각하는 경향이 있다. 더구나 스피노자가 데카르트의 형이상학적 개념들을 그대로 계승했다는 사실은 그들로 하여금 스피노자의 양태 개념을 당연히 성질로 간주하게끔 한다. 그러나 우리는

---

30 Rene Descartes, 앞의 책, 53절/56절.

데카르트의 도식에 얽매여 양태를 속성 개념에 그대로 적용해서는 안 된다. 스피노자가 데카르트의 개념들을 사용하는 것은 사실이지만, 그의 형이상학적 체계는 데카르트의 체계를 전혀 계승하지 않기 때문이다. 사실상 데카르트가 사용했던 개념들이 스피노자에게 그대로 적용되는 경우는 그렇게 많지 않다. 따라서 우리는 데카르트의 개념들이 스피노자의 체계에서는 다른 맥락에서 사용될 수 있다는 점에 유의해야 한다.

두 번째 이유는 인용문들에서 볼 수 있듯이 양태 개념에 대한 스피노자의 애매한 진술에 기인했다. 그러나 필자는 위의 인용문에서의 '속성의 양태'라는 문구를 평행론자들처럼 문자 그대로 해석함으로써 양태를 성질로 간주하는 것은 스피노자의 진정한 의도를 곡해하는 것이라고 생각한다. 스피노자가 정신과 신체가 '속성의 양태'라고 언급했을 때, 그가 의미한 것은 정신은 '사유 속성 아래에서 실체의 본질을 표현하는 양태'이고, 신체는 '연장 속성 아래에서 동일한 실체의 본질을 표현하는 양태'라는 것이다. 스피노자 철학에서 정신과 신체가 실체의 지위를 상실한 것은 사실이다.[31] 그러나 그것들은 사유 속성과 연장 속성의 양태가 되는 정신적 또는 물리적 성질이 아니다. 그것들은 사유 속성과 연장 속성 아래에서 고찰된 실체의 양태 즉 실체의 변화 상태라는 존재론적 지위를 가지고 있다. 다시 말해 정신과 신체는 실체가 변화 상태인 유한 양태 즉 개별자라는 존재론적 지위를 갖고 있다.

신체에 대한 스피노자의 정의는 개별자로서의 양태 개념을 보다

31 정신과 신체가 실체의 지위를 상실했다는 것은 부정적인 의미로 이해해서는 안 된다. 나중에 보겠지만 스피노자가 정신과 신체를 양태로 규정한 것은 데카르트의 근대적 개인의 문제점을 해결할 수 있는 장점이 될 수 있다.

더 분명하게 해 준다. "물체[신체]란 신이 연장된 것으로 생각되는 한해서 신의 본질을 어떤 일정한 방식으로 표현하는 양태이다 (E2D1)." 스피노자는 정신에 대해서는 정의하지 않았다. 그러나 우리는 그의 평행론에 근거해서 정신 역시 물체와 같은 방식에서 정의될 것이라는 것을 짐작할 수 있다.[32] 위의 정의를 그의 유일 실체관과 연결해서 고려해 보면 정신과 신체는 사유 속성과 연장 속성의 양태가 아니라, 각각 사유 속성과 연장 속성을 통해 실체의 본질을 표현하는 하나의 동일한 실체의 양태들이다. 정신은 사유 속성 하에서 고찰된 실체의 양태이고, 신체는 연장 속성 하에서 고찰된 동일한 실체의 양태이다. '사유하는 실체와 연장하는 실체가 각각 두 개의 다른 속성 아래에서 이해된 동일한 실체'이듯이 '정신 양태와 신체 양태 역시 두 개의 다른 방식으로 표현된 하나이고 동일한 양태'이다. 이렇게 정신과 신체는 실체 일원론에 근거를 두고 있는 동일한 개별체로서의 양태이다.

우리는 스피노자의 동일론적 진술에서 사용되는 라틴어 '*res*'에 주목할 필요가 있다. 왜냐하면 라틴어 '*res*'의 의미는 양태 개념의 정체성을 결정짓는 데 중요한 관건이 되기 때문이다. 라틴어 '*res*'가 사용된 그의 동일론적 진술은 다음과 같다 : "연장의 양태와 그 양태의 관념[정신과 신체]은 두 개의 다른 방식에서 표현된 동일한 것(*res*)이

32 스피노자는 한쪽의 설명만으로 충분할 때 다른 쪽의 설명을 생략하는 경향이 있다. 우리는 이러한 태도를 그의 『윤리학』에서 가끔 볼 수 있다. 예를 들어 그는 3부 정리 2의 주해에서 정신이 신체를 지배하지 않는다는 점만 강조하고 그 역(즉 신체도 정신을 지배하지 않는다)은 전혀 언급하지 않는다. 그래서 일부 학자들은 정리 3의 주해를 유물론적 해석의 근거로 삼기도 한다. 그러나 우리는 다른 한쪽에 대한 그의 침묵을 부정으로 이해해서는 안 된다. 우리는 정신에 대한 스피노자의 정의를 충분히 짐작할 수 있다. 즉 "정신이란 신이 사유하는 것으로 생각되는 한해서 신의 본질을 어떤 일정한 방식으로 표현하는 양태이다."

다 (E27S; 필자의 강조).”[33] 우리는 이 문장에서 ‘것’(*res*)이라는 용어에 주목할 필요가 있다. 왜냐하면 그 용어의 의미에 따라 정신 양태와 신체 양태의 존재론적 지위가 달라지기 때문이다. 주석가들은 스피노자가 『윤리학』 전반에 걸쳐 ‘*res*’라는 용어를 두 가지 의미로 애매하게 사용하고 있다고 불평한다. 스피노자는 ‘것’(*res*)이라는 용어를 어떤 때는 아무 의미도 없는 단어로 사용할 때가 있고, 다른 때에는 개별적인 사물을 지칭하는 것으로 사용하기도 한다. 그래서 ‘것’이라는 용어는 스피노자 철학을 해석하는 데 중요한 관건이 되는 용어이다. 위의 진술에서 이 용어를 스피노자가 무의미한 단어로 사용했다면 정신과 신체는 성질이 될 수도 있고, 개별체가 될 수도 있다. 따라서 이 경우는 양태의 정체성이 밝혀지지 않는다. 그러나 ‘*res*’라는 용어가 개별적인 사물을 지칭하는 의미로 사용되었다면, 우리는 양태를 더 이상 성질로 간주할 수 없게 된다. 왜냐하면 위의 문장은 ‘정신과 신체는 동일한 개별체이다’라는 의미가 되기 때문이다. 아마 베넷을 비롯한 평행론자들은 위의 문장에서의 ‘것’(*res*)이라는 용어를 무의미한 단어로 치부해 버릴 것이 분명하다.[34]

그러나 다행히도 이 문장에 있는 ‘*res*’의 의미에 대해 우리는 스피노자에게 직접 그 의미를 확인할 수 있다. 스피노자는 2부 정리 21의 주해에서 이 문장을 재진술하면서 ‘*res*’가 개별체를 의미하는 용어로 사용되었다는 것을 알려주고 있다. 다음은 그 증거가 되는 원문이다.

---

33 라틴어 ‘res’는 영어로 ‘thing’이라고 번역된다.

34 정리 7의 주해에서 사용된 라틴어 ‘res’의 의미에 대해서는 베넷조차도 문제 제기를 하지 않는다. 그들은 이 용어가 ‘개별체’로 해석될 가능성에 대해 별로 의식하고 있지 않은 것 같다.

> 이 정리는 2부 정리 7의 주해에서 논술한 것으로부터 훨씬 더 명백하게 이해할 수 있다. 왜냐하면, 우리는 거기서 신체의 관념과 신체, 즉 (2부 정리 13에 의해서) 정신과 신체란 동일한 개별체(*individuum*)로서 그것이 어떤 때에는 사유 속성 아래에서, 또 다른 때에는 연장 속성 아래에서 생각된다는 것을 명백히 했다. (E2P21S; 필자의 강조)

이렇게 스피노자는 '것'(*res*)이 들어가야 할 바로 그 장소에 '개별체'(individual)라는 용어를 직접 사용하다. 스피노자 자신이 정리 7의 주해에서 '것'(*res*)이라는 용어가 '개별체'라는 의미로 사용되었다는 것을 직접 증언하고 있는 것이다. 이제 우리는 양태에 대한 스피노자의 관점이 성질 개념이 아니라 개별자 개념이라는 것을 분명하게 알 수 있다. 정신이라는 양태는 실체의 본질을 사유 속성 하에서 표현하고 있는 개별체이고, 신체라는 양태는 동일한 실체의 본질을 연장 속성 하에서 표현하고 있는 동일한 개별체이다.

3) 스피노자의 관점에서 본 데이빗슨

이처럼 스피노자의 양태 개념이 '개별자'로서의 양태라는 사실이 증명되었기 때문에 우리는 그의 심신론을 개별자 동일론이라고 규정할 수 있고, 데이빗슨의 무법칙적 일원론과 연결시켜 생각해 볼 수 있다. 스피노자와 데이빗슨 모두 정신적 기술과 물리적 기술의 독립을 주장한다. 그래서 그들은 정신적 기술만으로 물리적 사건을 설명할 수 없고, 물리적 기술만으로 정신적 사건을 설명할 수 없다는 입장을 가지고 있다. 비록 데이빗슨에게 이러한 설명의 독립성이 스피노자의 경우보다는 약하지만, 델라 로카는 이 설명의 분리를 스피노자와 데이빗슨의 이론의 중요한 특징으로 간주한다.[35] 이점에 관해서 델라 로카는 다음과 같이 진술한다. "스피노자의 체계는 정신적 속성과 물리적 속성들 사이에서 설명의 극단적인 분리가 정신적 개별자와 물리적 개별자들의 동일성을 (방해하는 것이 아니라) [오히려 동일성에로] 인도한다는 놀라운 교훈을 가르쳐 주고 있다. 그렇지만 이 교훈이 별로 놀라움으로 다가올 것 같지 않는 한 명의 철학자가 있는데, 그는 도널드 데이빗슨이다. 그 역시 정신적 속성과 물리적 속성의 특정한 종류의 설명의 독립성을 인지했고, 또한 부분적으로 이러한 독립으로부터 정신적 개별자와 물리적 개별자의 동일성을 주장했다."[36] 필자는 정신적 사건과 물리적 사건 사이의 이러한 설명의 장벽 덕분에 스피노자와 데이빗슨이 동일론을 주장하면서도 반환원주의를 고집할 수 있었다고 생각한다.

반환원주의와 더불어 그들의 중요한 공통점은 개별자 동일성이다. 스피노자와 데이빗슨 모두 정신과 신체–또는 정신적 사건과 물리적 사건–는 두 종류의 기술을 가진 하나의 개별체이다. 우리는 앞에서 데이빗슨과 마찬가지로, 스피노자 역시 정신과 신체를 동일한 개별체로서 간주한다는 사실을 보았다 : "신체의 관념과 신체, 즉 정신과 신체는 어떤 때에는 사유의 속성에 의해서, 또 다른 때에는 연장의 속성에 의해서 이해되는 하나의 동일한 개별체이다"(E2P21S). 스피노

35 Della Rocca, Representation and the Mind-Body Problem in Spinoza (New York: Oxford University Press, 1996), 152-155쪽. 또한 델라 로카는 다른 곳에서 스피노자의 심리학을 데이빗슨의 심리학과 비교하기도 한다. Spinoza's psychology and Davidson's psychology ("Spinoza's Metaphysical Psychology," in Don Garrett [ed.], The Cambridge Companion to Spinoza [Cambridge: Cambridge University Press, 1996], 209-210쪽; 234-236쪽).

36 Della Rocca, Representation and the Mind-Body Problem in Spinoza, 153쪽.

자의 일원론은 물심 간의 법칙을 허용하지 않지만 데이빗슨의 일원론과는 달리 정신 세계의 법칙을 허용하기 때문에 무법칙적 일원론이 아니다.[37] 하지만 정신적 사건과 물리적 사건의 동일성의 양식에 대한 스피노자의 생각은 데이빗슨의 무법칙적 일원론에서의 동일성의 양식과 같은 구조이다. 두 철학자 모두 속성 또는 설명의 독립성을 인정한 채, 개별체의 동일성을 주장했다.[38]

다음 스피노자의 관점에서 데이빗슨의 이론을 고찰해 보기로 하자. 데이빗슨이 물리적 법칙만을 인정하고, 심리적 법칙의 존재를 부정한 것은 스피노자의 관점에서 보면, 데이빗슨이 현재의 자연 과학의 지식에만 의존했기 때문이다. 현재의 과학적 단계에서는 어떤 것을 설명하는 데 정신적인 어휘들을 사용하는 것보다 물리적인 어휘들을 사용해서 설명하는 것이 그것을 훨씬 더 잘 설명할 수 있다. 왜냐하면 우리들이 정신적 사건들에 대해서는 잘 모르고 있으면서 물리학의 발달로 인해 물리적 세계에 대해서는 잘 알고 있기 때문이다. 그러나 스피노자는 현재 우리의 지식으로는 완전히 파악할 수 없는 사실들이 있는데, 앞으로의 과학적 발견들에 의해 우리의 지식이 증가했을 때, 우리는 그 사실들을 알 수 있게 된다는 입장을 견지하고 있다. 그는 지금의 단계를 더 나은 지식을 획득하기 위해 나아가는 잠정적인 단계로 보고 있는 것이다. 따라서 현재의 단계에서는 과학이 아직은 정신이 무엇인지를 우리에게 알려 줄 정도로 발달되지 않았기 때문에 우리가 정신 세계를 알려면 먼저 물리적 세계에

37 앞에서 보았듯이, 스피노자는 미래의 어느 날 정신적인 것들에 대해서도 완전히 알 수 있게 된다는 입장을 가지고 있다.

38 스피노자와 데이빗슨 모두에게 속성의 독립성은 오히려 개별체를 동일하게 만든다.

대한 지식에 의존해야 한다. 그러나 미래의 어느 날, 우리는 정신적인 것들에 대해서도 완전히 알 수 있게 될 것이다. 이것이 스피노자와 데이빗슨 모두 하나의 사건, 즉 개별체를 인정하면서도 그 사건이 스피노자에게는 중성적 사건(정신적 사건이면서 동시에 물리적 사건)이고, 데이빗슨에게는 물리적 사건이 되는 이유이다.

스피노자의 관점에서는 데이빗슨처럼 정신적 사건을 우리가 물리적 어휘들로 설명할 수밖에 없다는 이유로 정신적 사건을 물리적 사건으로 간주하는 것은 문제가 있다. 언젠가 정신의 법칙이 발견되어서 심리적 어휘들에 의해서도 물리적 사건들을 설명할 수 있게 되거나, 또는 정신적 사건들이 심리적 어휘들에 의해서만 설명된다면, 정신적 사건은 더 이상 물리적 사건이라고 주장할 수 없게 된다. '정신적 사건은 물리적 사건과 동일하다'라고 주장하는 것과 '정신적 사건을 현재로는 (정신 법칙을 아직 발견하지 못했기 때문에) 물리적 어휘들로 설명할 수밖에 없다'라고 주장하는 것은 다르다. 데이빗슨은 전자와 후자를 구분하지 못한 것으로 여겨진다. 데이빗슨이 전자가 아닌 후자의 입장을 견지했더라면, 스피노자와 같은 사유의 영역을 공유할 수 있을 것이다.

이처럼 정신의 법칙이 존재하지 않는 것이 아니라 아직 발견하지 못한 것이라면, 데이빗슨처럼 정신적 사건들이 물리적 속성들에 의해 설명된다고 속단하는 것은 문제가 있다. 스피노자의 관점에서는 데이비슨이 너무 일찍 정신 세계의 무법칙을 단언해 버렸다. 심리학이 아직 자연과학만큼 발달하지 않았기 때문에 정신적 사건들의 법칙이 없는 것으로 보일 수 있다. 그러나 스피노자는 지금까지의 지식으로는 우리가 물리적 법칙만을 알고 있으나, 언젠가는 정신 세계의 법칙에 대해서도 알게 될 것이라는 가능성을 배제하고 있지 않다.

즉 정신 세계의 법칙들은 존재하지 않는 것이 아니라, 아직까지 알려져 있지 않은 것뿐이다. 이러한 관점에서 볼 때, 우리는 스피노자에게서 데이빗슨보다 더 현대적이고, 미래지향적인 모습을 발견할 수 있다.

스피노자의 심신 동일론은 이렇게 현대 심리철학에서 데이빗슨의 개별자 동일론과 흥미 있게 비교되고 있다. 데이빗슨의 개별자 동일론이 심신 문제를 해결한 것은 아니며, 스피노자의 심신 동일론이 심신 문제를 해결한 것은 더욱 더 아니다. 사실 심신문제는 아직까지 해결되지 않은 상태에 있으며 앞으로도 계속해서 논의될 것으로 생각된다. 여기에서 데이빗슨의 이론은 그 해결의 실마리가 될 수 있는 하나의 길을 제시하여 놓았다고 생각한다. 그것이 비록 불충분하긴 하지만, 일단 유형 동일론의 단점을 극복하였다는 점만 보더라도 심신 문제를 해결할 수 있는 실마리를 주었다고 볼 수 있다. 그러나 데이빗슨 이전에 일찍이 스피노자가 개별자 동일론의 관점에서 자신의 이론을 전개했던 것으로 미루어 보아 심신 문제의 해결에 대한 최초의 실마리는 스피노자에 의해 제시되었다고 할 수 있다. 이와 같이 스피노자의 심신론은 현대 심리철학에서 활발하게 논의되고 있는 심신 문제에 하나의 암시를 줄 수 있다는 점에서 그 의의를 찾을 수 있겠다.

스피노자가 심신론의 분야에서 남긴 업적으로 두 가지를 제시하고 싶다. 그것은 첫째, 플라톤에서부터 중세, 르네상스를 거쳐서 데카르트에 까지 전반적인 흐름에 따라서 이어져 내려오는 정신과 신체의 이원론적인 사고에 대하여 처음으로 명백하게 반대했다는 점이다. 물론 그 이전에도 일원론적인 입장을 견지한 철학자들이 있었지만 스피노자의 경우에서처럼 철저하게 그리고 타당성 있게 일원론의 입장을 밝힌 것은 처음이라고 하겠다. 둘째는 스피노자의 심신 동일론이 현대 심리철학의 심신 문제에 하나의 해결의 가능성을 제시했다는 점이다. 중성적 일원론에 속하는 그의 이론은 같은 일원론이면서도 유형 동일론이 부딪히는 난점들-유물론적 일원론과 환원적 동일론-을 극복함으로써 심신문제를 해결하고자 하였던 것이다. 또한 여기에서는 언급하지 않았지만 스피노자의 심신론은 스트로슨의 인격설과 비교되기도 하고, 인지과학 이론과도 비교되기도 한다. 이처럼 스피노자의 심신론은 심신 문제에 대한 현대적 접근들과 일치되는 내용들을 가지고 있을 뿐만 아니라, 심신 문제의 해결에 하나의 통찰력을 제공해 줄 수 있을 것이다.

이 같은 이유에서 스피노자의 심신론이 여러 면에서 불충분한 점이 있음에도 불구하고 그의 이론에 상당한 의의를 부여하고 싶다. 철학에서 인간의 정신과 신체의 관계를 문제 삼는 것은 '인간이란 무엇인가'라는 인간의 본질 규명을 위한 하나의 기본적인 작업이라고 생각한다. 그러므로 인간의 정신과 신체에 대한 문제는 우리 모두의 관심사일 것이다. 그런 한 심신문제는 철학에서 계속 논의될 것이며, 여기에 스피노자 심신론은 하나의 가치 있는 고전적 이론으로서 그 해결의 가능성을 암시해 주리라고 생각한다.

| 제4장 |

근대적 개인의 형성

1. 근대적 개인의 형성

'근대'는 '개인'의 막을 올린 시대이다. 현대의 사회심리학자 모스코비치(Moscovici)는 누구든 자신에게 근대가 낳은 가장 중요한 발명이 무엇인가라고 묻는다면, 주저 없이 이렇게 답하겠다고 말한다. "그것은 바로 '개인'이다"라고. 근대이전에 인간의 정체성은 가족이나 부족, 종교와 같은 '집단'에 기초해서만 확인할 수 있었다. 물론 근대의 개막 이전에도 '인간'은 분명 존재하였지만 '개인'은 존재하지 않았다. 그런데 근대는 전통적인 '집단성의 지배체제'(the regime of collectivity)를 해체시킴으로써 '인간'을 '개인'으로 변화시키는 과정을 가속화시켰다. 그리하여 인간은 그 자신이 보유한 독립적이고 특유한 사고, 감정, 목적, 이익, 이성으로서 특징화되는, 과거에는 찾아볼 수 없었던 전적으로 새로운 하나의 인종, 즉 개인으로 재탄생할 수 있게 되었다.

본래 개인(individual)이란 '나눌 수 없는(in-divide)'의 뜻을 지닌다는 점에서, 역시 '더 이상 쪼갤 수 없다'는 뜻을 지닌 자연과학의 개념인 원자(A-tom)에 대응하는 존재다. 그것은 사회에 적용된 원자, 즉 사회를 이루는 불가분의, 침해되거나 파괴될 수 없는 사회의 최소 단위인 셈이다. 근대의 주요 사상들, 즉 데카르트의 정초주의, 주체의 철학, 홉스를 필두로 하는 근대적인 사회계약론, 칸트의 계몽주의, 밀의 자유론 등이 모두 바로 이런 개인 개념의 연장선상에 있음은 두말할 필요가 없을 것이다.

이런 점에서 '개인'이라는 개념 자체가 곧 '근대적 개인'을 함의한다고 해도 과언이 아니다. 우리는 이런 '근대적 개인'의 특성들을 간과하고 근대를 이해했다 말할 수 없으며, 더 나아가 여전히 근대의 막강한 영향 아래에 놓여 있는 현대를 제대로 이해하리라 기대할 수 없다. 현대를 규정하는 커다란 두 축인 자본주의와 진화론적 세계관 역시 개인 이해의 도움 없이는 그 개념파악조차 불가능할 것이다. 자본주의는 사적인 이익을 추구하는 것이 정당화되는 개인들에, 그리고 진화론은 생존 경쟁을 벌이는 개체들에 기반을 둔 체제이자 이론이기 때문이다.

'근대적 개인'은 합리적 자의식을 극도로 계발한 개인이라는 점에서 원시 시대의 신화적 자의식, 고대의 비극적 자의식, 중세의 종교적 자의식을 가진 개인과 다르고 무의식의 발견에서 비롯한 감성적 자의식을 중시하는 현대의 개인과도 다르다. 근대적 개인의 정체를 찾는 연구는 현대인의 뿌리 찾기에 해당하는 아주 기초적이며 기본적인 탐구이다. 개성, 정체성, 자아 발견은 디지털 시대와 사이버 문화 속에서 살아가는 현대의 개인조차 좀처럼 양보하거나 포기하지 않는 삶의 목표이다. 서양 근대 철학 사상은 개인에 대한 깊고 넓은 성찰을 담고 있다. 그럼 근대 합리론자들을 중심으로 근대적 개인의 형성 과정을 살펴보기로 하자.[39]

1) 데카르트의 이원론적 개인

근대 합리론자들은 심신 문제를 연구하고 해결하면서 '근대적 개인'이라는 개념을 형성했다. 데카르트의 사유하는 실체로서의 개인, 스피노자의 양태로서의 개인, 라이프니츠의 단자적 개인 등은 모두 심신 문제에 대한 연구를 바탕으로 정립된 근대적 개인의 개념이다.

39 서론 부분은 서양근대철학회 2003년도 학진 과제인 "근대적 개인의 형성에 관한 철학적 기초 연구" 연구계획서를 참조하였다,

데카르트를 비롯한 근대 철학자들은 심신 문제를 해결하기 위해서 정신과 신체의 관계를 여러 방법으로 설명하려고 시도하였다. 그들은 이 문제에 대해 상호작용설, 기회원인론, 평행론 등의 이원론적 관점과 유물론, 관념론, 이중측면설 등의 일원론적 관점으로 나누어서 논의를 활발하게 진행했다. 근대철학자들의 이러한 논의들은 데카르트가 발견한 근대적 개인, 즉 사유하는 자아 개념의 한계를 극복하고 개인 개념을 발전시키기 위한 노력의 일환이었다.

또한 심신 문제와 관련된 데카르트의 근대적 개인의 문제점을 살펴보고, 이를 해결하기 위한 스피노자와 라이프니츠의 시도들을 고찰해 볼 것이다. 라이프니츠의 유심론적 일원론이 데카르트의 이원론을 극복한 듯이 보이지만, 그의 유심론적 개인은 신체가 배제되는 또 다른 문제점을 가진다. 그러나 우리는 데카르트와 라이프니츠의 문제점이 해소될 수 있는 실마리를 스피노자의 일원론에서 찾아 볼 수 있다. 왜냐하면 스피노자는 라이프니츠처럼 개인 개념에서 신체를 배제하지 않으면서도 (또한 유물론자들처럼 정신을 배제하지 않으면서도) 데카르트의 이원론이 가진 한계를 극복하려고 시도하였기 때문이다. 따라서 먼저 데카르트의 문제점을 지적한 후, 라이프니츠의 해결책과 문제점을 살펴볼 것이다. 그런 다음, 이중측면설에 기반을 둔 스피노자의 양태적 개인에 대해 심신론적 관점에서 탐구해 보고자 한다.[40] 또한 데카르트와 라이프니츠와 비교해서 스피노자의 일원론이

---

40 시대적으로 스피노자가 라이프니츠보다 앞에 있지만 라이프니츠의 문제점이 스피노자 심신론에서 해소될 수 있다는 관점에서 이러한 순서로 탐구할 것이다. 이와 비슷한 관점에 따라 사하트는 근대철학사에서 라이프니츠를 스피노자 앞에 놓았다. Richard Schacht, Classical Modern Philosophers : Descartes to Kant (Routledge & Kegan Paul, 1984). R. 사하트, 『근대철학사 : 데카르트에서 칸트까지』 정영기, 최희봉 역 (서울 : 서광사, 1993).

가질 수 있는 장점도 살펴보고자 한다. 이러한 탐구를 통해 우리는 스피노자 개인 개념의 정체성을 밝힐 수 있을 뿐만 아니라 근대적 개인의 형성 과정을 조명해볼 수 있을 것이다.

근대적 개인에 대한 논의를 진행하기 위해서 앞 장에서 지적한 데카르트의 문제점을 다시 한 번 언급해 보기로 하자. 기계론적 세계관의 물체 개념에는 흙이나 돌 같은 것뿐만 아니라 식물, 동물과 같은 것들도 포함되어 있다. 생명의 유무에 따른 구별, 즉 흙이나 돌 같은 이른바 '생명이 없는 것들'과 식물이나 동물 같은 '생명이 있는 것들' 간의 구별은 더 이상 유효하지 않게 된 것이다. 이는 죽어 있는 것으로 여겨지는 것이든 살아 있는 것으로 여겨지는 것이든 크기, 모양, 운동이라는 동일한 원리에 의하여 설명될 수 있다는 점에서는 구별되지 않는다는 것을 의미한다. 이처럼 근대 과학의 기계론은 영혼이나 정신과 같은 형상의 원리를 추방함으로써 이 세계를 물질만 존재하는 기계적 세계로 만들었다.

그러나 문제는 인간의 경우이다. 인간 역시 신체를 가진 존재라는 점에서 물체의 범주에 들어간다. 그렇다면 인간을 설명하는 데에도 영혼이나 정신은 더 이상 필요가 없다는 말인가? 데카르트는 기계론적 세계에서 추방된 영혼이나 정신을 인간에게 귀속시킴으로써 사유하는 실체로서의 '근대적 개인'을 만들었다. 그렇지만 데카르트는 연장하는 실체인 신체도 개인의 본질을 구성하고 있다는 사실을 부인할 수가 없었다. 그래서 그에게 인간만은 연장 실체인 신체와 사유 실체인 정신을 가진 예외적인 존재가 되었다. 이 때문에 한 개인이 두 개의 다른 법칙, 즉 기계적 세계의 법칙과 정신 세계의 법칙(자유의지)을 동시에 따라야 하는 모순된 결과에 직면하게 되었다. 데카르트의 근대적 개인은 두 개의 법칙 사이에서 딜레마에 빠진 개인이

되어 버린 것이다.

기계론적 원리에 의해 움직이는 개인의 신체와 그러한 원리에 의해 지배받지 않고 자유 의지를 가진 정신이 서로 아무런 관계도 없이 병존만 한다면 이러한 딜레마를 벗어나기 어렵다. 그래서 데카르트는 개인의 신체가 기계적 자연의 법칙에 따르지 않고, 정신의 의지와 결정에 따라 행동한다고 주장함으로써 해결책을 제시하고자 한다. 이러한 인과 관계를 설명하기 위해 그는 송과선이라는 가설을 내세웠다. 이것은 뇌의 뒷부분에 있는 송과선을 통해 정신이 자신의 의지를 신체에 전달하고, 또한 신체가 자신의 활동을 정신에 전달한다는 가설이다. 이러한 심신상호작용설 덕분에 근대적 개인은 자연의 법칙을 따르지 않는 독립된 존재가 될 수 있었고, 또한 자연을 인식 대상으로 삼는 주체적 자아가 될 수 있었다. 이로써 근대적 개인은 신으로부터 독립된 존재일 뿐만 아니라 물리적 세계인 자연으로부터도 독립된 존재가 된 것이다.[41]

그렇지만 데카르트의 근대적 개인은 정신과 신체를 두 개의 실체로 인정했다는 점에서 문제가 발생한다. 한 개인이 두 개의 실체로 구성되어 있다는 그의 주장은 현대에 와서는 '기계 속의 유령'이라는 비판을 받게 되고, 신체 이외의 사유하는 실체의 존재에 대한 주장은 '범주적 오류'라는 지적을 받기도 한다. 또한 두 실체 간의 인과적 상

---

41 데카르트의 자아 개념을 사유하는 자아로 규정하는 것은 일반적인 관점이다. 예를 들어 김정주는 "그러므로 자아는 사유하는 실체로 규정된다. 데카르트는 사유하는 자아를 물체로부터 독립해 있는 실체로 규정하고, 이 자아는 연장되어 있지 않고 따라서 합성되어 있지 않기 때문에 단순한 실체라고 한다"라고 말한다(김정주, 「데카르트와 칸트의 "Cogito"」, 한국칸트학회 『칸트연구』 제4집, 141쪽). 그러나 우리는 데카르트의 자아 개념에 신체도 포함되어 있다는 점을 간과해서는 안 된다. 그리고 이 정신과 신체의 관계가 데카르트가 안고 있는 문제점 중의 하나인 것이다.

호작용을 설명하기 위해 내세운 송과선이라는 가설은 오늘날 전혀 근거 없는 것으로 판명되었다. 이러한 가설에 기반을 둔 데카르트의 심신상호작용설은 사람들을 만족시킬 수 없었고, 하나의 문제점으로 남게 되었다.

데카르트 이후 합리론자들의 과제는 이러한 '근대적 개인'의 한계를 극복하는 것이었다. 겔링크스와 말브랑슈와 같은 데카르트주의자들은 그의 실체 이원론을 받아들였지만, 문제가 되는 심신간의 인과적 상호작용은 받아들이지 않았다. 그들은 두 실체 간의 상호작용을 부정하는 대신에 신이 양자를 매개시키고 있다는 기회원인론을 주장한다. 예를 들어, 나의 정신이 팔을 들어올리기를 원할 때, 신은 나의 팔을 움직이기 위한 기회가 된다. 이렇게 그들은 신의 인과적 개입의 탓으로 심신간의 상호작용이 가능하다고 주장한다. 이 이론은 신을 끌어들임으로써 데카르트의 두 실체 간의 모순을 해결해서 그의 실체 이원론을 유지하려는 시도이다. 하지만 기회원인론은 데카르트의 심신상호작용설에 대한 궁색한 변명으로 여겨질 뿐만 아니라, 실체 이원론으로는 심신 문제의 해결이 불가능하다는 것을 오히려 보여주고 있다.

2) 라이프니츠의 해결책 : 단자적 개인

우리는 라이프니츠의 근대적 개인을 단자 개념에서 찾을 수 있다. 그에게 단자란 개별적 실체의 연속선상에서 발전된 완성된 실체개념이다. 이 완성된 실체개념인 단자를 라이프니츠는 연장이 배제된 정신적인 어떤 것으로 간주한다. 라이프니츠의 단자 개념은 '원자' 개념에서 기초했다. 그러나 라이프니츠는 단자 개념을 설명할 때 원자들이 갖고 있는 연장을 배제시킨다. 라이프니츠에게 진정한 개체란 더 이상 분할할 수 없는 것이어야 한다. 왜냐하면 분할 가능하다면 그것은 분할된 것들의 집합일 뿐이기 때문이다. 일반적인 물리적 원자들은 물리적으로 분할될 수 없을지라도 그들이 공간을 갖고 있는 한, 이념적으로는 무한히 분할될 수 있다. 그렇기 때문에 모든 단순한 물리적인 원자들은 라이프니츠에게 비실재적이다. 동일한 속성, 즉 사유 속성만을 가진 정신적인 단자들만이 자연의 참된 실체들이며, 사실상 사물들의 요소라고 주장한다.

그리고 이 단자들이 모여서 물체를 형성한다고 주장한다. 라이프니츠에게 물체는 단자들로 이루어진 집합체, 즉 단자들의 합성체인 것이다. 따라서 물체는 진정한 개별체가 아니라, 짐승 떼와 같은 모임들이다. 그렇다면, 여기에서 '단자가 정신적인 것이라면 그것이 모여서 어떻게 물질적인 합성체가 성립하는가'라는 문제가 제기된다. 다시 말해 '단자가 정신적인 것이라면, 그것이 모여서 어떻게 물질적인 합성체가 성립될 수 있는가'라는 문제이다. 그러나 '물체는 정신적인 단자들이 모여서 된 것'이라는 라이프니츠의 주장으로부터 '단자와 물체의 관계'를 문제 삼게 되는 이유는, 우리가 데카르트 식의 물체 개념에 익숙해져 있기 때문이다. 즉 물체에서 연장을 배제할 수 없으며, 연장을 배제하면 물체가 아니라고 생각하기 때문이다. 그러나 라이프니츠에게 연장 개념은 상상적인 개념이고, 행위의 근거를 제시하지 못하는 불완전한 개념이기 때문에 물체의 본질을 구성하지 않는다. 따라서 참으로 실재하는 것은 단자뿐이고, 이 단자들의 집합체인 물체는 물질적인 연장 개념이 배제된다. 모든 물체는 공간적인 연장의 성질을 지닌 연속체가 아니고, 단자들로부터 결과된 하나의 현상일 뿐이다. '연장이 배제된 단자'가 '연장이 배제된 물체' 즉 '현상'

을 형성하게 때문에 단자와 물체의 관계는 연장과 관련하여 문제가 생기지 않는다. 이렇게 '정신적인 단자가 어떻게 물질적인 합성체, 즉 물체를 형성하는가?'라는 문제는 '합성체가 물질적인 것이 아니라 단자들에서 결과된 하나의 현상일 뿐'이라는 라이프니츠 특유의 현상론에 의해 설명될 수 있다.

이러한 단자론을 바탕으로 라이프니츠는 인간의 정신과 신체에 관해서 데카르트와 스피노자와 구분되는 독특한 견해를 내놓는다. 인간 정신은 하나의 우월한 단자이고, 인간의 신체는 열등한 단자들로 구성된 현상이다. 정신에 해당하는 주도적인 단자와 신체에 해당하는 하위의 단자들의 집합 사이에 인과적 상호관계는 존재하지 않는다. 그러나 인간의 신체를 구성하는 하위적 단자들에서 일어난 변화는 상위 단자인 정신 내에서 변화를 일으키게 되고, 그 반대도 마찬가지이다. 이렇게 인간의 정신과 신체는 인과적 상호작용이 없으면서도 두 개의 정확한 시계처럼 매순간 일대일 대응을 한다는 점에서 라이프니츠의 심신론은 심신 평행론으로 불린다. 그리고 이러한 평행 관계는 신의 예정 조화의 원리에 의해 가능하다.

라이프니츠의 심신론은 단자론과 관계해서 새로운 근대적 개인의 개념을 제시해 주고 있다. 라이프니츠는 사유 속성을 가진 단자들로 구성된 집합체인 신체를 하나의 현상으로 간주했다. 이러한 현상론의 덕택으로 그는 개인 개념에서 신체를 배제할 수 있었다. 이는 정신 즉 하나의 상위의 단자만이 진정한 개인이 된다는 것을 의미한다. 라이프니츠는 분할 불가능한 단순 실체인 단자를 '나눌 수 없는(in-divide)'의 어원을 지닌 개인(individual) 개념으로 잘 정립하였다. 이렇게 라이프니츠는 개인을 참된 실재 즉 실체로 인정함으로써 근대적 개인의 또 다른 특징을 보여주고 있다.

라이프니츠의 실체 개념은 개별화의 원리를 설명해 주고 있을 뿐만 아니라 사유 속성을 가진 실체만을 인정함으로써 데카르트의 문제점을 해결한 것처럼 보인다. 그러나 라이프니츠의 문제점은 정신과 신체의 평행한 관계가 신의 예정조화에 의해 이루어진다는 점이다. 기회원인론과 마찬가지로 심신 관계를 설명하는데 신을 도입하는 것은 진정한 해결책이라고 할 수가 없다. 또 다른 문제점은 사유 속성을 가진 실체만을 인정했다는 점이다. 신체는 사유 속성을 가진 실체 즉 단자만으로 구성되어 있는 현상으로 간주되었다. 신체는 연장 속성을 전혀 가지고 있지 않는 비물질적인 것으로 간주된 것이다.[42]

3) 스피노자의 일원론적 개인

(1) 양태적 개인

데카르트가 남긴 심신 문제를 해결할 수 있는 방법에는 하나의 실체만을 인정하는 일원론을 주장하는 방법이 있다. 관념론, 유물론 등은 그러한 방법들이다. 특히 현대 철학에서는 주로 유물론적인 방법으로 데카르트의 문제들을 해결하려고 한다. 이것은 정신을 부정함으로써 인간을 물질로 단순화하는 방법이다. 그러나 스피노자는 물질을 부정하는 관념론, 정신을 부정하는 유물론 등 다른 것을 부정하

---

42 이정우는 라이프니츠의 작업을 담론사적 관점에서 긍정적으로 평가하고 있다(이정우, 「개체, 힘, 주름: 라이프니츠의 자연철학」, 한국철학사상연구회 『시대와 철학』 제10집, 267-268). 그는 데카르트의 경우처럼 세계 전체를 기계화하고 정신과 신체를 따로 떼어내어 다른 세계를 마련하는 기형적인 세계관을 비판하면서 라이프니츠가 근대의 한 가운데에서 탈 근대적 사유를 추구했다고 주장한다. 즉 라이프니츠는 등질적이고 관성적인 그 당시의 세계관에 복수성의 개념과 에너지의 개념을 도입함으로써 과학적 탈사물화에 저항하고 세계의 충만한 역동성을 구제하려는 최초의 시도를 했다는 것이다.

는 방법은 임시방편일 뿐 진정한 해결책이 될 수 없다고 생각하였다. 그는 정신과 물질이 포함된 하나의 실체를 제시함으로써 데카르트의 잘못된 실체관에서 발생하는 심신 문제를 해결하고자 하였다.

스피노자에 의하면 자연 안에는 오직 하나의 실체만이 존재한다. 데카르트가 사유하는 것과 연장된 것을 두 개의 다른 실체로 인정하는 것과는 달리, 스피노자는 사유와 연장이라는 속성들을 가진 하나의 실체만을 인정한다. 이 하나의 실체가 사유의 속성 아래에서 고찰되면 그것은 사유하는 실체로, 연장의 속성 아래에서 고찰되면 연장된 실체로 인식된다. 따라서 사유하는 실체는 개념적으로는 연장된 실체와 다른 실체로 이해되지만, 실재성의 측면에서는 이 두 실체들은 하나의 동일한 실체이다.

데카르트에게 사유와 연장은 각각 유한 실체인 정신과 물체의 속성이다. 따라서 정신은 사유하는 실체이고, 물체는 연장된 실체이다. 스피노자는 데카르트의 사유와 연장이라는 두 가지 성질을 계승한다. 그러나 정신과 물체를 실체로 인정하고 각각 사유와 연장을 속성으로 본 데카르트의 이원론적 견해에 반대하면서 사유와 연장을 동일한 실체의 두 속성으로 보고 있다. 데카르트에게 무한 실체인 신과 유한 실체인 정신과 물체 등 세 개의 실체가 있는 반면, 스피노자는 신 즉 자연이라는 하나의 무한 실체만을 인정한다.[43] 정신과 물체는 실체의 본질을 각각 사유 속성과 연장 속성 아래에서 표현하는 양태일 뿐이다. 데카르트에게서 유한 실체였던 정신과 물체는 스피노자

43 신 즉 자연과 관련하여 햄프셔는 스피노자가 무신론자라고 주장한다. 왜냐하면 스피노자는 신의 의지의 행동이 우주를 창조하였다는 점, 즉 인격적인 신의 가능성을 부인하였기 때문이다. Stuart Hampshire, Spinoza (New York: Penguin Books, 1951), 53쪽.

에게서는 그 실체성을 상실한 채, 실체의 양태에 불과하게 되었다.

스피노자에게 양태란 실체가 변한 모습이다. 다시 말해 양태란 실체가 속성들을 통해서 여러 가지 형태로 나타난 것이다. 따라서 양태는 실체 안에 존재하며, 실체에 의해 이해될 수 있을 뿐이다. 실체가 그 자신만으로 존재하고 다른 것을 필요로 하지 않는 반면에, 양태란 다른 존재 즉 실체가 있음으로써 존재가 가능한 것이다. 이처럼 양태는 실체를 떠나서는 존재할 수도 없고, 이해될 수도 없다. 또한 양태는 실체 안에 포함되지만 단순히 실체의 일부분으로 존재하는 것이 아니라 변화된 상태로 존재한다. 스피노자에게 존재하는 것은 엄격히 실체(신, 자연)와 신적 본성의 필연성(자연의 법칙)으로부터 도출되는 양태뿐이다. 양태가 실체로부터 변화하는 것은 필연적이고, 양태는 무한한 방식으로 무한히 많이 산출된다. 인간도 실체가 아니라 이러한 양태이다.[44] 스피노자는 인간이 자연에서 유일한 공간을 소유하고 있는 것이 아니라, 자연의 일부분으로 존재할 뿐이라고 보았다.

또한 그는 양태를 무한 양태와 유한 양태로 분류하여 설명하고 있다. 다시 무한 양태는 직접 무한 양태와 간접 무한 양태로 구분된다. 직접 무한 양태는 실체의 절대적 본성에 의해서 생겨나는 양태로서 사유의 속성에 따르는 지성(신의 절대 무한 지성)과 연장의 속성에 따르는 운동과 정지가 있다. 간접 무한 양태란 유한한 개물(個物)의 전체를 의미하는 것으로서 전 우주의 얼굴이다. 그리고 유한 양태는 특수한 각각의 개별적인 사물들이다. 이렇게 절대적으로 무한한 신으로부터 -신의 사유와 연장이라는 속성으로부터-접 무한 양태가 따라 나오고, 직접 무한 양태로부터 간접 무한 양태가 따라 나온다. 그리고 이

44 Karl Jaspers, Spinoza, trans. Ralph Manheim (New York and London: A Harvest books, 1966), 37쪽.

간접 무한 양태로부터 유한 양태가 따라 나온다(E1P21).[45] 그리고 이 유한 양태는 세계를 구성하고 있는 개물(個物)들이다. 따라서 스피노자에게 개인의 존재론적 지위는 바로 이 유한 양태들이다.[46] 개인이라는 양태는 사유 속성 하에서는 정신 양태로 연장 속성 하에서는 신체 양태로 이해된다. 다시 말해 정신과 신체는 각각 다른 방식에서 표현된 동일한 개별자(양태)이다.

사실상 스피노자는 개체화에 대해 구체적이고 명시적인 진술을 하지 않았기 때문에 그의 개체화 이론을 정립하는 것은 쉽지 않다.[47] 이러한 이유는 그가 개별보다 전체를 중요시하는 철학자이기 때문이다. 예를 들어 스피노자에게 전체로서의 자연 즉 실체는 모든 부분적인 개체들을 포함하고 있는 가장 큰 개체가 된다.[48] 그럼에도 불구하

---

45 H. A. Wolfson, The Philosophy of Spinoza, vol. 1 (New York: Shocken Books, 1961), 216쪽 참조.

46 이제부터 사용되는 '양태'라는 용어는 특별히 언급하지 않으면 유한 양태를 의미한다.

47 Steven Barbone, "What Counts As an Individual for Spinoza?" in Spinoza: Metaphysical Themes(Oxford University Press, 2002) ed. Olli Koistinen and J. Biro, 90쪽.

48 김은주도 스피노자 개체 개념의 이러한 특징을 지적하고 있다(김은주, 「스피노자에서 양태의 무한성과 유한성」, 서울대학교 철학과 『철학논구』 제30집, 89-91쪽). 하나의 개체로 규정된 양태는 그것보다 더 외연이 넓은 개체의 부분이 되고 더 나아가 자연 전체를 구성하는 부분이 된다. 그래서 자연 안의 모든 개체는 부분들 간의 일시적인 협력 상태에 지나지 않게 된다. 다시 말해 우리 신체는 하나의 개체가 되고 우리가 부분으로 속해 있는 공동체는 더 큰 하나의 개체가 되고 이 공동체 역시 더 큰 개체에 속하는 부분이 된다. 그리고 이러한 개체적 질서가 전체 자연(무한 양태)에 이르기까지 무한정하게 나아간다. 그래서 김은 "스피노자에게 개체는 자기동일성을 갖는 안정적 체계가 아니라 다른 개체로 이행해 가는 과정의 한 국면, 일종의 준안정적(metastable) 구조와 같은 것이라 할 수 있다"(김은주, 같은 논문, 90쪽)라고 주장한다. 필자는 이러한 개체화 과정을 데카르트와 라이프니츠와는 구분되는 스피노자의 장점이라고 생각한다. 스피노

고 돈 가렛, 라이스, 도너건 등 일부 학자들은 『윤리학』 2부 정리 13 주해 이하의 물체론에 주목하면서 개체화 과정을 설명하고자 한다. 스피노자에게 모든 개체는 질료적 요소와 형식적 요소로 이루어져 있다. 그리고 개체를 개체이게끔 하는 것은 다름 아닌 '운동과 정지의 특정비율'이라는 형식적 요소라는 것이다. 각 개체가 다르게 가지고 있는 운동과 정지의 패턴이 그 개체를 유지하는 원리가 된다. 이 운동량과 정지량이 연장된 공간 안에 상이하게 분배되고, 그 결과 단순한 물체들 간의 구별이 생겨나고, 복합적 물체도 운동과 정지의 특정비율에 따라 단순한 물체들로 구성된 복합 개체가 된다. 이처럼 스피노자에게 운동과 정지는 개체를 개체이게끔 하는 개체화 원리가 된다.[49] 그러나 여기에는 다음과 문제가 있을 수 있다. 앞에서 언급했듯이 운동과 정지는 연장의 속성 아래에서 고찰된 실체의 직접 무한양태이다. 그렇기 때문에 운동과 정지의 원리는 물체만 적용되는 연장의 개체화 원리일 뿐이다. 그렇다면 사유의 개체화는 어떻게 진행되는가? 우리는 유감스럽게도 스피노자에게서 정신에 적용되는 사유의 개체화 원리를 찾을 수 없다. 그러나 일부 학자들은 이 문제를 그들이 선호하는 평행론에 의해서 설명한다. 그들은 평행론에 의거해서 사유의 개체화 과정을 연장의 개체화 과정에 대응시킨다. 스피노자의 평행론에 의하면 정신과 신체가 하나의 법칙과 질서에 따라 일대일로 대응하면서 평행하게 나아가기 때문에 사유의 개체화 과정

자의 양태로서의 개체는 다른 개체들과 단절된 개체가 아니다. 그의 '개체'는 신의 도움 없이도 다른 개체와 협력하는 개체로서 모든 개체들은 유기적으로 상호 연결되어 있다.

49 D. Garrett, "Spinoza's Theory of Metaphysical Individuation" in Individuation and Identity in Early Modern Philosophy (State University of New York Press, 1994) ed. Kenneth F. Barber and J.J.E. Gracia, 73-101쪽 참조.

은 연장의 개체화 과정에 그대로 따르고 있다는 것이다. 그러나 연장의 개체화 원리에 의존하지 않는 사유의 개체화 원리를 찾을 수 없는 것은 문제점으로 지적된다.[50]

(2) 실체일원론과 이중측면설

많은 학자들은 스피노자가 일원론적 사유 방식으로 데카르트의 이원론을 극복하려고 했다는 사실에는 동의한다. 그러나 그가 어떤 형태의 일원론을 주장하고 있는지에 대해서는 의견이 분분하다. 그의 심신론은 유물론, 관념론, 동일론, 평행론, 부수현상론, 질료형상론, 이중측면설 등 다양하게 해석된다.[51] 따라서 우리의 과제는 그의 일원론의 정체성을 밝히는 것이다. 정신과 물질 중 어느 하나만을 인정하는 일원론은 스피노자적 사유 방식이 아니라는 것이 필자의 관점이다.[52] 스피노자는 일반적으로 양자택일의 방법을 택하지 않는다.

---

50 이 글에서는 개체화 이론에 대한 구체적인 논의를 하지 않을 것이다. 왜냐하면 우리의 주제는 심신론적 관점에서 스피노자의 개인 개념을 고찰하는 것이기 때문이다. 개체화 이론에 관한 논의는 다음 논문을 참조하기 바란다. Lee C. Rice, "Spinoza on Individuation", in Spinoza Essays In Interpretation, ed. E. Freeman and M. Mandelbaum (LaSalle: Open Court, 1975), 195-214쪽. A. Donagan, "Spinoza's Proof of Immortality", in Spinoza: Critical Assessments of Leading Philosophers, vol. 2, ed. G. Lloyd (Routledge, 2001), 349-363쪽.

51 질료형상론적 해석에 대한 비판은 다음 논문을 참조하기 바란다. 박삼열, 「스피노자의 형이상학에 대한 질료형상론적 해석」, 한국철학회 『철학』 제74집, 105-128쪽.

52 일부 학자들은 『윤리학』 5부에서의 '정신의 영원성'에 대한 진술에 기인하여 스피노자의 심신론을 관념론으로 해석한다. 그러나 김익현은 정신의 영원성의 문제를 사후 존재의 문제로 간주하지 않는다(김익현, 「스피노자철학에서의 정신의 영원성과 직관지」 철학연구회, 『철학연구』 제50집, 87-109쪽). 김은 정신의 영원성의 문제를 실체의 관점에서 양태를 인식하는 직관지의 관점에서 이해한다. 그래서 김은 인간 정신이 자기의 본성에 따라 영원하고 필연적인 것을 인식하고

그의 사유 방식은 신, 정신, 물질 등 존재한다고 생각되는 모든 것은 포용하는 것이다. 필자는 이러한 그의 사유방식을 가장 잘 반영한 이론이 이중측면설이라고 생각한다. 왜냐하면 이중측면설은 정신적 속성과 물리적 속성을 모두 수용하는 하나의 실체 또는 사건을 주장함으로써 정신과 물질 중 어느 것도 배제하지 않는 이론이기 때문이다. 이중측면설에 대한 정의는 다음과 같다.

> 이중측면설은 심신 관계에 관한 이론으로서 정신적 사건과 물리적 사건은 하나의 기본적인 단일체의 평행한 표현들이라고 주장한다. 이중측면설은 물질적인 과정과 의식적인 과정의 상호 불호환성을 주장한다. 그래서 유물론이나 관념론에 의해 하나가 다른 하나로 환원되는 것이 불가능하다. 마치 동일한 곡선에 대한 오목한 관점과 볼록한 관점처럼 두 개의 과정이 동일한 실재의 다른 측면일 뿐이라고 간주함으로써 이중측면설은 유물론이나 관념론으로 치우치는 것을 극복한다. 또는 다른 친숙한 비유에 따르면 물리적 사건들과 정신적 사건들은 실제로 다른 언어들에서 표현된 동일한 사실들이다. 이 이론의 가장 특징적인 점은 …… 신체와 정신 또는 정신과 신체 사이의 인과적 상호작용의 가능성을 확고하게 한다는 것이다. 이중측면설은 상호작용을 평행론이나 수반 개념으로 대체시킨다.[53]

위의 정의에서 우리는 이중측면설이 동일론과 평행론을 함축하고 있는 학설이라는 것을 알 수 있다. 그리고 스피노자 심신론의 핵심은

느끼는 것, 즉 영원의 상 아래에서 생각하는 상태를 정신의 영원성으로 이해하고 있다.

53 James Mark Baldwin (ed), Dictionary of Philosophy and Psychology, vol. 1 (New York: Macmillan, 1901), 295-296쪽; 필자의 강조.

정신과 신체가 동일하다는 것이며, 이러한 동일성의 기반 위에서 평행론이 주장되고 있다. 이는 그의 심신론이 동일론적 진술과 평행론적 진술을 함축할 수 있는 이론으로 해석되어야 한다는 것을 의미한다. 또한 그 해석은 동일론과 평행론간의 관계를 모순 없이 설명할 수 있는 것이어야 한다. 그런데 동일론과 평행론 사이에 양립할 수 없는 문제가 있다. 그것은 동일론이 정신과 신체의 합일을 주장하는 일원론인 반면, 평행론은 정신과 신체가 평행선을 그리면서 전개되는 심신간의 분리를 주장하는 이원론이라는 점이다. 그러나 실체 일원론과 속성이원론에 기반을 둔 이중측면설은 동일론과 평행론을 양립 가능한 이론으로 잘 조화시킨다.[54] 실체 일원론으로부터 우리는 정신과 신체가 하나의 동일한 개별체라는 이론을 추론해 낼 수 있으며, 속성 이원론으로부터는 물리적 속성과 정신적 속성은 동일한 속성이 아니라 두 개의 다른 속성이라는 것을 추론해 낼 수가 있다. 스피노자에게 정신은 사유의 속성 아래에서 이해된 실체의 양태들이고, 신체는 연장의 속성 아래에서 이해된 실체의 양태들이다. 따라서 연장하는 실체와 사유하는 실체가 하나이고 같은 실체이듯이 '연장하는 실체의 양태와 사유하는 실체의 양태', 즉 '정신과 신체'도 하나이고 같은 양태이다. 하나의 실체가 어떤 때는 연장하는 실체로 어떤 때는 사유하는 실체로 나타나듯이, 하나의 개별체가 어떤 때는 연장하는 것(신체)으로, 어떤 때는 사유하는 것(정신)으로 나타난다. 이렇게

54 이중측면설(double aspect theory)의 프랑스어와 독일어는 이 이론이 동일론과 평행론을 함축하고 있다는 것을 간접적으로 시사해 준다. "Ger. psycho-physischer Parallelismus [psycho-physical parallelism] (not an adequate equivalent, unless connected with the identity theory of mind and body-K.G.); Fr. Theorie de l'unite a deux faces [double-faced unity theory]; Ital. teoria del doppio aspetto [double aspect theory]"(같은 책, 295쪽; 필자의 밑줄).

정신과 신체는 두 개의 기술들을 가진 하나의 개별체이다. 그는 정신과 신체의 동일성을 주장할 때마다, 개별체로서의 동일성을 제안했고 속성들은 서로 다른 유형으로 남겨 두었다.

우리는 스피노자가 일관성 있게 이중측면설을 주장했다는 사실을 그의 『윤리학』을 통해서 알 수 있다. 그럼 이중측면설과 관련된 원문들을 살펴보기로 하자.

> 사유하는 실체와 연장된 실체는 한편으로는 이 속성 아래에서, 다른 한편으로는 저 속성 아래에서 이해되는 하나이고 같은 실체이다. 그러므로 연장의 양태와 그 양태의 관념은 두 개의 다른 방식에서 표현된 하나이고 같은 것이다. (E2P7S)

> 예를 들어, 자연 속에 존재하는 원과 신 안에 존재하는 원의 관념은 두 개의 다른 속성을 통해서 설명되는 하나이고 같은 것이다. 그러므로 자연이 연장의 속성에 의해서 생각되든 사유의 속성에 의해서 생각되든, 또한 다른 어떤 속성에 의해서 생각되든, 우리들은 하나의 동일한 질서, 또는 원인들의 동일한 연결 즉 동일한 것이 상호 계기하는 것을 발견할 것이다. (E2P7S)

> 관념의 질서와 연결은 사물들의 질서와 연결과 동일하다. (E2P7)

위의 진술들은 '정신과 신체란 동일한 개별체가 두 가지 측면으로 평행하게 표현된 것'이라는 이중측면설의 핵심적인 주장을 그대로 반영하고 있다. 첫 번째 인용문은 정신과 신체가 각각 사유와 연장이라는 두 개의 다른 속성 아래에서 나타나는 동일한 것이라는 사실을 알려준다. 그리고 두 번째 인용문은 정신과 신체가 하나이고 동일한 것이기 때문에 원인들에 대한 하나의 동일한 질서와 연결만이 존재한다는 사실을 알려준다. 이렇게 하나의 질서와 연결이 있다면, 마지막 인용문에서처럼 정신의 질서와 연결들은 신체의 질서와 연결들과 동일하다는 사실이 정립된다. 이러한 설명들은 이중측면설과 관계해서 다음과 같이 정리될 수 있다. ① '이중측면설에서의 동일성' : 정신과 신체는 두 개의 다른 방식에서 표현된 하나이고 같은 것이다. 그러므로 ② 오직 하나의 원인들의 질서와 연결만이 존재한다. 결과적으로 ③ '이중측면설에서의 평행론' : 정신의 질서는 물체(신체)의 질서와 같다. 이처럼 이중측면설은 정신과 신체의 동일성과 일대일 대응관계를 함축하는 스피노자의 심신론을 가장 잘 반영하고 있는 해석이다. 이러한 이중측면설에 기반을 둔 스피노자의 양태적 개인은 정신 양태와 신체 양태의 동일성을 추구하는 일원론적 개인이다.

2. 근대적 개인의 한계와 일원론적 개인

1) 데카르트와 스피노자

지금까지 우리는 스피노자의 근대적 개인의 정체성을 올바르게 정립하기 위해서 심신 문제를 중심으로 많은 논의를 하였다. 필자가 정립한 스피노자의 양태적 개인은 이중측면설에 기반을 둔 일원론적 개인 개념이었다. 필자는 그의 일원론적 개인이 데카르트의 분열된 이원론적 개인의 문제점을 해결할 수 있을 뿐만 아니라 라이프니츠의 신체가 상실된 유심론적 개인의 한계도 극복할 수 있는 개념이라고 생각한다. 그럼 스피노자의 일원론적 개인이 데카르트와 라이프니츠의 개인 개념과 비교해서 가질 수 있는 장점들을 구체적으로 살펴보기로 하자.

사실상 데카르트의 근대적 개인의 문제점은 많은 부분이 심신 문제에서 비롯되었다. 첫 번째 데카르트의 근대적 개인은 정신과 신체라는 두 개의 실체로 구성되어 있다. 즉 그의 근대적 개인은 사유하는 실체와 연장된 실체라는 분열된 모습으로 나타난다. 하나의 개별체로서의 개인이 하나의 실체가 아니라 두 개의 실체가 된다는 것은 결코 설득력 있는 이론이 아니다. 반면에 스피노자는 자연 안에는 오직 하나의 실체만이 존재한다는 실체 일원론을 주장하는데, 이는 데카르트와 구분된다. 데카르트가 사유하는 것과 연장된 것을 두 개의 다른 실체로 인정하는 것과는 달리, 스피노자는 사유와 연장이라는 속성들을 가진 하나의 실체만을 인정한다. 실체 일원론에 바탕을 둔 스피노자의 근대적 개인은 데카르트처럼 사유 속성과 연장 속성을 각각 소유한 두 개의 실체로서의 개인이 아니다. 그의 개인은 두 개의 속성을 동시에 소유하고 있는 유일한 실체의 양태로 표현되는 일원론적 개인이다.

두 번째 데카르트의 두 개의 실체로서의 개인을 문제삼지 않고 인정한다고 하더라도 데카르트가 해결해야 될 또 다른 문제점은 사유하는 실체인 정신과 연장된 실체인 신체와의 관계를 설명하는 것이었다. 그는 송과선이라는 가설을 토대로 심신상호작용론을 주장하면서, 심신간의 연합을 시도하였다. 이처럼 데카르트가 의도한 것은 두 실체 간의 분리가 아니라 연합을 모색하는 것이었다. 그러나 결과적으로 연합의 원리를 설명하는 데 실패했기 때문에 그의 개인은 여전히 두 개의 실체로 분열된 개인으로 남게 된 것이다. 이에 반해 스피노자의 일원론적 개인은 두 개의 실체로 분열된 개인이 아니다. 데카르트는 정신과 신체를 두 개의 서로 다른 실체로 인정했기 때문에 서로의 연합을 설립하는 데 어려움에 빠지게 되었다. 스피노자는 데카르트의 심신론의 이러한 문제점을 보았고, 그래서 정신과 신체의 관계를 다른 방법에서 설립하려고 했다. 우리는 실체 이원론과 속성 이원론을 주장한 데카르트와는 달리, 스피노자가 실체 일원론과 속성 이원론을 주장하는 것을 보았다. 스피노자의 유일 실체관은 데카르트가 만든 정신과 신체의 심연을 잇는 다리가 된다. 하나의 실체가 사유의 속성 아래에서 고찰되면 그것은 사유하는 실체로, 연장의 속성 아래에서 고찰되면 연장된 실체로 인식된다. 따라서 사유하는 실체는 개념적으로는 연장된 실체와 다른 실체로 이해되지만, 실재성의 측면에서는 이 두 실체들은 하나의 같은 실체이다. 이것은 실체의 양태인 정신과 신체에도 그대로 적용된다. 스피노자에게 정신과 신체는 어떤 때는 사유의 속성에 의해서 또 다른 때는 연장의 속성에 의해서 이해되는 동일한 양태(개별체)이다. 스피노자는 각각 다른 속성을 가진 정신과 신체를 동일한 개별체로 인정하게 함으로써 데카르트가 고민했던 심신간의 연합을 설립했던 것이다.

세 번째 데카르트는 인간 정신이 지닌 자유의지가 기계론적 자연관 모순되기 때문에 자연에서 인간 정신을 떼어내어 사유하는 실체를 만들었다. 그 결과 인간의 신체는 자연의 일부인 물체임에도 불구하고, 그것은 자연의 법칙을 따르지 않고, 자유의지라는 정신의 명령, 즉 정신의 법칙을 따라 행동한다. 이렇게 데카르트는 신체를 정신의 법칙에 종속시킴으로써 개인의 본질을 사유하는 자아로만 규정하려고 시도하였다. 근대적 개인은 데카르트에 의해 신체를 박탈당할 위기에 놓이게 된 것이다. 그러나 이러한 위기를 극복하는 스피노자의 방법은 의외로 간단하다. 정신을 다시 자연으로 귀속시켜 데카르트의 물질적 자연을 정신과 물질을 포함하는 자연으로 만드는 것이었다. 데카르트와는 달리 스피노자는 자유의지를 인간 정신의 상상이나 착각으로 간주하면서 부정하였기 때문에 기계적인 자연에 정신을 포함시키는 데 전혀 문제가 없었다. 그 결과 그는 정신과 물체로 분리되는 않는 일원론적 자연 즉 하나의 실체를 주장할 수 있었다. 스피노자에 의하면 인간에게 자유의지가 있다고 생각하는 사람들은 인간이 자연의 일부임에도 불구하고 자연의 공통법칙을 따르는 것이 아니라고 간주한다. 오히려 그들은 자연 밖에 존재하는 사물처럼 자신의 능력대로 자유롭게 행동할 수 있다고 본다. 즉 그들은 자연 안의 인간을 자연의 질서에 순응하지 않는 존재 즉 자신의 의지에 따라 자유롭게 행동할 수 있는 존재로 보는 것이다. 이는 마치 왕국 안에 또 다른 왕국을 만든 것처럼 부조리하다. 자연의 법칙과 규칙은 항상 동일하고 자연 안에 존재하는 모든 사물은 이 자연의 보편적인 법칙에 따르지 않으면 안 된다(E3Pref). 따라서 스피노자에게는 하나의 자연만이 존재하기 때문에 자연은 공통된 하나의 법칙을 가지고 있다. 데카르트처럼 정신의 법칙과 물체의 법칙이 따로 있는 것은 아니다. 따라서 하나의 자연에 속하는 정신과 신체는 공통된 자연의 법칙을 따른다. 이렇게 스피노자에게 신체는 더 이상 정신의 법칙에 종속되는 것이 아니라, 공통의 법칙을 따름으로써 정신과 동등한 관계를 맺게 된다.

네 번째 데카르트의 개인 개념의 또 다른 문제점은 인간과 개인 개념의 구분이 명확하지 않다는 점이다. 그의 철학 체계에서 개별화의 과정에 대한 설명을 찾아볼 수 없다. 그의 사유하는 실체는 정신 일반과 개별적 정신 모두를 지칭하면서 양의적으로 쓰이고 있다. 또한 연장된 실체도 물질 일반과 개별적 물체 모두를 지칭하는 양의적 의미로 쓰이고 있다. 정신 일반과 개별적 정신을 구분하는 원리가 제시되지 않고, 마찬가지로 물질 일반과 개별적 물체를 구분해 주는 원리도 제시되고 있지 않다. 이렇게 데카르트의 근대적 개인은 개별화의 원리가 설명되지 않은 불명확한 개념이다. 반면에 우리는 스피노자에게 개별화의 원리를 찾을 수 있다. 그것은 다름 아닌 유한 양태라는 개념이다. 스피노자는 우선 실체와 양태를 구분한다. 양태는 무한 양태와 유한 양태로 구분되고, 무한 양태는 다시 직접 무한 양태와 간접 무한 양태로 구분된다. 간접 무한 양태란 과거에 존재했던 개체들이나 미래에 지속될 모든 개체들의 총화로서 전 우주의 얼굴 즉 자연 전체이다.[55] 그리고 유한 양태는 무한 양태라는 자연 전체(무한 양태)를 구성하는 개물들이다. 자연 속에 존재하는 모든 개물은 바로 유한 양태이다. 그리고 이 유한 양태가 사유 속성을 따르면 정신이 되고, 연장 속성을 따르면 물체(신체)가 된다. 이렇게 스피노자는 데카르트와는 달리 개별화의 과정에 대한 설명이 있다.

2) 라이프니츠와 스피노자

라이프니츠 역시 데카르트의 근대적 개인의 문제점을 인식하고 있었다. 그래서 그는 데카르트의 개인 개념이 가지는 한계를 극복하고자 시도하였다. 그의 근대적 개인은 데카르트처럼 개별화의 원리를 설명하지 못하는 개인도 아니고, 이원론적으로 분열된 개인도 아니다. 우선 라이프니츠의 단자적 개인은 개별화의 과정을 잘 설명해

55 직접 무한 양태에는 사유의 속성에 따르는 무한 지성이 있고, 연장의 속성에 따르는 운동과 정지가 있다.

주고 있다. 그는 더 이상 나눌 수 없다는 원자조차도 연장 속성을 가지고 있는 한, 분할 가능하다고 생각하였다. 그는 연장 속성을 배제된 단자 즉 정신적인 단자들만이 자연의 참된 실재라고 생각하였다. 그래서 라이프니츠에게 물체들은 개체가 아니라 정신적인 단자들로 구성된 집합체일 뿐이다. 이는 개체가 될 수 있는 것은 단자들뿐이라는 사실을 의미한다.[56] 그리고 식물, 동물, 인간 등 유기체들은 단순한 집합체인 물체와는 달리 주도적인 단자(영혼)를 소유하고 있기 때문에 그 자체로 하나의 개체가 된다. 여기에서 우리는 그의 근대적 개인은 이성적 영혼이라는 주도적인 단자를 소유하고 있는 개인이라는 것을 알 수 있다. 즉 라이프니츠의 단자적 개인(individual)은 더 이상 분할 불가능한(in-divide) 이성적 단자(영혼)들로 이루어진 개인 개념이다. 이처럼 라이프니츠의 단자적 개인은 개별화의 원리를 무리 없이 잘 제공하고 있다.

그러나 그의 개인 개념의 문제점은 여전히 데카르트처럼 개인을 실체로 규정한다는 점이다. 스피노자가 데카르트와 라이프니츠와 구별되는 중요한 차이점이 있는데, 그것은 다름 아닌 개인을 실체가 아닌 양태로 규정했다는 점이다. 실체란 존재하기 위해서 다른 어떤 것도 필요로 하지 않는 독립된 존재이다.[57] 따라서 개인을 실체로 규정했을 경우 개인과 개인과의 관계는 단절된다. 그래서 라이프니츠는 신을 도입함으로써 단절된 개인과 개인의 관계를 연결하고자 한다. 신의 예정조화에 의해서 단자적 개인은 다른 단자적 개인과 관계

56 단자 개념은 『형이상학 서설』의 '개별적 실체'라는 개념에서 유래하였다. 우리는 '개별적 실체'라는 이름에서도 단자가 개별체를 의미한다는 것을 볼 수 있다.

57 Rene Descartes, 앞의 책, 51절. 실체 개념에 대한 정의는 합리론자마다 조금씩 다르지만 기본적으로 이 정의에서 벗어나지 않는다.

를 맺으며 세계 전체의 조화로운 합일에 이를 수 있다. 그러나 스피노자처럼 개인을 양태로 규정한다면 개인과 개인의 관계를 신을 매개로 해서 설명할 필요가 없게 된다. 스피노자에게 실체는 불변하는 반면 양태는 계속 생성 소멸하고 변화한다. 또한 실체는 자존적인 존재인 반면 양태는 그 자체로 존재할 수 없는 의존적인 존재이다. 실체는 양태의 내재적 원인이기 때문에 양태들은 실체 안에 존재하다. 이렇게 양태는 실체를 떠나서 존재할 수 없는 실체에 의존하는 존재이다. 또한 유한 양태들은 실체의 경우와는 달리 자립성이 부정되기 때문에 다른 유한 양태들과 상호 의존적으로 관계를 맺으며 존재한다. 하나의 유한 양태가 존재하기 위해 다른 유한 양태가 필요로 하고, 다른 유한 양태들은 또 다른 유한 양태를 필요로 한다. 따라서 유한 양태인 개인의 존재는 모든 다른 유한 양태들과 인과적으로 연결되어 있다. 스피노자의 양태적 개인은 데카르트의 사유하는 개인이나 라이프니츠의 단자적 개인처럼 독자적으로 존재하는 단절된 개인 개념이 아니다. 그의 양태적 개인은 다른 개인들과의 유기적 관계 속에서 상호 의존함으로써 존재하는 개인이다.[58] 비록 무한 양태와

---

58 홍영미는 코나투스 이론과 관련해서 흥미로운 관점을 제시한다(홍영미, 「스피노자의 코나투스 이론」, 서강대학교 비교사상연구원 『신학과 철학』 제6집, 317-322쪽). 홍은 스피노자의 자아를 자기존재를 유지하려는 일시적이고 물리적 자아와 자기존재를 유지하려는 이성적이고 영원한 자아로 분류한다. 홍은 스피노자에서의 인간을 신체-정신 단일체로 보면서 인간의 참다운 본질을 이성적인 자아로 규정한다. 그래서 "스피노자가 인간을 참으로 인간이게 하는 것은 사유라는 속성을 본질로 하는 정신적 측면에 있음을 강조한다"(홍영미, 같은 논문, 319쪽)라고 말한다. 그러나 진정으로 자아가 보존하고자 하는 것은 이성적인 측면의 자기보존뿐만이 아니라 물리적인 측면의 자기보존도 포함한다. 왜냐하면 정신과 신체의 코나투스는 그의 동일론과 평행론에 의해서 하나의 법칙에 따라 평행하게 진행되기 때문이다. 코나투스는 스피노자의 개별자 개념의 특징 중의 하나이다. 그러나 이 글의 목적은 심신론적 관점에서 그의 개인 개념의 정체성을 밝히

유한 양태의 관계에서 무한과 유한의 넘기 힘든 간격이 있다는 비판을 받기도 하지만,[59] 스피노자의 개별화된 유한 양태 개념은 데카르트와 라이프니츠와는 구분되는 근대적 개인 개념이다.

다른 한편, 라이프니츠는 단자적 개인이라는 일원론적 개인을 주장함으로써 데카르트의 이원론적 개인의 한계를 극복한 것으로 여겨진다. 그러나 그의 일원론적 개인의 문제점은 신체를 상실한 유심론적 개인이라는 점이다. 데카르트의 분열된 이원론적 개인을 극복하는 방법에는 유심론적 개인만을 인정하거나 또는 유물론적 개인만을 인정하는 방법이 있다. 라이프니츠는 전자의 방법을 택했다. 그러나 스피노자의 관점에서는 물질을 부정하는 유심론, 정신을 부정하는 유물론 등은 허울만 좋은 단순성일 뿐이다. 그는 정신과 물질 중 어느 것도 배제하지 않은 일원론적 개인을 정립하는 것이 데카르트의 문제를 해결하는 진정한 방법이라고 생각하였다.[60] 그래서 그는 정신과 신체가 동일한 개별체(양태)의 다른 측면일 뿐이라고 간주하는 이중측면설을 주장하였다. 이중측면설에 기반을 둔 근대적 개인은 사유 속성과 연장 속성을 동시에 가지고 있는 실체의 양태로서의 개

는 것이다. 그렇기 때문에 이 글에서 '코나투스' 문제는 다루지 않을 것이다. 개별체와 코나투스에 관한 간략한 논의는 다음을 참조하기 바란다. Roger Scruton, Spinoza (Oxford and New York: Oxford University Press, 1986), 59-63쪽. 로저 스크러턴, 『스피노자』 정창호 역 (서울: 시공사), 87-92쪽.

59 스피노자에서의 양태의 무한과 유한에 대한 문제는 다음 논문을 참조하기 바란다. 김은주 「스피노자에서 양태의 무한성과 유한성」, 서울대학교 철학과 『철학논구』 제30집, 77-94쪽. 이 논문은 앞에서 인용했듯이 개체화의 문제도 언급하고 있다.

60 스피노자의 몇몇 진술들은 우리로 하여금 그의 심신론을 관념론이나 유물론으로 해석하게 하는 경향이 있다. 스피노자 심신론에 대한 관념론적 해석과 유물론적 해석에 대한 비판은 다음 논문을 참조하기 바란다. 박삼열, 「스피노자의 심신론 : 심신동일론과 평행론」, 철학연구회 『철학연구』 제53집, 139-147쪽.

인이다. 그의 이중측면적 개인은 정신이나 물질을 배제하지 않을 뿐 아니라 유심론이나 유물론 중 어느 한쪽으로도 치우치지 않은 일원론적 개인이다. 하나의 개인이 어떤 때는 정신적 개인으로 어떤 때는 물질적 개인으로 나타난다. 이렇게 스피노자는 정신과 신체를 동등하게 인정하고 있을 뿐만 아니라 정신과 신체가 동일한 양태로서의 근대적 개인을 주장하였다.[61]

3) 이중측면설에 기반한 양태적 개인

스피노자는 자신의 실체 일원론으로부터 유물론이나 관념론으로 치우치지 않은 심신 동일론을 추론하였고, 이 동일론의 기반 위에서 심신간의 평행론을 주장하였다. 이중측면설은 동일론과 평행론을 모두 함축하고 있는 이론으로 스피노자의 심신론을 가장 잘 반영하고 있는 이론이라고 할 수 있다. 이중측면설에 의하면 정신과 신체는 두 개의 다른 개별체가 아니라 두 개의 측면을 지닌 하나의 동일한 개별체이다. 따라서 이중측면설에 바탕을 둔 양태적 개인은 사유 속

---

61 스피노자의 일원론적 개인은 데카르트의 이원론적 개인과 라이프니츠의 유심론적 개인의 문제점을 해결한 것으로 보인다. 그러나 정신과 물체의 본질인 사유 속성과 연장 속성들이 이제는 하나의 실체에 속하게 되는 문제가 발생하였다. 즉 하나의 실체가 두 개의 본질을 가지게 된 것이다. 더 나아가 스피노자는 사실상 무한한 수의 속성들을 주장하면서, 그 중에서 인간이 지금까지 발견한 속성은 사유와 연장뿐이라는 점을 강조한다. 그렇다면 하나의 실체가 무한한 수의 본질을 가진다는 모순된 결론이 나온다. 따라서 스피노자의 속성개념은 그의 형이상학을 이해하는데 상당히 중요한 개념이다. 그의 속성개념의 성공여부에 따라 그는 데카르트와 라이프니츠의 문제점들을 해결하는 것뿐만 아니라 자신이 제시한 새로운 개인 개념에 정당성을 부여할 수 있기 때문이다. 스피노자의 속성개념의 문제점에 대해서는 다음 논문을 참조하기 바란다. 박삼열, 「스피노자의 속성개념에 대한 객관적 해석의 문제점」, 철학연구회 『철학연구』 제58집, 259-277쪽.

성을 통해 정신이라는 개인으로 나타날 뿐만 아니라, 연장 속성을 통해 신체라는 개인으로 나타나기도 한다. 스피노자의 이중측면설은 정신적 속성과 물리적 속성을 모두 수용하는 하나의 개별체 또는 사건을 주장함으로써 양태적 개인이라는 일원론적 개인을 탄생시킨다. 우리는 스피노자의 양태적 개인이 데카르트처럼 두 실체 사이에서 고민하는 이원론적 개인이 아니고, 또한 라이프니츠처럼 연장이 배제된 관념론적 개인이 아니라는 점에 주목할 필요가 있다. 그의 양태적 개인은 관념론자들처럼 신체를 배제하지 않으면서도 또한 유물론자들처럼 정신을 배제하지 않으면서도 데카르트의 이원론적 개인이 가진 한계를 극복할 수 있는 개념이다.

이렇게 이 글에서 필자가 제시한 양태적 개인 개념은 스피노자의 개인 개념을 올바르게 이해할 수 있는 지표가 된다. 우선 데카르트에게는 정신 일반과 개별적 정신을 구분하는 원리가 제시되지 않고, 마찬가지로 물질 일반과 개별적 물체를 구분해 주는 원리도 제시되고 있지 않다. 그러나 스피노자의 양태적 개인은 무한 양태와 유한 양태를 구분함으로써 개별화의 과정을 설명해 주고 있다. 또한 양태적 개인의 기반이 되고 있는 이중측면설은 심신 일원론과 속성 이원론을 양립 가능한 이론으로 잘 조화시킨다. 속성 이원론을 붕괴하지 않고도 심신 동일성을 주장할 수 방법은 필자의 해석처럼 양태를 개별체로 간주하는 것이다. 더 나아가 스피노자의 양태적 개인은 데카르트의 사유하는 개인이나 라이프니츠의 단자적 개인처럼 독자적으로 존재하는 단절된 개인 개념이 아니다. 그의 양태적 개인은 다른 개인들과의 유기적 관계 속에서 상호 의존함으로써 존재하는 개인이다. 그래서 스피노자는 단절된 개인들을 상호 연결시키기 위해 신을 도입하지 않아도 된다. 또한 스피노자의 양태적 개인은 정신과 신체를 모두 함축하는 일원론적 개인으로 유물론이나 관념론으로 치우치지 않는다. 필자는 이러한 점들이 데카르트와 라이프니츠와 비교해서 스피노자의 개인 개념이 가질 수 있는 장점이라고 지적하고 싶다. 사실상 라이프니츠의 개별화 이론은 데카르트와 스피노자에 비해 상당히 구체적이고, 발달되어 있다.[62] 다만 이 글에서는 데카르트와 라이프니츠의 이론이 가지는 몇 가지 문제점을 지적하고, 그러한 점들이 스피노자의 일원론에서는 해소될 수 있다는 점을 강조하였다.

3. 탈근대적 개인 : 키에르케고르의 실존적 개인

데카르트의 근대적 개인, 즉 '생각하는 나'는 나와 타자가 모두 '사유'라는 동일한 본질을 가진 개인이다. 따라서 근대적 개인은 모두가 동일한 본질을 가진 평균적 개인에 불과하다. 키에르케고르는 이러한 데카르트의 '생각하는 나'를 진정한 개인으로 간주하지 않는다. '생각하는 나'는 개인들의 차이를 구분해 주지 않는 개념으로서 보편적 자아에 불과하기 때문이다. 그래서 그는 데카르트의 근대적 개인 개념에서 벗어나 진정한 개인의 정체성을 확립하고자 하였다. 또한 그는 헤겔이 주장하는 보편적 정신의 존재도 부정하고, 인간 정신을

62 라이프니츠의 개체화 이론에 대한 구체적인 논의는 다음 논문을 참조하기 바란다. 박우석, 「라이프니츠에게 있어서의 個差와 개체적 본질」, 철학연구회 『철학연구』 제42집, 81-100쪽. 배선복, 「라이프니츠의 개별자의 존재원칙」, 한국철학회 『철학』 제62집, 107-131쪽.

어디까지나 개별적인 것으로 보아 개인의 주체성을 강조한다. 따라서 키에르케고르는 주체성을 가진 '실존적 개인'이라는 탈 근대적 개인 개념을 제안한다.

실존 철학의 시대적 배경은 1, 2차 세계 대전 전후이다. 1, 2차 세계 대전의 쓰라림을 맛본 서구인들은 사회, 정치 ,과학 등의 외적인 진보에 실망을 느끼고, 개인의 주관적인 내면으로 눈을 돌린다. 힘차게 전진할 것만 같았던 인류역사가 수렁에 빠지게 되고, 이러한 충격으로 인간의 내면에 대해 심각하게 통찰하게 되고, 그 결과 인간이 병들었다는 것을 절실하게 느끼게 된다.

실존 철학의 선구자, 키에르케고르는 19세기 자본주의, 기계문명, 산업사회, 물질문명의 문제점으로 대중화를 지적한다. 그에게 대중이라는 것은 추상적인 비개성적인 존재의 집단에 불과하다. 대중 즉 모든 사람은 아무 의미가 없을 뿐 아니라, '아무도 아닌 하나의 거대한 어떤 것', 즉 '추상적인 공허자'일 뿐이다. 키에르케고르에게 인간은 주체적인 존재, 자유를 지닌 존재, 개성을 갖춘 존재이다. 그런데 자본주의의 기계문명으로 인해 이러한 개성, 자유, 주체성을 상실함으로써 인간은 자기가 아닌 남이 살 듯 살아가고, 나 아닌 나로 살게 되었다. 자신의 주체성을 찾기 위한 최소한의 노력조차 잃어버린 것이다. 키에르케고르는 이런 시대를 수평화 시대라고 부른다. 정열을 잃어버리고, 무턱대고 이성을 내세우면서 공론을 일삼을 뿐만 아니라, 근원적 구별이 없이 공장, 회사 등의 집단으로 조직화되어서 개성을 상실함으로써 개인이 수평화되고, 평균화되었다는 것이다. 이렇게 대중화로 인해 개인은 주체성을 상실하고, 대중 속에서 병든 상태로 남아 있게 되었다. 따라서 키에르케고르는 병든 상태에서 반항하여 발버둥 치면서 거기서 빠져 나와 원래의 건강한 신체와 정신을 되찾는 '실존적 개인'을 주장한다.

'실존'이란 우선 '현실 존재', 즉 '지금 여기에 있는 존재'를 의미한다. 실존은 '죽은 존재'가 아니라 생명이 있는 '살아 있는 존재'이다. 그러나 실존이란 특히 인간의 존재를 나타내는 술어로 사용된다. 즉 실존은 살아 있는 '모든' 존재가 아니라 살아 있는 '인간' 존재만을 의미한다. 이 때 인간은 전체로서의 인간, 즉 인간 일반을 의미하는 것이 아니라 개인으로서의 인간을 의미한다. 실존 철학은 인간의 일반적 본질보다도 개개인의 실존, 특히 타자와 대치할 수 없는 독자적 실존을 강조한다. 결국 실존은 '개인의 삶의 방식', 즉 '살고 있는 개 개인의 존재 방식'이라고 할 수 있다.

이때까지의 서양철학의 주류는 개별보다 보편을 중요시했다. 플라톤의 이데아, 아리스텔스의 형상, 중세의 보편 실재론, 데카르트의 사유하는 자아, 헤겔의 절대 정신 등이 그 예이다. 이들은 차이점보다 공통점을 중요시한 철학자들이다. 특히 중세의 보편 실재론은 개별적인 인간에서 공통점은 뽑고 차이점은 버리는 추상(抽象)과 사상(捨象) 작업을 통해 보편적인 인간을 만들고, 다시 보편적인 동물, 생물, 존재를 만들면서 보편이 실재한다는 입장으로서 개인의 주체성을 무시한 대표적인 예이다. 이러한 서양 철학의 전통에 반대해서, 키에르케고르는 보편적 진리보다 주체적 진리를 진정한 진리로 인정하고, 이를 개인의 삶에서 찾고자 하였다.

한 개인의 삶은 1회에 불과하고, 타인과 교환이 불가능하기 때문에 고유한 의미를 자기 속에 가지고 있다. 그래서 나의 삶에서 내가 직접 체험하는 것만이 문제가 되며, 그 속에서 찾은 진리만이 나에게 참된 진리가 되는 것이다. 키에르케고르는 개인의 삶의 중요성을 강조하가 위해 신약 성서의 한 구절을 패러디한다. "사람이 만일 온 천

하를 얻고도 제 목숨을 잃으면 무엇이 유익하리요. 사람이 무엇을 주고 제 목숨을 바꾸겠느냐"[63]라는 구절을 다음과 같이 패러디한다. "사람이 비록 전 세계를 잃어버리더라도 그의 영혼을 상치 않다면 무엇을 염려하리오." 이 패러디 구절을 통해 우리는 이 세계보다 개인이 더 중요하다는 그의 개인주의적 성향을 볼 수 있다. 개인은 과거와 현재와 미래를 통틀어 전 우주에 하나밖에 없는 유일한 존재이고, 그 개인의 삶 역시 고유한 의미를 지닌 유일한 삶이기 때문에 무엇보다 중요하다는 것이 키에르케고르의 입장이다. 이렇게 그의 실존적 개인은 자신의 삶을 중요시하기 때문에 진화론, 지동설 등의 객관적 진리, 과학적 진리의 문제에는 전혀 관심이 없다. 지구가 둥글든, 네모나든, 또는 지구가 태양을 돌든, 태양이 지구를 돌든, 그러한 것에 대한 이론들은 남의 구경거리에 불과할 뿐, 나에게는 실제로 아무 소용이 없는 것이다. 왜냐하면 그러한 진리는 보편적 진리일 뿐, 본래적으로 내 것이 아니기 때문이다. 그에 의하면 진정한 진리란 하늘이 무너지고, 땅이 꺼져도 끝까지 붙잡고 매달릴 수 있는 것이어야 한다. 그러한 진리는 나의 삶의 깊은 뿌리와 서로 얽혀져 있을 때 발견될 수 있다. 즉 개개인의 삶의 체험을 통해서만 얻을 수 있는 것이다. 또한 그러한 진리는 타인과 교환이 불가능하기 때문에 다른 사람이 자신의 삶 속에서 얻은 진리가 나에게는 진리가 될 수 없다. 나의 삶이 너의 삶이 될 수 없고, 너의 삶이 나의 삶이 될 수 없기 때문이다. 나의 삶 속에서 내가 직접 체험을 통해서 얻는 진리, 즉 체험적 진리만이 나에게 의미가 있을 뿐이다. 이러한 진리는 모두에게 공통되는 보편적 진리가 아니라, 개인마다 다르게 가지고 있는 주체적 진

63 마태복음 16장 26절.

리이다.

주체적 진리의 중요성을 설명하기 위해서 키에르케고르는 하나의 예화를 든다. 어떤 사람이 〈하나님의 사랑〉이라는 책을 썼는데, 많은 사람들이 이 책을 읽고, 감명을 받았다. 그리고 이 책은 곧 베스트셀러가 되었다. 그런데 이 책의 저자는 자신의 삶에서 실제로 큰 고난과 시련을 겪게 된다. 이런 저런 시도와 고민 끝에 결국 어떤 목사를 찾아가 익명으로 상담을 받게 된다. 그 손님이 누구인지 모르는 목사는 그에게 당신과 같은 시련을 겪는 사람에게 아주 적합한 책이 있다고 하면서 『하나님의 사랑』이라는 책을 읽을 것을 권한다. 그리고 이 책을 읽고도 시련을 이겨내지 못한다면, 당신은 앞으로 구원을 얻기 힘들 것이라고 말한다. 이 예화를 통해서 키에르케고르는 '실존' 즉 '개인의 삶'의 중요성을 강조하고자 한 것이다. 자신의 삶은 타인과 교환될 수 없기 때문에 자신의 삶 속에서 생기는 문제는 남이 어떻게 해결해 줄 수 있는 것이 아니다. 이런 저런 책이나 이론들은 다 소용이 없다. 왜냐하면 실존은 사유될 수 있는 것이 아니라, 체험해야 하는 것이기 때문이다. 이때까지 학문은 누구에게나 들어맞는 객관적 진리를 추구하였다. 그러나 진정한 진리란 자신의 삶에서 체험을 통해서 얻은 체험적 진리, 즉 주체적 진리이다.

그렇다면 어떻게 해서 이 주체적 진리를 얻을 수 있는가? 케에르케고르는 주체적 진리를 얻는 개인의 삶의 방식, 즉 실존을 다음 세 단계로 나눈다.

첫째, 미적 단계이다. 이 단계에서는 현실의 권태감을 없애려 향락을 추구하는 단계이다. 그러나 곧 절망하게 된다. 유한한 인간이 무한한 향락을 추구하는 것이 불가능하다는 것을 깨닫는다. 욕구와 현실의 불균형이 점점 더 심해진다. 그래서 두 번째 단계의 길로 들어

선다.

두 번째 단계는 윤리적 단계이다. 이 단계에서는 양심의 소리에 따라 도덕적으로 살려고 한다. 그러나 도덕적으로 살려고 하면 할수록 자신이 얼마나 비도덕적이고, 나쁜 인간인가를 점점 더 깨닫게 된다. 그리고 아무리 노력해도 완전하게 도덕적으로 될 수 없다는 사실을 깨닫는다. 손은 씻을수록 더러워진다는 말이 있다. 이 말의 의미는 손이 얼마나 더러운지를 가장 잘 알게 되는 때가 바로 손을 씻을 때라는 것이다. 마찬가지로 자신이 얼마나 비윤리적인지를 가장 잘 알게 되는 때가 바로 윤리적으로 살려고 노력할 때이다. 결국 이 두 번째 단계에서도 절망하게 된다. 그래서 세 번째 단계의 길로 들어선다.

세 번째 단계는 종교적 단계이다. 이 단계에서는 자신의 모든 것을 버리고 신 앞에 홀로 나선다. 즉 '신 앞에 선 단독자'가 된 것이다. 이성을 초월한 신앙을 가지는 단계이다. 한 예로 아브라함은 하나님의 명령에 따라 자신의 아들인 이삭을 제물로 바치기 위해 죽이려고 한다. 이것은 두 번째 단계에서는 불가능한 일이다. 왜냐하면 두 번째 단계는 '살인하지 말라'라는 도덕에 따라 살아가야 하는 윤리적 단계이기 때문이다. 그러나 종교적 단계에서는 살인도 가능하다. 그것은 개인의 삶 속에서 체험한 주체적 진리, 즉 신과 자신의 관계에서 얻은 신앙으로 인해서 가능한 것이다.[64] 이렇게 실존 철학은 자기의 내면적 모순을 선택과 결단을 통해 극복하려는 삶의 태도를 추구

---

64 키에르케고르에 의하면 인간은 죽어야할 존재이기 때문에 이에 따른 불안과 절망이 인간의 삶에 항상 따라 다닌다. 그리고 이 불안과 절망이 깊어지면 신앙의 문제가 대두된다. 즉 신앙은 절망이 극에 달했을 때 나타나는 인간이 수행하는 하나의 기적이다.

한다. 키에르케고르의 탈 근대적 개인, 즉 실존적 개인은 국가나 사회라는 전체 속에 해소될 수 없고, 해소되어서도 안 되는 개인이다. 그는 개인의 고유한 의미와 귀중한 가치를 강조한다.[65]

65 사르트르의 분류에 따르면 이와 같은 초월자 또는 신(神)의 존재를 인정하는 야스퍼스나 마르셀은 '유신론적(有神論的) 실존주의자'이고, 사르트르 자신은 '무신론적 실존주의자'임을 주장한다. 즉 사르트르의 생각으로는, 인간에게는 실존이 본질에 선행(先行)하며, 따라서 인간의 본질을 결정하는 신은 존재하지 않기 때문에, 개인은 완전히 자유로운 입장에서 스스로 인간의 존재 방식을 선택하게끔 운명지어져 있다. 만약 인간의 본질이 결정되어 있다면 개인은 다만 그 결정에 따라 살아가기만 하면 되지만, 본질이 결정되어 있지 않다는 바로 그 이유 때문에 인간 한사람 한사람의 자각적인 생활방식이 실로 중요하게 된다. 이런 의미에서 자유는 인간에게 주어진 선물이라기보다는 오히려 무거운 짐인 것이다. 제2차 세계대전 후에 생긴, 자유와 니힐리즘을 표방하는 실존주의의 한 파(派)는 사르트르의 아류(亞流)로서, 사르트르의 자유에 관한 사상을 오해하고 있는 경향이 있다. 물론 이들에게 공통되는 것은 개인의 실존을 중시한다는 점일 뿐, 그 사상 내용에는 상당한 차가 있음에 주의하여야 한다.

| 제5장 |

욕망 개념의 근대적 이해

1. 데카르트와 스피노자

인간에게 있어 욕망이란 무엇이며 어떤 역할을 하는가? 현대의 여러 철학자들은 인간을 이해하는 가장 중요한 개념으로 욕망을 선택하고 있다. 그런데 이러한 욕망에 대한 고찰은 근대에서부터 본격적으로 시작되었다. 대표적으로 데카르트는 이러한 욕망의 존재를 분명히 인식하고 이것의 근거를 추적해나가는 시도를 하고 있는데 이 과정에서 다시 등장하는 것이 바로 정념이다. 데카르트는 정념을 영혼의 수동적 현상으로 이해하며 동물적 정신의 동요로 인해 영혼 속에서 무의식적으로 생기는 변화라고 생각한다. 데카르트에게 영혼의 기능 중 수동적 측면은 정념이고, 능동적 측면은 의지이다. 즉 정념은 신체의 운동이 영혼에 영향을 미친 결과를 영혼이 수동적으로 수용하는 것이라면, 의지는 영혼의 고유한 능동성을 나타낸다. 외부 물체의 운동이 우리 신체에 미친 작용으로 인해 발생한 정기의 운동이 두뇌의 송과선을 통해 영혼 안에 정념을 발생시킨다. 예를 들어 어떤 외부 대상의 공격이 있으면 영혼에는 두려움이라는 정념이 생기며, 영혼은 이런 정념이 생기지 않도록 할 수 없다. 이것이 영혼의 수동성이다. 정념의 대표적인 특성은 바로 수동적이라는 것이다. 데카르트는 감탄, 사랑과 증오, 욕망, 기쁨과 슬픔을 기본적인 여섯 가지의 정념으로 규정한다.

그렇다면 이러한 정념의 근원은 무엇인가? 데카르트는 영혼 안에서 나타나는 정념, 즉 영혼의 수동적 상태는 동물적인 정신, 즉 신경생리학적 메커니즘에 따라 생겨나는 것으로 본다. 결국 정념은 인간의 몸이 영혼에 가하는 속박으로 이해될 수 있다. 비록 데카르트가 정념을 인간 이해의 중요한 요소로 받아들였다는 점에서 기존의 인간 이해와 차이를 보이는 것은 분명하다. 그러나 여전히 데카르트의 경우에도 정념은 궁극적으로 의지의 지배를 받아야 한다는 점에서는 기존의 입장과 크게 다를 바 없으며, 자연적 욕망을 인간이 벗어나야 할 부정적인 것으로 보았다는 점에서 한계를 드러내고 있다. 이러한 한계를 극복하기 위해 우리는 스피노자의 감정론을 고찰해 볼 필요가 있다.[1]

스피노자에 의하면 인간의 본질은 '자신을 보존하려는 욕망'이기 때문에 인간은 더 완전해지려고 한다. 그 결과 인간은 더 완전한 상태로의 이행인 기쁨을 바라고, 덜 완전한 상태로의 이행인 슬픔은 피하려고 한다. 그리고 우리에게 기쁨을 주는 대상은 사랑하고, 슬픔을 주는 대상은 미워한다. 이렇게 자기를 보존하려는 욕망이 인간의 본질이라면 나에게 기쁨을 주는 대상은 나를 더 완전하게 하기 때문에 사랑하고, 슬픔을 주는 대상은 나를 덜 완전하게 하기 때문에 미워하는 것이 정당화되는 것인가? 아니면 데카르트처럼 이러한 감정은 영혼의 정념(passion)이므로 인간이 벗어나야 할 부정적인 것이며, 의지를 통해 정신이 이것을 지배해야 하는 것인가? 스피노자의 윤리학은 두 경우를 모두 거부하고 제3의 길을 제시한다. 그는 우선 감정을 수동감정과 능동감정으로 구분하고, 이를 부적합한 인식과 적합한 인식과의 관계에서 설명한다. 정념, 즉 수동적인 감정은 부적합한 관념에 기반을 두고 있다. 능동감정은 정념의 예속상태에서 벗어나 인간이 자신의 감정을 스스로 결정할 수 있는 감정이다. 그는 감정을 통제하지 못하는 인간의 무력함을 예속이라고 한다. 인간이 이 감정

---

1 서론의 두 문단은 서양근대철학회 2003년도 학진 과제인 "근대적 개인의 형성에 관한 철학적 기초 연구" 연구계획서를 참조하였다,

의 노예 상태에서 벗어나는 길은 외부대상을 적합하게 인식하는 데 있다. 인간 정신은 능동적으로 인식해서 타당한 관념을 가질 때, 모든 수동감정에서 벗어나서 기쁨과 욕망이라는 능동감정을 가지게 된다. 이러한 사실로부터 우리는 정념으로서의 사랑도 같은 방법에 의해 능동적인 사랑이 된다는 것을 알 수 있다. 이처럼 인식론의 도움을 받아 감정을 이용함으로써 감정의 지배에서 벗어나는 것이 스피노자가 제시하는 길이다. 이 길에서 우리는 인식의 최고 단계인 신에 대한 인식에까지 다다를 수 있다. 신에 대한 인식은 우리에게 최고의 기쁨을 주고, 이 기쁨은 신에 대한 지적인 사랑으로 이어진다. 그리고 이 지적인 사랑으로 마음의 평화를 누리게 되고, 최고의 정신적 만족을 얻게 된다. 이것이 인간의 최고 행복인 것이다.

이렇게 스피노자의 감정론의 핵심이 되고 있는 '사랑' 개념은 정념으로서의 사랑, 능동적인 사랑, 신에 대한 지적인 사랑으로 분류된다. 그의 사랑 개념의 전개과정을 이해하기 위해 우리가 먼저 고찰해야 할 이론들이 있다. 왜냐하면 스피노자의 감정론은 인식론과 병행하면서 전개되고, 또한 인식론은 그의 형이상학적 세계관과 맞물려 있기 때문이다. 따라서 우리는 그의 형이상학과 인식론을 가능한 한 간략하게 예비적으로 고찰하고자 한다. 그런 다음, 그의 감정론에 대해 위의 세 가지 종류의 사랑을 중심으로 본격적이고 구체적인 논의를 진행할 것이다.

2. 예비적 고찰

1) 스피노자의 세계관

스피노자의 세계관은 이성에 대한 신뢰를 바탕으로 하는 합리적 세계관이다. 이러한 세계관의 특징은 코페르니쿠스, 갈릴레이, 케플러, 보일, 데카르트 등이 저술한 과학 저작들에서 찾을 수 있다. 이 저작들에서 그들은 이성의 역할을 명시하고, 자연의 모든 현상들이 법칙을 발견했고, 이를 명백하게 만들려고 시도했다. 이러한 합리적 사고는 스피노자에게서 더욱 더 철저해진다. 모든 것은 법칙과 질서에 따라 존재하고 발생할 뿐, 단지 우연이나 변화에 따르지 않는다. 스피노자는 존재하는 모든 것들을 유기적 우주 안에서 하나로 연결하고자 노력하였다. 그에게 우주 전체는 합리적으로 질서 지워지고, 인과적으로 상호 연결된 하나의 존재이다. 그리고 그것 이외는 아무것도 존재하지 않는다. 이렇게 스피노자는 우주를 통일된 하나의 단일체, 즉 하나의 실체로 인정하고 있다. 이는 그의 철학에서 가장 기본적이고 중요한 개념이다. 어떤 대상, 사건, 경험이 고려되든지 그것들은 다른 사물, 사건, 경험들에 의존해 있고, 그것들은 또 다른 무수한 사물, 사건, 경험에 의존해 있다는 것을 발견할 수 있다. 이러한 계속되는 의존관계는 다른 어떤 것에도 의존하지 않는 절대적으로 독립적인 존재에 이를 때까지 무한히 계속될 것이다. 따라서 인과적 연쇄가 무한히 계속되지 않기 위해서 독립적인 존재, 다시 말해 자기 의존적인 존재가 있어야 한다는 것을 동의할 수 있게 된다. 그런데 새로운 문제가 제기될 수 있다. 즉 "자기 의존적인 존재는 무엇인가?", 또한 "이 존재는 자기에게 의존하고 있는 대상, 사건, 경험들의 세계와 어떤 관계에 있는가?"라는 문제가 제기된다. 일반적으로 자기 의존적인 존재인 절대자가 무로부터 세계를 창조하고, 그 세계가 스스로 유지되도록 법칙을 부여하고, 세계로부터는 이탈해 있다고 대답할 수 있다. 또한 절대자는 자신이 창조한 세계에 때때로 기적적인 방법으로 개입하는 전능하고, 초월적인 창조자이다. 이러한 이신론(理神論)적 생각은 스피노자 당시에 거의 일반적이었다. 데카르트 역시 이신론자로서 초월적 절대자의 무로부터의 창조를 인정하였다.

그러나 외부적 창조자와 무로부터의 창조에 대한 주장들은 스피노자를 만족시키지 못했다. 이것은 그의 철저한 합리적 세계관과 상충된다. 그에게 세계는 합리적으로 질서 잡혀져 있고, 인간의 이성으로 이해 가능한 세계이다. 따라서 이 세계를 초월해 있는 다른 존재나 세계를 인정하는 것이나 그 초월적 존재가 이 세계를 창조했다고 생각하는 것 등은 모두 인간의 상상력에 불과하다. 또한 무로부터의 창조와 같은 최대의 기적을 인정하는 것은 이 세계를 제대로 이해하는 데 방해가 될 뿐만 아니라, 세계에 관한 설명을 더 어렵게 만든다. 무로부터의 창조를 합리적이라고 설명하는 것은 거의 불가능하기 때문이다. 따라서 스피노자의 합리적 세계관에서 '초월적 창조자'와 '무로부터의 창조' 개념을 찾아볼 수 없는 것은 당연하다.

스피노자에 따르면, 이 세계에 존재하는 모든 것들이 궁극적으로 의존할 수 있는 절대적 존재, 즉 자기 의존적인 존재가 있어야 한다. 그러나 우주를 초월한 곳에서 절대적 존재를 찾는 신비적 방법은 문제해결에 도움이 안 된다. 그래서 스피노자는 각각의 사물, 사건, 경험 등의 절대적인 토대를 우주 안에서 찾으려고 시도했고, 그 토대는 다름 아닌 각각의 사물, 사건, 경험 등의 모든 체계적인 통일이다. 그래서 스피노자는 '이 세계 내에 존재하는 모든 것들이 체계적으로 통합된 전체'를 자기 의존적 존재로 간주한다. 이 '체계적으로 통합된 전체'로서의 존재는 다른 어떤 것에도 의존할 필요가 없는 자기 의존적인 존재이고, 세계의 모든 사물, 사건, 경험들은 이 존재에 의존하고 있다.[2] 그리고 이 상호 연결된 시스템으로 이해되는 존재는 자연이라고 불린다. 스피노자는 무로부터의 창조를 부정하고, 초자연적인 요소들을 제거함으로써 자연 이외의 어떤 실재성도 인정하지 않았다. 자연은 자존적이고, 스스로 유지되고, 완전히 실재하는 모든 것이다. 그리고 그 모든 것은 하나로 통합되어 있는 단일한 자연이다. 이렇게 자연을 단순화하는 세계관과 자연 이외의 어떤 실재도 인정하지 않는 세계관은 인간이성에 의한 과학적 탐구만으로 세계에 대한 설명이 가능하다는 길을 열어놓고 있다.

스피노자는 우주를 초월한 어떤 존재도 인정하지 않았지만, 그 대신 존재하는 것이라고 불리는 것은 무엇이든지 우주 체계에 포함시키려고 시도하였다. 그래서 그는 물질을 부정하는 관념론, 정신을 부정하는 유물론, 또한 신의 실재성을 부인하는 무신론 등의 허울만 좋은 단순성을 거부하였다. 스피노자에게 정신, 물질, 또한 신마저도 우주 체계에서 자신들의 자리를 가진다. 스피노자에게 신의 자리는 바로 자연의 전 체계이다. 왜냐하면 신은 완전한 자존적인 존재로서 이해되는데, 그의 합리적 세계관에서는 우주체계, 즉 자연이 그러한 존재이기 때문이다. 따라서 '하나이면서 모든 것'이 신이고, 신은 '모든 것인 하나'가 된다.[3] 실체 즉 우주의 전 체계가 그 법칙에 따라

---

2 이러한 관점은 무로부터의 창조의 문제를 피할 수 있게 한다. 이 세계 즉 자연은 무로부터 창조된 것이 아니라 자기 자신을 스스로 생성하고 소멸하는 것이다. 따라서 스피노자에게는 세계 스스로의 변화 생성이 곧 창조가 된다.

3 A. Wolf, "Spinoza", Journal of Philosophical Studies, vol. 2 no. 5 (1927), 15쪽.

무한하게 변화하듯이, 실체 즉 신은 자기 본성의 필연성에 따라 무한하게 변화해야만 한다. 이 변화한 상태가 양태이고, 우리가 살고 있는 세계이다. 스피노자의 이러한 세계관은 신의 본성을 인식하는 데 자연현상에 대한 과학적 탐구가 하나의 방법이 될 수 있다는 점을 보여주고 있다. 우주의 신비에 대한 과학적 탐구와 설명들은 오히려 종교적 설명에 도움을 주는 것이 된다. 이렇게 스피노자의 신관은 과학과 종교 사이에 다리를 놓고 있다.

2) 결정론과 자유의지

스피노자의 세계관은 데카르트의 세계관과의 비교를 통해서 조금 더 구체적으로 설명될 수 있다. 데카르트는 실체개념을 새롭게 정립함으로써 새로운 세계관을 제시한다. 데카르트는 실체를 무한 실체와 유한 실체로 구분한다. 무한 실체는 신이고, 유한 실체는 비록 신에게는 의존하고 있더라도, 세계 안에 있는 어떤 것에도 의존하지 않고 스스로 독립해서 존재하는 것이다. 이 유한 실체는 사유하는 실체인 '정신'과 연장된 실체인 '물체'로 구분된다. 그러나 데카르트는 자연에서 정신을 떼어내어 사유하는 실체를 만듦으로써 다음과 같은 난관에 봉착하게 된다. 그는 자연에서 분리한 정신을 (자연의 일부인) 인간에게 귀속시켰다. 그래서 인간은 사유하는 실체(정신)인 동시에 연장된 실체(신체)가 되었다. 하나의 개별체인 인간이 동시에 두 개의 실체가 된다는 것은 쉽게 이해할 수 있는 주장이 아니다. 그래서 데카르트는 송과선이라는 가설을 내세워 두 실체, 즉 정신과 신체의 관계를 설명했다. 그는 뇌의 뒷부분에 있는 송과선을 통해 정신이 자신의 의지를 신체에 전달하고, 또한 신체가 자신의 활동을 정신에 전달한다는 가설을 만들었다. 그러나 이러한 가설은 사람들을 전혀 만족시킬 수 없었고, 하나의 문제점으로 남게 되었다.

스피노자의 과제는 데카르트의 이러한 문제점을 극복하는 것이었는데, 그의 해결 방법은 의외로 간단하다. 정신을 다시 자연으로 귀속시켜 데카르트의 물질적 자연을 정신과 물질을 포함하는 자연으로 만드는 것이었다. 데카르트가 정신을 자연에서 떼어내어 인간에게만 포함시킨 이유는 인간 정신이 지닌 자유의지가 기계론적 자연관과 모순되기 때문이었다. 5장에서 구체적으로 살펴보겠지만 스피노자는 자유의지를 인간정신의 상상이나 착각으로 간주하면서 부정하였기 때문에 기계적인 자연에 정신을 포함시키는 데 전혀 문제가 없었다. 그 결과 정신과 물체로 분리되지 않은 하나의 실체를 주장할 수 있었다. 그리고 그의 자연관과 범신론에 의해 그 하나의 실체는 다름 아닌 신이 된다. 즉 그에게 실체는 신과 동일시되며, 이 실체 즉 신은 유일성을 지니고 있다. 데카르트에게는 신이라는 무한실체와 정신과 물체라는 유한실체가 있다. 반면에 스피노자에서는 여러 실체들이 하나의 실체로 단순화된 것이다. 이처럼 스피노자의 실체개념은 신의 문제와 정신의 문제 등을 기계론적 세계관에 잘 융해시키고 있다.

스피노자에게 존재하는 모든 것은 신적 본성의 필연성, 즉 우주의 법칙에서 생긴다. 그러므로 자연에는 우연적인 것이 하나도 없고, 존재하는 모든 것은 일정한 방식으로 작용할 수 있도록 신의 본성의 필연성에 의해 결정되어 있다. 신(실체, 자연)은 모든 사물의 존재의 원인일 뿐만 아니라 모든 사물의 본질에 대한 작용원인이다. 다시 말하면 개물은 결과로서만 있는 것이 아니고, 결과로 있으면서 어떤 작용을 하게끔 되어 있는데, 이것도 실체의 필연적인 원인에 의한 것이라고 스피노자는 말하고 있다. 신으로부터 결정 받지 않은 사물은 자신을 작용하도록 결정할 수 없다. 세계의 모든 존재와 작용, 다시 말해 만물의 질서는 실체에서 연유한 것이다. 그러므로 모든 것은 실체의 본성이 지닌 필연성에 의해서 존재하도록 결정될 뿐만 아니라, 일정한 방법에 의해 존재와 작용에로 결정되므로 우연적인 것은 하나도 존재할 수 없다. 스피노자는 마치 삼각형의 본성에서 그 내각의 합이 두 직각이 되는 것이 필연적인 것과 같이 양태는 실체의 필연적인 결과라고 본다. 우리는 스피노자의 형이상학적 체계가 실체-양태 관계의 인과적 필연성이라는 논증에 의해서 모든 것이 설명될 수 있음을 볼 수 있다. 이러한 그의 형이상학적 체계는 엄격한 결정론으로 해석되고 있다. 실체와 속성과 양태의 관계는 필연적인 관계를 맺고 있으며, 이것들이 이루는 자연 전체는 필연적인 인과의 법칙에 따라서 움직여 나가는 기계론적 체계로써 아주 잘 짜인 계획처럼 존재하고 있다. 이러한 결정론에 의해 스피노자는 인간의 자유의지를 부정한다.

스피노자에 의하면, 인간에게 자유의지가 있다고 생각하는 사람들은 인간이 자연의 일부임에도 불구하고 자연의 공통법칙을 따르는 것이 아니다. 오히려 자연 밖에 존재하는 사물처럼 자신의 능력대로 자유롭게 행동할 수 있다고 본다. 그들은 자연 안의 인간을 자연의 질서에 순응하지 않는 존재, 즉 자신의 의지에 따라 자유롭게 행동할 수 있는 존재로 보는 것이다. 이는 마치 왕국 안에 또 다른 왕국을 만든 것처럼 부조리하다. 자연의 법칙과 규칙은 항상 동일하고 자연 안에 존재하는 모든 사물은 이 자연의 보편적인 법칙에 따르지 않으면 안 된다(E3Pref). 인간이 스스로 자유의지가 있다고 생각하는 것은 인간의 상상력이나 착각일 뿐이다. 이러한 착각은 인간이 자기 의식을 하기 때문에 발생한다. 내가 던져서 날아가고 있는 돌이 자신이 날아가고 있다는 사실을 의식하고 있다고 가정해보자. 그리고 날아가고 있다는 사실의 원인인 내가 던져졌다는 사실을 모른다면 그 돌은 자신의 의지로 자유롭게 날아간다고 생각할 것이다. 우리는 이 돌을 조롱할 것이 틀림없다. 그런데 우리 인간이 이 돌과 같은 처지에 있다는 것이다. 따라서 원인에 대한 올바른 인식 더 나아가 자연의 필연적 인과관계에 대한 인식은 자유의지에 대한 착각에서 벗어날 수 있게 해준다. 이 자유의지의 부인은 스피노자의 윤리학의 토대가 되고 있다. 또한 나중에 보겠지만 특히 그의 감정론과 사랑 개념에서는 큰 비중을 차지하고 있다.

3) 인식의 세 단계

스피노자는 인식을 세 종류로 나눈다. 첫 번째 인식은 상상에 의한 인식이고, 두 번째 인식은 이성에 의한 인식이고, 세 번째 인식은 직관에 의한 인식이다. 스피노자의 윤리학은 일반적으로 인식론과 평행을 유지한다. 이러한 사실은 정념, 즉 수동적 감정으로부터 해방되는 것이 인식론과의 관계를 떠나서 설명될 수 없다는 것을 의미한다. 따라서 스피노자의 윤리학에 대한 예비적 고찰로써 인식에 관한 그의 입장을 살펴보는 과정이 필요하다(EP40S2).

① 상상력에 의한 인식

상상에 의한 인식에는 소문에 의한 인식과 막연한 경험에 의한 인식이 있다. 소문에 의한 인식은 나의 생일이나 이러이러한 부모에게서 태어났다는 것이나 그 밖의 비슷한 것에 대해 들어서 알고 있는 지식이다. 그리고 막연한 경험에 의한 지식이란 우리들이 경험한 세계와 모순되는 다른 세계를 지각하지 못했다는 이유로 이를 받아들이는 지식이다. 예를 들어 우리는 막연한 경험에 의해 미래에 죽을 것을 안다. 이것은 우리가 사람들이 죽는 것을 보았기 때문에 아는 것이다. 또한 막연한 경험과 관찰에 의해 우리는 기름은 불꽃을 내기에 알맞은 것이고, 물은 불꽃을 끄기에 알맞은 것임을 안다. 이런 식으로 우리는 인생을 살아가는데 필요한 거의 모든 것을 상상에 의한 인식으로 알게 된다. 그러나 막연한 경험과 관찰에서는 대상들을 분리해서 인식하기 때문에 그것들이 연결되는 관계나 법칙을 밝혀낼 수가 없다.

② 이성에 의한 인식

스피노자에게 첫 번째 인식은 항상 오류의 가능성을 안고 있다. 반면에 두 번째와 세 번째 종류의 인식은 필연적으로 참이다. 두 번째 인식인 '이성에 의한 인식'의 예를 스피노자는 다음과 같이 제시한다. 현상들의 어떤 공통 개념을 기초로 해서 이성의 도움을 받아 우리는 시력의 본성을 알게 된다. 그래서 시력에는 동일물이라도 멀리 떨어져서 보면 가까이 볼 때 보다 작게 보이는 특성이 있다는 것을 알게 된다. 그렇다면 우리는 이것에 근거해서 태양이 눈에 보이는 것보다 훨씬 크다거나 이와 비슷한 결론을 내릴 수 있다. 이 두 번째 인식은 현상들이나 사물들에 공통적으로 있는 개념들을 기초로 하고 있는데, 우리는 이성의 도움에 의해 이 공통개념들을 토대로 사물들의 법칙들과 연결된 관계들을 발견하게 된다. 이처럼 이성에 의한 인식은 다름 아닌 과학적 인식의 단계이다. 이 인식은 무수한 법칙과 무수한 연결고리의 관계들을 끝까지 추구하고 밝혀낸다는 점에서 첫 번째 단계의 인식보다 훨씬 월등하다. 그러나 이 인식은 전체로서의 우주체계에 관한 전반적인 관점을 주지 못한다는 점에서 매우 추상적이다. 그리고 이 과제는 세 번째 종류의 인식만이 수행할 수 있다.

③ 직관에 의한 인식

스피노자는 세 번째 인식인 직관에 대해 다음과 같이 설명한다. 선분 A가 선분 C와 평행이고, 선분 B가 선분 C와 평행이면 선분 A와 선분 B가 평행하다는 것을 우리는 직관에 의해 안다. 그리고 2에 대한 3의 관계처럼 4에 관계되는 수를 구할 때, 우리는 직관으로 6이라는 것을 안다. 이렇게 직관은 어떠한 추론과정을 거치고 않고 한 번에 아는 것을 의미한다. 그런데 스피노자는 이 직관에 의한 인식을 전체로서의 우주체계에 대한 인식에 적용시킨다. 즉 신적 본성의 필연성을 직관으로 인식할 수 있다고 주장한다.

그러나 이 직관지에 대해 스피노자가 언급한 내용이 너무 적기 때문에 많은 논란이 있어 왔다. 스피노자는 신적 본성의 필연성을 인식하는 직관을 어떤 영감으로 인해 얻을 수 있는 신비적인 직관으로 해석될 수 있는 여지를 남겨놓고 있을 뿐 아니라, 이 직관에 의한 인식을 이성에 의한 과학적 인식과 심지어 상상에 의한 인식과도 연관시키고 있다. 인식의 세 단계를 비유적으로 새로운 언어를 배우는 과정으로 설명해보자. 우리는 처음에 알파벳을 배우고, 그럼 다음 문법에 따라 한 단어에서 글자들이 어떻게 조합을 이루는지 배운다. 또한 한 문장에서 단어들이 어떻게 조합되는지 배운다. 그런 다음, 마침내 문장과 문단의 의미를 한 눈에 알게 된다. 이와 유사하게 우리는 자연이라는 커다란 책을 배운다. 처음에 우리는 독립적인 사실과 사건들을 관찰하게 되고, 그런 다음 그것들의 연결고리와 법칙들을 이해하게 된다. 그리고 마침내 자연전체에 대한 직관을 얻게 된다. 이렇게 직관에 의한 인식은 이성적 인식의 단계를 거쳐 이루어지는 것이다. 그리고 이것은 모든 것 안에 있는 신, 그리고 신 안에 있는 모든 것을 인식하는 통찰력이다.[4] 이처럼 스피노자는 인간 이성에 근거한 인식을 통해서 신적 본성의 필연성을 인식할 수 있는 길을 열어 놓고 있다.

3. 감정론과 사랑 개념

1) 감정론

스피노자는 감정을 다음과 같이 정의한다.

> 감정(affectus)이란 우리의 신체의 활동능력을 증대하거나 감소하며, 촉진하거나 저해하는 신체의 변용(affectio)인 동시에 그러한 변용의 관념이라고 이해한다. (E3D3)

감정(affectus)에는 '움직여진다'는 뜻이 있다. 변용(affectio)은 신체가 현재 자극 받고 있는 상태이다. 반면에 감정은 현재 자극 받은 신체의 상태가 이전의 자극상태와 비교해서 어떻게 움직여졌는가에 초점이 맞추어진다. 즉 감정은 지금의 신체의 상태가 이전 상태보다 증대되고 감소되는 이행을 뜻한다. 갈증이 나서 물을 마신 경우에 대비해

---

4 같은 논문, 18쪽.

보면, 변용은 물을 마신 신체의 자극상태이다. 그리고 감정은 지금 물을 마신 상태가 이전의 상태(갈증이 났던 상태)와 비교해서 신체의 활동이 증대된 이행이다. 그리고 이 감정은 다름 아닌 기쁨에 속하는 감정이다.

스피노자는 『윤리학』 3부에서 많은 감정들을 분석한다. 그것은 '코나투스(*conatus*)' 개념에서 시작된다. '코나투스'는 스피노자가 주장하는 감정론의 근본원리일 뿐만 아니라, 그의 윤리학의 토대가 되고 있는 개념이다. 모든 사물은 가능한 한, 그리고 자신의 힘이 미치는 한 자신의 존재를 유지하려고 노력한다. 또한 모든 사물은 자신을 소멸시킬만한 반대의 성질을 자기 안에 가지고 있지 않기 때문에 어떠한 사물도 외부 원인에 의하지 않고는 그 자체로 소멸될 수 없다. 이렇게 각 사물이 자신을 보존하려는 노력이 코나투스이고, 그것은 각 사물의 본질이 된다(E3P4-7). 코나투스가 인간 정신에 관련될 때는 '의지'라고 한다. 그리고 코나투스가 정신과 신체에 모두 관계될 때는 충동이라고 한다. 또한 충동이 의식을 동반하는 경우 욕망이라고 한다. 욕망은 코나투스의 인간학적 표현일 뿐이다. '충동'에 의해서 배가 고프면 밥을 먹는 경우, 자기보존을 위해 밥을 먹으려는 노력, 즉 충동한다는 사실을 의식하지 못한다. 반면에 '욕망'에 의해서 밥을 먹는 경우는 밥을 먹으려는 노력, 즉 충동을 의식하고 있다는 점이 다르다. 다시 말해 욕망은 의식을 동반한 충동이고, 이 의식 때문에 인간은 자신의 자유의지에 의해서 밥을 먹었다고 생각하는 것이다.

스피노자는 인간의 기본 감정으로 세 가지(욕망과 더불어 기쁨과 슬픔)를 내세운다. 어떤 사물이 신체의 활동 능력에 영향을 미칠 때, 그 사물에 대한 관념은 우리 정신의 활동 능력에 영향을 미친다. 그래서 정신은 신체의 변화에 따라 때로는 더 완전한 상태로, 때로는 덜 완전한 상태로 옮겨가면서 많은 변화를 겪는다(E3P11/P11S). 기쁨과 슬픔의 감정들은 정신의 이러한 변화 상태와 관계된다. 그래서 스피노자는 기본 감정인 기쁨과 슬픔을 다음과 같이 정의한다. "기쁨은 정신이 더 큰 완전성의 상태로 이행하는 수동이고, 반면에 슬픔은 더 작은 완전성의 상태로 이행하는 수동이다"(E3P11S). 욕망, 즉 자기보존의 노력 때문에 정신은 신체의 활동능력을 증대시키거나 촉진시키는 것을 가능한 한 인식하려고 하고, 신체의 활동능력을 감소하거나 저해하는 것을 가능한 한 인식하지 않으려고 한다. 그리고 감소하거나 저해하는 것을 인식하게 될 때는 그러한 것을 배제할 수 있는 사물을 가능한 한 상기하고자 한다(E3P12, 13). 자기를 보존하려는 코나투스에 의해서 우리를 더 큰 완전성에로 이행시키는 기쁨을 받아들이고, 덜 완전하게 이행하는 슬픔은 배제하려고 한다. 그래서 우리에게 기쁨을 주는 대상, 즉 우리를 더 완전하게 하는 대상은 사랑하고, 우리에게 슬픔은 주는 대상 즉 우리를 덜 완전하게 하는 대상은 미워한다. 그래서 스피노자는 '사랑'을 '외부 원인의 관념을 동반하는 기쁨'으로 정의하고, '미움'을 '외부 원인의 관념을 동반하는 슬픔'으로 정의한다. 이처럼 인간 정신은 코나투스에 의해서 신체 및 자기 자신을 긍정한다. 또한 신체의 보다 큰 완전, 즉 자기 자신의 보다 큰 완전을 긍정하기 때문에 이를 돕는 것을 사랑하고, 이를 방해하는 것을 미워한다.

감정에 관한 스피노자의 입장을 다시 정리해 보자. 인간의 본질은 욕망이고, 욕망하는 자는 자신을 보존하려고 노력하는 자이다. 따라서 자기 자신의 심신을 보다 큰 완전성으로 옮기려고 한다. 그 결과 인간은 기쁨(더 완전한 상태로의 이행)을 바라고, 슬픔(덜 완전한 상태로의 이행)은 피한다(E3P28). 그리고 기쁨을 주는 것은 사랑하고, 슬픔을 주는 것은 미워한다. 이 기쁨과 슬픔의 관계에서 사랑과 미움이 나오고 또한 사랑과 미움이 여러 가지로 갈라져서 일체의 감정이 생긴다. 이것이 스피노자가 말하는 감정의 발생과 감정에 대한 정의이다. 감정론은 그의 사랑 개념을 살펴보면서 구체적으로 논의된다.

2) 정념으로서의 사랑

정념으로서의 사랑의 대표적인 경우는 감정의 노예가 된 대부분의 사람이 경험하는 것이다. 스피노자는 사랑을 "외부원인에 대한 관념에 의해 동반된 기쁨"이라고 정의한다. 그에게 사랑은 어떤 대상이 나에게 주는 기쁨이다. 이것은 어떤 대상이 우리에게 기쁨을 주면 우리는 그 대상을 사랑한다는 것을 의미한다.[5]

정념으로서의 사랑의 두드러진 특징은 그것이 과도하다는 것이다. 사랑은 수동적 감정이라는 지위 때문에 자주 절제하지 못하게 된다. 이런 사랑의 힘은 신체의 다른 활동을 능가할 수 있을 만큼 크기 때문에 끈질기게 인간에게 달라붙는다. 예를 들어 대중가요나 인터넷 게임 등에서 얻을 수 있는 기쁨이 신체의 다른 활동을 능가한다고 해보자. 그렇게 되면 대중가요나 인터넷 게임에 대한 사랑은 무절제해지고 과도하게 된다.[6] 스피노자는 정념으로서의 사랑이 지니는 물리적 측면도 강조한다. 그것들의 보기들은 폭음, 포식, 성욕 등과 같

5 예를 들어, "나는 너를 사랑한다"는 말은 "너는 나에게 기쁨을 준다" 또는 "너로 인해서 나는 더 완전하게 된다."라는 말과 다름이 없다.

6 이런 경우, 부모가 인터넷 선을 절단해서 게임을 하지 못하게 하면 식음을 전폐할 정도로 슬퍼하게 되는 경우도 있다. 그 이유는 인터넷 게임을 하면서 얻는 '기쁨', 즉 자신의 '더 큰 완전성'이 더 작은 완전성으로 이행했다고 생각하기 때문이다.

은 신체와 관계된 강박관념들이다. 정념으로서의 사랑이 지니는 다른 특징에는 부적합한 관념들에 기반을 두고 있는 만큼 강제력을 지니고 있다. 이것의 흔한 보기로 모든 명백한 증거에도 불구하고 천방지축의 자식을 무조건 옹호하는 부모의 고집스러운 사랑이 있다. 자기 자식에 대한 정념으로서의 사랑은 자식이 지닌 성격상의 결점이 있음에도 불구하고, 그것을 간과한 채 그렇지 않다고(자기 자식이 그럴리 없다고) 생각하도록 강제한다.[7] 이러한 종류의 사랑은 자기 결정적이지 않고 수동적이다. 이것은 부적합한 관념들과 상상력에 기반을 두는 기쁨에 지나지 않는다.

그러나 스피노자가 정념으로서의 사랑을 부정적으로 본 것만은 아니다. 우선 스피노자는 사물들에 대한 물리적이고 감각적인 사랑을 (비록 조금이지만) 인간 행복의 한 역할로 인정한다. "사물들을 이용하여 그것들을 가능한 한 즐기는 것은 현자에게 적합하다. 알맞게 요리된 맛좋은 음식과 기분 좋은 향료, 달콤한 향기, 푸른 식물의 아름다움, 장식, 음악, 운동경기, 연극 그리고 다른 사람들을 해치지 않고 각자가 이용할 수 있는 이와 같은 종류의 것으로 자신을 상쾌하게 하며 원기를 북돋우는 것은 현자에게 어울린다(E4P45S)."; "실제로 즐거워하는 것을 금지하는 것은 음울하고 슬픈 미신뿐이다(E4P45S)." 이처럼 정념으로서의 사랑이 언제나 부정적인 것만은 아니다.

이 정념으로서의 사랑이 구체적으로 전개되는 과정을 살펴보자. 자기가 사랑하는 사람을 기쁘게 하는 사람을 우리는 사랑한다. 이것은 호의가 된다. 그리고 그 사람을 인정하고 과대평가 하게 된다. 그리고 자신이 미워하는 것을 기쁘게 하는 사람을 우리는 미워한다.

---

7 남녀사이에서 사랑하는 사람의 결점이 결점으로 보이지 않는 경우도 마찬가지의 경우이다.

그리고 그 사람을 부정하고 멸시하게 된다. 자기가 사랑하는 것을 슬프게 하는 사람을 우리는 미워한다. 이것은 분노가 된다. 자기가 미워하는 것을 슬프게 하는 사람을 우리는 사랑한다.

스피노자가 말하는 사랑 개념에서 지적할 수 있는 문제점으로는 "외적 원인의 관념을 동반하는 기쁨"이라는 정의가 일상적으로 사용하는 사랑 개념에 포함된 집착, 애정, 관심 따위의 모든 영역을 설명해 줄 수 있을지 의문스럽다는 것이다. 그리고 또 다른 문제점은 사랑의 적용범위가 너무 넓다는 것이다. 그의 사랑 개념은 많은 호의적인 감정들을 포함하는 총칭적인 용어로 이해될 수 있다. 따라서 사랑의 다른 정도와 다양함을 구별하는 것은 어렵게 된다. 예를 들어, 친한 친구와 시간을 보냄으로써 발생하는 기쁨과 초콜릿을 먹는 행위에서 발생하는 기쁨 모두에 사랑이라는 이름이 주어지게 된다. 이렇게 사랑의 정의가 너무 넓기 때문에 덧없는 신체적 기쁨인 쾌감과 오랜 기간의 정서적인 집착뿐만 아니라 학문적 관심까지 모두 포함하는 결과가 나온다. 스피노자는 일반적인 사랑과 특별한 형태의 사랑의 구분 그리고 다른 대상에 대한 사랑의 본성 등에 대해 거의 지적하지 않고 있다. 그는 『윤리학』에서 이러한 비판을 예상하고 있었다. 그러나 그는 이런 다양한 형태의 사랑에 대한 연구가 심리학의 과제이지, 철학적인 관심이 아니라고 생각하였다. 예를 들어, 부인에 대한 사랑과 자식에 대한 사랑 사이에 큰 차이점이 있는 것은 분명하지만, 철학에서는 이러한 차이점을 조사할 필요가 없다는 것이 그의 입장이다. 다시 말해, 스피노자는 『윤리학』에서 제기하는 목적을 위해서는 감정을 통제할 수 있도록 감정과 정신의 일반적인 특성들을 이해하는 것으로 충분하다고 보았던 것이다.

정념으로서의 사랑에 대한 스피노자의 설명은 인간 심리의 한 부분에 대한 정확한 진단에 기반을 두고 있다. 모든 종류의 사랑에는 공통점이 있다. 그것은 바로 이기적인 측면이다. 예를 들어서 우리는 애완 동물이든 아이스크림이든, 또는 사람이든 음악이든, 단지 기쁨을 준다는 이유만으로 그러한 것들을 사랑한다. 이렇게 기쁨을 준다는 이유만으로 사랑한다는 것이 바로 사랑이 지니는 이기적인 측면이다. 여기서 말하는 기쁨이란, 스피노자에 의하면 나를 이전 상태보다 좀 더 완전하게 만들어주는 것이다.

또한 그는 사랑 개념에서 기쁨의 근원인 외부대상을 강조함으로써 사랑이란 감정의 난해함을 설명할 수 있는 기반을 마련한다. 우리의 수동적 감정, 즉 정념의 본성은 필연적으로 우리가 영향을 받은 대상의 본성을 포함한다(E3P56). 그래서 초콜릿을 먹는 기쁨으로부터 발생하는 사랑은 초콜릿의 본성을 포함하고, 음악을 듣는 기쁨으로부터 발생하는 사랑은 그 음악의 본성을 포함한다. 스피노자는 이 점을 다음과 같은 방법에서 증명한다. 우리는 부적합한 인식을 가지는 정도만큼 수동적이다(E3P3). 어떤 대상을 (부적합하게) 인식할 때, 우리는 우리 신체의 본성과 외부물체의 본성에 영향을 받는다(E2P17S). 그러므로 모든 수동적 감정은 그것이 관계하는 외부 대상의 본성을 포함해야 한다. 따라서 다양한 외부 대상들이 있는 만큼 많은 다른 종류의 사랑이 있게 된다. 하지만 사랑에 대한 스피노자의 설명이 이러한 정념으로서의 사랑에 대한 분석에만 놓여 있다면 불충분하다. 그것은 사랑에 의해 유발되는 이타적인 행위에 대한 설명을 전혀 할 수 없기 때문이다. 그럼 다음 절에서는 이타적인 행위에 대해 설명할 수 있는 사랑에 대해 살펴보기로 하자.

3) 자기 결정적인 사랑

우리는 위에서 부적합한 관념에 기반을 두고 있는 수동적인 사랑, 즉 사랑의 가장 일반적인 형태인 정념으로서의 사랑에 대해 살펴보았다. 이 형태의 사랑은 이기적이기 때문에 많은 부정적인 감정과 인간 상호간의 분쟁의 원인이 될 수 있고, 불화가 발생할 수 있는 근원이 된다. 그런데 스피노자에게 자기를 보존하려는 욕망이 인간의 본질이다. 그렇다면 나에게 기쁨을 주는 대상은 나를 더 완전하게 하기 때문에 사랑하고, 슬픔을 주는 대상은 나를 덜 완전하게 하기 때문에 미워하면서 살아가는 것이 정당화되는 것인가? 아니면 데카르트처럼 이러한 감정들은 영혼의 정념(passion)으로 인간이 벗어나야 할 부정적인 것이고, 정신이 의지에 의해 이것들을 지배하여야 하는가? 스피노자는 제3의 길을 제시한다. 전자의 경우에는 그것이 부적합한 인식에서 생긴 감정이기 때문에 그 대상들이 정말로 나를 더 완전하게 하거나 덜 완전하게 하는 것이 아니다. 잘못된 인식에 근거한 착각의 상태일 뿐이다. 후자의 경우에는 스피노자는 정신의 자유의지를 부정했기 때문에 의지가 감정을 지배하도록 하는 데카르트의 방법에 대해 반박한다. 이 방법은 정신과 신체 사이의 우월성과 인과관계를 부정하는 그의 심신 평행론과도 모순된다.

스피노자는 우선 감정을 수동감정과 능동감정으로 구분하고, 이를 부적합인 인식과 적합한 인식과의 관계에서 설명한다. 인식론의 도움을 받아 감정을 이용해서 감정의 지배에서 벗어나고자 하는 것이 스피노자가 제시하는 길이다. 데카르트에게는 모든 감정이 정념(passion)이다. 정념은 그 어원에서 볼 수 있듯이 수동적인 감정이다. 수동적이라는 것은 인간이 스스로 결정하는 것이 아니라 외부의 원인에 의해 그렇게 되도록 강제된다는 것을 뜻한다. 따라서 정념은 우리가 스스로 결정해서 가지는 감정이 아닌 수동적인 감정이다. 그런데 스피노자에게도 욕망, 기쁨, 슬픔의 모든 감정은 정념, 즉 수동적이다. 기쁨과 슬픔의 경우 앞에서의 정의에서 볼 수 있듯이 수동적이라는 점을 확실하게 밝히고 있다. 그렇다면 어떤 감정들이 능동적인가? 스피노자에게 욕망, 기쁨, 슬픔 이 세 가지에 속하지 않은 어떠한 다른 감정도 있을 수 없다. 이러한 사실은 능동 감정의 가능성을 수동 감정에서 찾을 수밖에 없다는 점을 암시한다. 수동 감정은 정신의 부적합한 인식에 기인한다. 여기에서 정신이 능동적으로 활동한다면, 즉 적합하게 인식한다면 우리는 수동감정에서 벗어나 능동감정을 가지게 되는 것이다. 스피노자는 능동감정을 다음과 같이 인정한다. "수동인 기쁨과 욕망 이외에 스스로 활동할 때[능동적일 때]의 우리들에게 관계하는 다른 기쁨과 욕망의 감정이 있다"(E3P58). "스스로 자유로이 활동하는 정신에 관계한 모든 감정은 모두 기쁨이나 욕망에 관계하는 감정뿐이다"(E3P59). 능동감정에서 슬픔이 배제되는 것은 당연하다. 슬픔은 덜 완전한 상태로의 이행이기 때문에 능동적인 상태에서 이러한 감정을 가진다는 것은 불가능하다. 인간은 능동적인 상태에서 자신을 보존하려는 코나투스의 본질에 따라 행동하기 때문에 자신을 덜 완전한 상태로 이행하는 슬픔의 감정은 능동감정이 될 수 없는 것이다.

능동감정은 수동적인 정념의 예속상태에서 벗어나 인간이 자신의 감정을 스스로 결정할 수 있는 감정이다. 그는 감정을 통제하지 못하는 인간의 무력함을 예속이라고 했다. 또한 감정의 지배를 받는 인간은 자신의 이성의 힘, 즉 권능에 의하지 않고 감정의 힘에 좌우되는 나약한 존재로 간주했다. 인간이 감정의 노예 상태에서 벗어나는 길은 외부대상에 대해 적합한 인식을 함으로써 능동 감정을 가지는 것이다. 인간 정신은 능동적으로 인식해서 타당한 관념들을 가질 때 모든 수동감정에서 벗어나서 기쁨과 욕망이라는 능동 감정을 가지게 된다. 이러한 사실로부터 우리는 정념으로서의 사랑 역시 같은 방법에 의해 능동적인 사랑이 된다는 것을 알 수 있다.

정신이 적합한 인식을 가질 때, 정신은 정신자체와 정신의 활동능력을 인식하고, 그것에 의해서 기쁨을 느낀다(E3P53). 즉 정신은 능동적일 때 기쁨을 느낀다. 그러므로 적합한 관념들에 의한 기쁨이나 욕망의 감정을 우리가 가지는 한, 그 감정에 속하는 사랑은 능동적이고, 자기 결정적이다. 여기에서 '자기 결정적'이라는 것은 이 형태의 감정이 정신의 코나투스인 이성의 활동, 즉 인식에 따라 적합한 관념을 가짐으로써 자기 스스로 사랑이라는 감정을 결정했다는 의미이다. 그래서 어떤 결점이 있는 사람을 우리가 사랑하는 경우에 정념으로서의 사랑은 그 결점을 의식하지 못하면서 사랑하는 맹목적인 사랑이다. 그러나 자기 결정적인 사랑은 적합한 관념에 기반을 두고 있기 때문에 그 결점을 의식하면서 사랑하고 있다는 점에서 정념으로서의 사랑과 다르다. 정념으로서의 사랑이 결점을 의식하지 못하는 것은 자기 자신을 잠재적 위험에 들여놓는 것이다. 그렇기 때문에 정념으로서의 사랑은 진정한 자기보존을 위한 코나투스로부터 따라 나오는 것이 아니다. 반면에 자기 결정적인 사랑은 부적합성과 결점을 가진 인간존재를 받아들이는 사랑이다. 정념으로서의 사랑의 예로 보여준 천방지축으로 행동하는 자식에 대한 부모의 사랑은 적합한 관념에 기반을 둔 자기 결정적인 사랑의 예로도 이용될 수 있다. 두 사랑의 차이점은 다음과 같다. 정념으로서의 사랑을 하는 부모는 모든 증거에도 불구하고, 자식이 그렇지 않다고 생각한다. 자기 결정적인 사랑을 가진 부모, 즉 적합한 관념에 기반을 두고 있는 부모는 자식이 제멋대로의 행동들을 했고, 어떤 성격상의 결함이 있다는 것을 인식한다. 그러나 이 모든 것에도 불구하고 자식을 사랑하고 지지한다.

스피노자는 "인간이 스스로를 자유롭다고 생각하기 때문에 다른 사물에 대해서 보다 자신들 서로에 대해 더 큰 사랑이나 증오를 가진다."라고 말하면서 인간의 수동감정이 자유의지에 대한 인간의 부적합한 관념에서 비롯된다는 것을 지적하고 있다. 이것을 예를 들어 설명해 보자. 내가 길을 가다가 돌 뿌리에 걸려 넘어진다면 나는 그 돌 뿌리에 대해 약간의 미운 감정만을 가질 것이다. 그러나 어떤 사람이 발을 걸어서 내가 넘어졌다면, 그 사람에 대한 나의 미움은 돌 뿌리와 비교해서 훨씬 더 클 것이다. 왜냐하면 그 사람은 돌 뿌리와는 달리 자신의 자유 의지에 따라 발을 걸었다고 여기기 때문이다. 사랑의 감정 역시 마찬가지이다. 은행 강도가 칼로 내 가슴을 찌를 때 양복 주머니에 있는 지갑 때문에 찔리지 않았다면, 나는 그 지갑에 대한 어느 정도 사랑의 감정(호의적인 감정)을 가질 것이다. 그러나 어떤 사람이 내 앞을 가로막아 나 대신 찔렸다면, 그 사람에 대한 나의 사랑은 지갑에 대한 사랑보다 훨씬 더 클 것이다. 이 역시 그 사람은 지갑과는 달리 자신의 자유의지에 따라 나 대신 찔렸다고 여기기 때문이다. 이처럼 자유의지에 대한 부적합한 인식은 인간 상호간에 사랑과 미움 등의 많은 감정들의 원인이 된다.

수동 감정과 능동 감정은 결국 인식의 적합성에 그 기반을 두고 있다. 따라서 우리 인식의 적합성이 변화하듯이 수동 감정과 능동 감정 사이에도 연속이 있다. 내가 발에 걸려 넘어진 원인을 더 적합하게 인식하면 할수록 발을 걸은 사람에 대한 미움은 점점 작아진다.

마찬가지로 지갑 대신 찔린 사람에 대한 사랑도 점점 작아지게 된다. 나에게 발을 걸은 사람이나 나 대신 칼에 찔린 사람이 누군가가 밀어서 그렇게 되었다는 것을 알게 되면, 미움과 사랑의 감정은 점점 감소될 것이다. 또 그 사람을 민 다른 사람은 그렇게 밀게 된 또 다른 원인들이 있을 것이다. 이렇게 두 경우 모두 모든 인과관계의 연쇄와 네트워크에 의해서 그렇게 된 것이라는 것을 인식할 때는 미움과 사랑의 감정은 거의 사라질 것이다. 이렇게 적합한 인식으로 말미암아 부적합한 인식에 근거한 감정의 노예 상태에서 벗어날 수 있는 것이다. 사실상 두 경우 모두 미움이나 사랑의 대상이 아니라 인식해야 할 이해의 대상일 뿐이다. 수동 감정에서 능동 감정으로 이행하는 것은 인식론에서 언급한 첫 번째 단계의 인식에서 두 번째 단계의 인식으로 이행한 결과라고 할 수 있다. 인간이 적합하게 인식하는 한 수동 감정은 자기 스스로 감정을 결정하는 능동적인 감정이 된다. 따라서 자기 결정적인 사랑을 가진 사람은 다른 사람을 증오하거나 멸시하거나 조롱하지 않는다. 다만 이해할 뿐이다.

스피노자는 "정신이 인식하는 한 정신에 관계하는 감정에서 일어나는 모든 활동을 정신의 강인함이라 하고, 이 정신의 강인함은 용기와 관용으로 나누어진다."(E3P59S)라고 했다. 용기는 '이성의 명령에서 자신의 존재를 보존하고자 하는 욕망'이고, 관용은 '오직 이성의 명령에 따라 다른 사람들을 돕고, 그들과 우정을 기반으로 해서 결합하려고 노력하는 욕망'이다. 용기는 행위자에게만 이익을 주는 활동이고, 관용은 다른 사람들에게도 이익을 주는 활동이다. 어떤 위험에 부딪혔을 때, 침착하게 정신을 가다듬는 등의 행동은 용기의 일종이고, 예의나 온화함 등은 관용의 일종이다(E3P59S). 필자가 '자기 결정적인 사랑'이라고 명명한 것에 대해 스피노자는 관용이라고 했다.

스트로슨은 말하는 인간 상호간의 관계에서 초연한 태도(스피노자가 말하는 관용)와 관계하여 홍미로운 문제제기를 하였다. 우리가 누군가를 객관적으로 간주할 때, 우리는 그 사람과 전적으로 친한 관계에 놓고 생각하는 것이 아니다. 오히려 그 사람은 '치료'를 위한 대상 즉 연구되거나 이해되어야 하는 대상인 것이다. 만약 우리가 누군가에게 객관적인 태도를 가진다면, 우리는 그를 동등한 인간으로 보는 것이 아니다. 그리고 이것은 정념으로서의 사랑뿐만 아니라 자기 결정적인 능동적인 사랑과도 모순되는 것으로 보인다.[8] 만약 스트로슨이 옳다면 대상에 대한 객관적인 태도가 어떤 감정적인 관계들을 배제하게 된다. 이렇게 되면 스피노자가 격찬하는 객관성과 합리성을 가진 사랑, 즉 적합한 이성적 인식에 근거한 사랑은 그 의미를 상실하게 된다. 그렇지만 스피노자가 생각하는 객관성의 형태는 스트로슨이 논의하고 있는 것과는 다르다. 스피노자에 따르면, 우리는 사랑하는 사람뿐만 아니라 우리 자신까지도 동시에 객관적으로 보려고 노력해야 한다. 따라서 그 대상에 대한 연구는 우리자신에 대한 연구까지 포함하고 있으며, 따라서 우리와 대상들 사이에 동등함이 유지된다.

스피노자의 감정 이론은 데카르트의 이론과 다음과 같은 점에서 다르다. 아리스토텔레스의 입장을 따라 데카르트는 한편으로 덕과 악덕을 구별하고, 다른 한편으로는 이 '덕과 악덕들'을 '감정들'과 구분했다. '덕과 악덕'은 자유의지와 관련되기 때문에 도덕적 칭찬과 비난의 대상이다. 반면 감정들은 자유의지와 상관이 없는 것으로 이해되기 때문에 도덕적으로 중립적이다. 우리는 앞에서 스피노자가 아리스토텔레스와 데카르트와는 달리 자유의지를 부인하는 것을 보았

---

8 P.F. Strawson, "Freedom and Resentment," Freedom and Resentment and Other Essays, London: Methuen & Co., 1974), 1-25쪽.

다. 따라서 스피노자에게 인간 행동은 칭찬이나 비난의 주제가 아니다. 오히려 인간행동은 이해하려고 노력해야 되는 대상이다. 이처럼 스피노자에게 덕은 자유의지와 무관한 것이 되기 때문에 감정과 마찬가지로 도덕적으로 중립적이 된다. 그리고 이것은 덕과 감정 사이의 구분이 없어지는 것을 의미한다.

데카르트와 스피노자의 관점을 다음의 경우에 적용시켜 보자. 어떤 회사에서 다른 동료의 프로젝트를 도용하고, 자신의 승진을 위해서 다른 동료들을 모함하는 등의 행위를 하는 어떤 남자 사원이 있다고 가정해보자. 이 경우를 데카르트에 적용시켜보면 우리는 그 사원의 행위에 대해 덕과 감정이라는 두 가지 경로로 접근할 수 있다. 그 행위들은 그 사원의 자유로운 의지에 따라 행한 것이기 때문에 우리는 악덕하다는 도덕적 비난을 하게 된다. 즉 덕이나 악덕은 자유의지에 대한 칭찬이나 비난이다. 하지만 그 행위들의 자유의지에 상관하지 않는 감정은 도덕적 판단과는 무관하다. 단지 그 행위들로 말미암아 그 사원을 미워하는 것이 일반적이다. (어떤 여사원은 그 행위들을 알면서도 그 사원을 사랑하는 경우도 있다.) 이와는 대조적으로 스피노자의 이론에 적용시켜 보면 그 행위는 그 사원의 자유의지에 따른 행위가 아니기 때문에 우리는 덕이나 악덕의 도덕적 판단의 대상이 아니다. 다만 그 행위에 대한 우리의 감정만이 있을 뿐이다. 그래서 스피노자에게 덕은 도덕적 판단이 아니라 감정과 동일시된다. 그 사원을 미워하거나 멸시하는 등의 감정은 그 사원의 행위를 이해하지 못하기 때문에 생긴 수동적인 감정, 즉 정념이다. 그러나 우리가 그 사원의 행위와 그 행위의 원인들을 적합하게 인식할 때에는 그 사원을 이해하고 관용이라는 능동적인 감정을 가지게 되고, 이것이 곧 덕이 된다. 스피노자에 의하면 이성의 안내에 따라 사는 인간은 가능한 한 다른 사람의 미움, 분노, 경멸 등에 대한 답례로 사랑 즉 관용으로 보답하려고 노력한다(E4P46).

4) 신에 대한 지적인 사랑

스피노자는 『윤리학』 5부에서 신에 대한 인간의 지적인 사랑을 전개시킨다. 이 사랑은 '세 번째 단계인 직관지로서 신에 대한 인식'을 기반으로 한다. 이 인식은 인간정신에서 최고의 이성적 활동, 즉 최고의 인식이다. 그리고 이 인식의 결과로 최고의 기쁨이 생기고, 그 기쁨의 원인인 신을 사랑하게 된다. 이러한 신에 대한 사랑은 최고의 인식에 근거하기 때문에 지적인 사랑이 된다. 모든 인간은 이성을 가지고 있기 때문에 누구나 이 지적인 사랑을 할 수 있는 가능성과 잠재력을 가지고 있다고 스피노자는 주장한다.

『윤리학』 5부 정리 16에서 20까지 스피노자는 전통적 신학의 전형적인 표현들을 신의 개념에 자주 적용한다. 그리고 신에 대한 사랑이 정념으로서의 사랑이 가지는 그런 결점이 없다는 점을 강조한다. 신에 대한 사랑은 정신에서 가장 중요한 자리를 차지해야 하고, 또한 미움으로 변할 수 없다. 더 나아가 그것은 이기적이지 않고 질투나 시기심으로 더럽히질 수도 없다. 여기까지 스피노자는 '신에 대한 지적인 사랑'이 아니라 '신에 대한 사랑'을 언급하고 있다. 우리는 이 '신에 대한 사랑'을 '신에 대한 지적인 사랑'과 구별하기 위해 '신에 대한 상상적인 사랑'이라고 부를 수 있다. 스피노자의 인식 이론에 따르면, 우리가 외부대상을 상상하는 한, 그만큼 정신은 그 대상에 대한 적합한 인식을 가지지 못한다. 그래서 신에 대한 상상적인 사랑은 적합한 관념에 기반을 두고 있는 것이 아니고, 혼동과 허위에 종속되어 있다. 신에 대해 지성적인 사랑이 아닌 상상적인 사랑을 하는 사람들은 이성적 행위자로서 그들의 전적인 힘을 발휘하지 못하고 있는 것이다.

이것은 스피노자가 『신학정치론』에서 주장한 성서 해석에 관한 견해와도 일치한다. 스피노자는 성서란 일반대중이 이해하도록 가장 쉽게 쓰인 책이라고 주장한다. 따라서 성서는 많은 이야기와 비유적 언어들을 사용하고, 인간의 사고방식에서 서술되어 있다 (『신학정치론』 7장). 왜냐하면 일반 대중들이 '신'이라는 높은 주제를 지적으로 이해하기가 어렵기 때문이다. 그래서 일반 대중들은 성서를 통해서 신에 대한 지성적 사랑이 아니라 신에 대한 상상적 사랑을 하게 되는 것이다. 그러나 이러한 사실이 그들의 신에 대한 상상적 사랑을 부정하는 것은 아니다. 스피노자가 신에 대한 지적인 사랑을 언급하기 이전에 이러한 사랑을 언급하고 고려했다는 사실은 상상적인 신앙도 인정하고 있다는 것을 보여준다. 이성적인 능력과 관계없는 사람들도 모두 신에 대한 사랑을 할 수 있는 길을 열어 놓고 있다. 다만 일반 대중의 신앙과는 달리 신학자나 철학자는 인식에 근거해서 신에 대한 지성적인 사랑을 해야 하고, 이 지적인 사랑 (또는 상상적 사랑)의 결과로 생긴 기쁨이 인간이 누릴 수 있는 최고의 행복이다.

신에 대한 지적인 사랑은 상상적인 이해가 아니라 지성에 그 뿌리를 둔다. 따라서 '신과 직관지의 문제'(E5P24-31)와 '신체에 관계되지 않는 정신의 지속, 즉 신체가 소멸한 후의 정신의 영원성의 문제'(E5P21-23)를 다루기 전까지 스피노자는 신에 대한 지적인 사랑을 논의하지 않는다. '신에 대한 지적 사랑'이라는 용어는 정리 32의 주해에서 처음으로 등장한다. '정신이 신체의 소멸 후에도 독립적으로 존재한다'는 정신의 영원성에 대한 스피노자의 주장은 데카르트의 이원론에 대한 그의 반대와도 일관성이 없고, 자신의 심신 동일론과 평행론과도 일관성이 없어 보인다. 컬리는 스피노자가 사실상 그의 체계에 실제로 조화될 수 없는 방식에서 정신의 영원성을 주장하고 있다고 지적한다. 또한 컬리에 의하면, 스피노자가 영원의 불멸성에 대한 대중적인 생각을 수용해서 신에 대한 지적 사랑을 보다 쉽게 설명하려고 시도했다는 것이다.[9] 반면에 울프슨은 스피노자가 정신의 불멸성을 실제로 인정했다고 주장한다. 스피노자가 능동 지성으로서의 영혼이 신체의 소멸이후에도 존재한다는 오래된 신학적이고 철학적인 전통에 영향을 받았다는 것이다.[10]

'신체가 사망한 후 정신의 존재'와 '신에 대한 지적인 사랑'에 대한 스피노자의 주장들의 많은 측면들이 신비적이라고 주장하는 주석가들이 상당수 있다. 그리고 우리는 그 주제 자체가 신비적인 요소를 안고 있기에 이러한 주장에 공감하기가 쉽다. 그러나 이러한 공감이 너무 멀리 나아가서는 안 된다. 요벨이 주장하듯이 비록 스피노자가 신비주의와 계시종교(유대교와 기독교)에 마음이 이끌리기는 했지만, 그가 사용한 방법들은 그것들과 관계가 멀다. 스피노자는 '혼동되고, 말로 나타내기 힘든 신비적 경험'보다 '이성과 이성에 의한 신에 대한 인식'을 강조한다.[11]

스피노자의 신에 관한 지적인 사랑은 인식론에서의 세 번째 인식, 즉 직관지에 기반을 두고 있는 사랑이다. 이것은 사물들을 통해서

---

9 Edwin Curley, Behind the Geometrical Method: A Reading of Spinoza's Ethics, (Princeton: Princeton University Press, 1988), 85쪽.

10 H. A. Wolfson, The Philosophy of Spinoza. vol. 2, (New York: Schocken Books, 1969), 289-291쪽.

11 Yimiyahu Yovel, Spinoza and other Heretics: The Marrano of Reason (Princeton: Princeton University Press. 1989), 37쪽.

신적 본성의 필연성을 직관에 의해 인식하는 단계이다. 이 인식은 두 번째 인식인 이성에 의한 인식을 통해서 발전될 수 있다. "우리가 한층 더 많은 사물을 인식함에 따라서 그만큼 더 신을 인식한다"(5부 24) 라는 스피노자의 진술은 두 번째 지식을 통해 세 번째 지식으로 나아가는 길을 언급하고 있다. 신적 본성의 필연성을 인식할 수 있는 세 번째 인식은 인간 최고의 인식이고, 따라서 최고의 덕이다(E5P25). 그리고 그것은 정신의 능동적인 활동에 의해 생긴 최고의 정신적 만족을 주는 기쁨이다. 우리는 이 기쁨을 주는 대상, 즉 기쁨의 원인인 신을 향하게 되고, 거기에서 신에 대한 사랑이 생긴다(E5P32). 이 사랑은 최고의 인식인 직관지에 기반을 둔 완전히 능동적 사랑, 즉 지성적 사랑이다. 이 세 번째 단계의 인식은 항상 참이고, 영원한 진리이므로 신에 대한 지적 사랑 역시 영원하다. 그리고 이 지적인 사랑에서 생기는 마음의 평화와 정신적으로 최고의 만족을 누리는 것이 인간에게는 최상의 행복이다. 이렇게 인간의 행복, 즉 잘사는 법은 신에 대한 지적 사랑에서 이루어진다.

신에 대한 지적 사랑을 소유한 사람은 모든 정념의 예속상태에서 벗어나 세상에서 어떤 어려운 일을 겪더라도 동요되지 않고 정신의 평정을 누리는 자유인이다. 그래서 진정한 자유인은 심지어 죽음의 공포에서도 벗어나 있다(E5P38). 현자는 정신이 거의 동요되지 않고, 자기 자신, 신 및 사물을 영원한 필연성에 의하여 의식하고, 결코 존재하는 것을 그치지 않으며, 항상 정신의 참다운 만족을 소유하고 있다(E5P42).

4. 맺는 말

스피노자의 윤리학은 여러 종류의 감정이 발생하는 것을 인식의 여러 단계와 병행해서 설명해주고 있다. '이기적인 정념으로서의 사랑을 이타적인 사랑, 즉 관용으로서의 사랑으로 어떻게 전환시키느냐'의 문제에 대해서 스피노자는 부적합한 인식과 적합한 인식을 구분하고, 이성에 의해 우리가 이기적인 사랑에서 벗어나서 관용으로서의 사랑을 가질 수 있다고 제안한다. 이처럼 스피노자의 윤리학의 특징은 인간의 감정을 근거로 인식을 발전시키는 데 있다는 점이다. 그래서 스피노자에게 윤리학은 인식론과 평행해서 나아간다고 할 수 있다.

정념, 즉 수동 감정의 상태로부터 벗어난 능동적인 사랑인 관용은 기독교인들의 사랑과 비교될 수 있다. 진정한 기독교인들은 다른 사람이 자기에게 저지른 잘못을 용서해 주고, 이웃뿐만이 아니라 심지어 원수까지도 사랑한다. 기독교인들은 신앙의 힘으로 그러한 마음을 갖지만, 스피노자의 경우는 인식의 힘으로 그렇게 할 수 있게 된다. 즉 스피노자에게 용서와 사랑은 이성의 지도에 따라 생활하고 인식하는 사람만이 가능하다. 이것은 그의 철학의 주지주의적인 측면을 잘 드러내 주고 있다. 『윤리학』 4부 정리 46은 이성의 힘으로 감정의 노예 상태에서 해방된 사람들의 경우를 특유의 간결한 문체로 잘 표현해주고 있다. "이성의 인도에 의해서 생활하는 사람은 가능한 한 자기에 대한 다른 사람의 증오, 분노, 경멸 등을, 반대로 사랑 즉 관용으로 보답하려고 노력한다." 더 나아가 이성의 인도에 따르는 사람들은 각자가 자기를 위하여 추구하는 선을 다른 사람을 위해서도 욕구한다. 그리고 그가 갖는 신에 대한 인식이 보다 클수록 그만큼 더 많이 이것을 욕구한다(E4P37).

신에 대한 지적인 사랑은 모든 사물을 '영원의 상(相)'의 관점에서 보게 되면서 얻게 되는 마음의 평정이고, 이 상태가 바로 스피노자가 알려주는 인간의 최고 행복이다. 그의 윤리학에서 나타나는 특징은 이러한 마음의 평정 상태를 억누르고 통제함으로써 얻게 되는 것이 아니라, 정념 즉 수동적인 감정을 인식의 힘으로, 능동적인 감정으로 전환시켜서 얻게 된다는 데 있다. 이것은 진정한 종교인들이 추구하는 구원이나 해탈의 경우와 비교할 수 있다.[12] 그들이 구원을 얻거나 해탈했을 경우 그들은 세상의 어떤 모진 풍파에도 흔들리지 않고 마음의 평정을 유지할 것이다. 그들은 신앙의 힘 즉 신에 대한 사랑의 힘으로 이러한 정신의 참된 평화를 얻게 되고, 그것이 인간이 누릴 수 있는 최고 행복으로 인정하고 있다. 스피노자는 신앙, 즉 신에 대한 사랑으로 얻게 되는 종교적인 마음의 평화를 부정하지 않는다. 그는 일반 대중에게는 (그들이 인식의 힘을 사용할 수 없다면) 그러한 종교적 방법을 인정하고 있다. 그것 역시 정념의 노예상태에서 벗어날 수 있는 길이기 때문이다.[13] 그러나 스피노자는 인식의 힘 즉 신에

---

12 스피노자의 신에 대한 지적인 사랑은 신비화되어 온 경향이 있다. 그 이유가 신에 대한 지적의 사랑의 결과가 종교적인 체험을 통해 얻게 되는 결과와 거의 같기 때문이라고 생각한다. 또한 주석가들은 스피노자가 신에 대한 지적인 사랑에 대해 구체적으로 설명하지 않은 것에 대해 불만을 털어 놓는다. 그러나 스피노자는 사실상 그것에 대해 할 말이 별로 없었을 것으로 생각된다. 기독교에서의 신앙적 체험이나 불교에서의 열반의 상태에 있는 사람이 그 상태에 대해 설명하기가 힘든 것과 마찬가지이다. 그것은 직접 그 상태에 이르지 않고는 말로 나타내는 것에 한계가 있을 것이다.

13 예를 들어 스피노자는 하숙을 할 때, 그의 집주인 부부에게 교회를 열심히 다닐 것을 권유했다.

대한 지적인 사랑의 힘으로 마음의 평정을 얻게 될 때 확고한 정신으로 살아갈 수 있다고 제안한다. 이것은 그가 이성의 힘에 의한 인식을 더 확고한 것으로 인정하는 주지주의자이기 때문이다.

스피노자는 『윤리학』의 마지막 부분에서 자신이 제시한 최고 행복에 이르는 길이 심히 험난한 길인 것처럼 보이지만 발견될 수는 있다고 말한다. 사실상 드문 것은 그만큼 어려운 일임에 틀림없다는 것이다. 그는 많은 사람들이 이 최고 행복을 등한시하는 이유가 그것이 손 앞에 있어서 힘들이지 않고 잡을 수 있는 것이 아니라, 그 행복을 찾기 위해서는 각고의 노력과 어려움이 수반하기 때문이라고 지적한다. 그리고 그는 "모든 고귀한 것은 드문 동시에 어려움이 따른다."라는 문장으로 『윤리학』을 끝맺고 있다.

| 제6장 |

근대 과학과 기독교적 사유의 철학적 토대

과학 기술의 시대를 살아가는 현대인들은 과학과 기독교는 결코 화합할 수 없는 관계에 있다고 말한다. 과학적인 증거는 성서의 미신적이고 허구적인 것을 바로 잡아주어, 결국은 신의 존재를 부정하게 되고, 기독교는 이에 대해 방어적인 입장으로 과학과 충돌할 수밖에 없다.[1] 그러나 과학과 기독교는 문화 발전에 필수적인 두 요소이며, 두 문화 간의 이러한 갈등과 분극화 현상은 균형 잡힌 사고와 통합적인 시각을 갖지 못하게 함으로써 결국 문화 발전에 부정적인 영향을 준다. 더 나아가 두 문화의 대립과 단절은 인간을 파편화된 개인으로만 존재하게 하는 결과를 초래할 뿐만 아니라 학문적 성과의 측면에서도 전혀 바람직하지 못하다.

이러한 문화 현상은 근대에서부터 태동되었다. 물리학을 모범으로 하는 근대 과학의 태동과 전개는 자연과 인간을 보는 관점을 근본적으로 바꾸어 놓은 대사건이었다. 서양에서는 근대에 그 어느 때보다도 활발한 지적 모험을 감행하여 풍부한 문화적 결실을 맺었으며, 그 결과로서 오늘날의 과학 문화가 형성되었다. 그러나 근대에는 철학이 과학과 기독교를 연결시키는 중요한 고리 역할을 했기 때문에 과학과 기독교는 오늘날처럼 양극화되지 않았다. 근대 철학은 양쪽을 모두 수용할 수 있는 세계관을 만듦으로써 과학과 기독교적 사유의 토대를 마련하고자 노력했다.

따라서 이 글에서는 우선 서양 근대 과학적 전통이 형성되던 시기로 거슬러 올라가서 그것의 배경이 되는 철학적 관점을 되짚어 보고자 한다. 근대 과학이 자연을 바라보는 관점이 목적론적 자연관에서 기계론적 자연관으로 변화하면서 당시의 과학과 기독교는 대립과 갈

---

1 찰스 험멜, 『과학과 성경 : 갈등인가 화해인가?』, 황영철 역, 한국기독학생회출판부, 1991, 5쪽.

등을 겪게 된다. 이러한 상황에서 근대 철학의 과제는 과학과 기독교를 모두 포괄할 수 있는 세계관을 마련하는 것이었다. 이러한 시도는 주로 17세기 합리론자들에 의해 이루어졌다. 그들은 기계론적 자연관을 수정 보완하고, 신과 종교관을 새롭게 정립함으로써 과학과 기독교적 사유의 토대가 될 수 있는 세계관을 제시하였다. 따라서 합리론자들의 이러한 세계관을 살펴보는 것은 오늘날 양극화된 과학과 기독교 간의 상호 접근과 이해를 모색하기 위해서 의미 있는 일이 될 것이다.

또한 이 글에서는 현대 과학과 기독교 간의 대립과 갈등 상황도 살펴보고자 한다. 근대에는 과학과 기독교가 대립과 갈등을 겪으면서도 철학을 매개로 해서 서로 조화시키려는 노력이 있었다. 그러나 오늘날 과학과 기독교는 대화가 단절되어 가고 있으며, 서로의 실체마저 인정하지 않으려는 경향이 있다. 특히 과학자들은 철학이 근대에 담당했던 역할을 더 이상 인정하지 않는다. 더 나아가 그들은 철학자들이 자신들의 영역을 침범하거나 비판하는 것에 대해 강한 거부감을 나타낸다. 근대 과학자들은 자신들의 이론에 대한 정당성을 얻기 위해 철학의 도움을 필요로 했다. 하지만 현대 과학자들은 더 이상 철학의 도움을 필요로 하지 않는다. 그들은 과학이 과학적 방법에 의해 신뢰할 만한 보편적 지식 체계를 형성했다고 생각하기 때문에 과학적 진리를 객관적 진리로 인정하는 데 철학의 도움을 필요로 하지 않는다. 한편 기독교 근본주의자들은 성서 구절과 모순되는 과학 이론들을 단호하게 거부한다. 그들은 어떤 경우에도 성서에는 오류가 없다는 '성서 무오설'을 믿고 있기 때문에 우리가 성서를 통해 세계의 참된 실재를 이해할 수 있다고 주장한다. 또한 그들은 '성서는 문자 그대로 진리'라는 문자주의의 입장을 고수하기 때문에 과학과 기독교를 화해시키기 위해 철학이 제시하는 새로운 세계관이나 신관을 단호하게 거부한다. 이러한 상황에서 철학이 두 문화 사이에 들어설 자리는 전혀 없어 보인다.

그러나 이 글에서는 현대 과학과 기독교 문화가 가지는 문제점을 각각 비판적으로 검토해 보고, 이를 바탕으로 양쪽 문화의 상호 접근과 화해의 가능성을 찾아 볼 것이다. 그런 다음 양쪽의 상호 소통이 유익한 방향으로 이루어지기 위한 방법들을 생각해 볼 것이다. 이러한 작업을 통해 우리는 오늘날 학문의 극단적 전문화 현상에 맞서 과학과 기독교 문화에 대한 전체적 관망을 얻을 수 있을 것이다.

1. 두 문화의 대립 : 근대 과학과 기독교

근대의 시대 정신은 계몽주의로 설명할 수 있다. 계몽주의에서는 인간 이성에 대한 신뢰를 바탕으로 인류가 보다 나은 삶을 위해 우주의 비밀, 즉 우주의 법칙을 밝혀내고 자연을 정복할 수 있다고 본다. 그래서 계몽주의는 자연과 사회를 변화시켜 인간이 행복한 상태에 도달할 수 있다는 신념을 가지고 있다. 오늘날 우리가 살고 있는 과학 문명이 고도로 발달된 세계도 이성의 시대, 즉 근대의 산물이다. 그리고 이 근대는 종교개혁, 르네상스, 과학 혁명을 바탕으로 시작되었다. 이 중에서 과학 혁명은 천문학과 역학에 의해 주도되었고, 중세의 목적론적 자연관을 기계론적 자연관으로 바꾸어 놓았다.

중세의 세계관은 아리스토텔레스와 프톨레마이오스의 이론을 기독교의 교리가 합치될 수 있도록 수정했다. 세계의 중심에는 지구가 있고, 그 다음 안쪽에서부터 달, 수성, 금성, 태양, 화성, 목성, 토성이 있다. 그리고 이 8개의 행성을 둘러싸고 있는 원동천(原動天), 즉 제1동자(第一動者)가 있다. 이 원동천은 모든 행성들의 1일 1회의 회전, 즉 일주회전(日周回轉)을 관장한다. 그리고 그 바깥에 이 전부를 둘러싸고 있는 열 번째의 하늘인 최고천(最高天), 즉 하나님의 나라가 있다. 최고천과 지구는 정지해 있고, 그 외의 행성들은 하루에 한 번 회전한다. 지구는 땅 위에 있는 지상계이고, 지구 바로 다음에 있는 달의 바깥쪽(上)이 천상계이다. 중세의 세계는 이렇게 천상계와 지상계로 나누었고, 이 두 세계는 성질이 전혀 다른 세계이다. 그리고 지구의 중심부에 지옥이 있고, 거기에 악마가 살고 있다. 지상계에 살고 있는 인간은 흙으로 빚어진 다음 하나님의 입김이 불어넣어진 존재이다. 이렇게 인간은 땅의 성질과 하늘의 성질을 두루 갖춘 유일한 존재이다. 이 두 가지 성질로 인해 인간은 지구의 중심, 즉 지옥을 향해 떨어지려고 하면서도 천상계, 즉 하나님의 나라를 갈구한다. 이 멸망과 구원의 갈림길은 신의 섭리에 의해 결정된다. 이렇게 중세의 우주관에는 인간의 운명과 희망이 반영되어 있다.[2] 그러나 코페르니쿠스, 케플러, 갈릴레오 등의 연구는 중세의 세계관을 바꾸어 버렸고, 우주의 운행은 통일적인 법칙을 따르고 있다는 것을 입증하였다. 예를 들어, 중세에는 4계절의 변화를 신의 섭리로 이해했지만, 근대 과학은 이를 지구의 공전과 자전으로 설명하고 있다.

이렇게 자연의 모든 것을 신의 섭리로 이해하는 중세의 자연관은 목적론적 자연관으로 나타난다. 자연에 존재하는 모든 사물은 목적

---

2 중세의 세계관에 대해서는 다음의 책을 참조하였다. 와다나베 마사오, 『과학자와 기독교』 오진곤, 손영수 역, 전파과학사, 1995, 30-35쪽.

이나 의미를 각각 가지고 있다는 것이다. 목적론적 세계관에서는 꽃은 아름답게 피기 위해 존재하며, 또한 사람은 선하게 살기 위해 존재한다. 무거운 철구가 위에서 아래로 떨어질 때에도 목적을 가지고 있다. 그것은 보다 안정되기 위해 떨어진다는 목적이다. 더구나 이 목적론적 자연관에서는 철구가 땅에 떨어지는 과정에 신의 의지와 기적이 끼어들 여지가 있다. 이렇게 중세에는 자연의 모든 대상이 신의 섭리에 의해 자신이 가지고 있는 목적을 성취하는 방향으로 나아간다고 생각하였다.

그러나 이성에 의해 진리를 인식할 수 있다고 생각하는 근대 과학자들에게 그러한 설명은 더 이상 설득력이 없게 되었고, 형이상학적 사변에 불과한 것으로 간주되었다. 그들은 인간 이성과 모순되는 모든 내용들을 제거하면서 자연에 대해 탐구하였다. 그래서 근대 과학은 자연의 모든 사물들에서 목적이나 의미 등과 같은 정신적인 요소들을 제거했다. 이제 자연은 더 이상 살아 있는 유기체적 자연이 아니라 하나의 거대한 기계가 되었다. 물리적 법칙에 따라 작동되는 기계처럼 자연은 인과적으로만 질서 지워지고 연결되어 있다. 목적론적 자연관에서 기계론적 자연관으로 변화된 것이다.

이러한 변화는 신의 존재를 가정하지 않고도 자연의 모든 현상과 존재를 설명할 수 있게 해주었다. 기계론적 자연관에서는 자연을 신비화하지 않고 목적이나 의미를 제거했기 때문에 자연을 어떤 질적인 관점이 아닌 양적인 관점에서만 바라볼 수 있게 되었다. 자연을 수로 나타낼 수 있기 때문에 수학적인 논리와 측량의 방법으로 자연을 탐구할 수 있게 되었다. 다시 말해 자연전체를 하나의 독자적인 물질로 간주하고, 물리적인 법칙들을 수학으로 설명하게 된 것이다. 우리는 근대가 그 이전의 시대보다 더 발전했기 때문에 복잡한 시대라고 생각하기 쉽지만, 사실은 그 반대이다. 근대 과학은 세계를 보다 단순한 하나의 원리로 설명하려고 노력했다. 그것은 자연을 양화시켜서 수로 나타낼 수 있기 때문에 가능했다. 이렇게 근대는 이성의 주체를 인간으로 파악함으로써 신의 섭리가 아닌 과학법칙으로 자연을 설명할 수 있게 되었다. 근대의 세계관은 모든 존재가 목적에 의해 움직이는 것이 아니라 자연의 법칙에 의해서 움직인다는 기계론적 세계관이다. 그리고 목적론적 자연관에서 기계론적 자연관으로의 변화는 지식을 탐구하는 모든 분야에 파급되었다.

근대 과학혁명이 야기한 이러한 기계론적 자연관은 사실상 신의 존재를 가정하지 않고도 모든 것을 설명할 수 있다고까지 생각하게 되었다. 더 나아가 근대 과학자들은 이성에 대한 절대적인 신뢰를 바탕으로 신이 초자연적으로 세계를 중재하지 않으며, 이성에 따라 사는 것이 신의 뜻에 따라 사는 것이라고 주장하였다. 이제 세계의 중심이었던 신은 근대적 세계관에서 점점 그 주변부로 밀려나가게 된 것이다. 따라서 기계론적 자연관은 수시로 자연사와 인간사에 개입하는 기독교의 인격신 개념과 양립할 수 없게 되었다. 근대 과학과 기독교는 이렇게 서로 다른 두 개의 세계관을 가지고 정면으로 대립하게 된 것이다. 이러한 상황에서 근대철학의 역할은 과학의 세계와 종교의 세계를 모두 포괄할 수 있는 새로운 지평을 마련하는 것이었다.

2. 근대 철학의 역할 : 과학과 기독교의 공존

현대 물리학자이자 종교학자인 바버(Ian G. Barbour)는 과학과 종교의 조화 가능성에 대해 철학의 역할을 강조한다. 그는 철학이 정교하게 다듬어진 일관성 있는 세계관을 세우는 데 기여한다면 과학과 기독교의 체계적인 통합이 가능해질 것이라고 주장한다. 또한 철학자들이 세운 포괄적인 세계관은 과학과 기독교의 공통적인 반성을 위한 광장 역할을 할 수 있다고 주장한다.[3] 바버가 기대하는 과학과 종교를 조화시킬 수 있는 세계관은 근대 합리론자들에 의해 일찍이 만들어졌다. 데카르트, 스피노자, 라이프니츠 등은 각각 다른 방식으로 과학과 종교를 포괄할 수 있는 세계관을 정립하였다. 이러한 관점에서 그들의 세계관을 차례로 살펴보기로 하자.[4]

1) 데카르트의 세계관 : 이신론과 기계론적 세계관

데카르트의 신관은 이신론(理神論)적 신관이다. 이신론은 근대과학의 기계론적 세계관과 기독교의 목적론적 세계관의 부조화를 해결하기 위한 방법의 일환이다. 이신론에 따르면, 신은 일단 우주를 창조한 뒤에는 더 이상 그것의 운행에 직접 개입하지 않으며, 우주는 신

---

3 이언 바버, 『과학이 종교를 만날 때』, 이철우 역, 김영사, 2002, 70쪽. 폴킹혼(John Polkinghorne)도 바버와 유사한 관점을 가지고 있다. 그의 입장은 다음을 참조하기 바란다. 존 폴킹혼, 『과학시대의 신론』, 이정배 역, 동명사, 1998, 88-114쪽.

4 우리는 1장에서 데카르트, 스피노자, 라이프니츠의 세계관을 보았다. 여기에서는 5장의 주제와 논의를 위해, 1장에서 언급한 그들의 세계관을 요약, 정리하였다.

이 부여한 자연법칙에 따라 기계적으로 운행된다. 다시 말해 신이 이 세계를 무로부터 창조해서 법칙을 부여한 다음, 이 세계로부터 초월해 있다는 것이다. 따라서 이 세계는 법칙에 의해서만 인과적으로 움직인다. 이신론자들은 '창조주로서의 신의 존재에 대한 믿음'과 '종교적 실천으로서의 양심을 토대로 하는 도덕'을 제외한 특별계시나 기적 등과 같은 모든 신비적 요소를 종교에서 제거한다. 이러한 이신론적 신관에서 기계론적 세계관은 신이 창조한 자연의 세계에서만 적용된다.

데카르트의 이신론은 신을 자연과 분리된 실체로 인정하게 만들었다. 그러나 신을 세계로부터 분리하는 것만으로 모든 문제가 해결되지 않았다. 그는 신과 분리된 세계를 다시 둘로 나누어야 했다. 왜냐하면 목적이 없는 자연이라는 기계에 자유의지를 가진 정신을 포함시킬 수 없었기 때문이다. 다시 말해 정신의 자유의지는 자연이라는 기계가 가진 법칙과 상충되기 때문에 신이 창조한 세계는 정신의 세계와 물질의 세계로 분리되었다. 신의 세계로부터 분리되고 또한 정신의 세계로부터 분리된 물질의 세계는 신의 섭리나 자유의지에 의해 운행되는 세계가 아니다. 그 세계는 물질 세계의 기계적 법칙, 즉 자연의 법칙에 의해 운행되는 세계이다. 이제 마음껏 자연 법칙들을 탐구할 수 있는 과학의 세계가 만들어진 것이다.

실체에 대한 데카르트의 정의는 크게 두 가지로 집약될 수 있다. 첫 번째로 실체는 자존적이고 독립적인 존재로 규정된다. 그는 실체란 '자신이 존재하기 위해 다른 어떤 것도 필요로 하지 않고 독립적으로 존재하는 것'(『철학의 원리』 51절)이라고 정의한다. 이런 실체는 오직 하나밖에 없으며, 그것은 바로 신이다. 신은 무한 실체로서 철저하게 자존적이고 필연적인 현존 자체이며 결코 창조된 존재가 아니다. 그

외의 모든 것들은 자신들의 창조와 지속적 현존을 위해 신에 의존한다. 그러나 데카르트는 피조물들을 실체 개념에서 완전히 배제하지 않는다. 그는 첫 번째 정의를 완화시켜서 '비록 존재하기 위해서는 신의 협력을 필요로 하지만, 다른 피조물에는 의존하지 않는 것'들도 실체로 받아들인다'(『철학의 원리』 52절). 신에 대한 의존성은 예외로 하고 피조물들 간의 관계만을 기준으로 한다면, 독립성과 자존성이라는 실체의 조건을 만족시킬 수 있는 것이 피조물의 경우에도 있다. 데카르트는 이러한 실체 개념으로 정신과 물체를 내세운다. 그래서 데카르트의 실체 개념에는 신이라는 무한 실체 외에 정신과 물체라는 두 개의 유한 실체가 있게 된다.

이런 정신과 물체의 실체관은 인간에 대한 데카르트 철학의 특별한 위상을 형성하는 데 기여하기도 했다. 데카르트는 진정한 인간을 육체와는 철저하게 구별되는 순수하게 생각하는 사유로 규정하고 있다. 이런 결론은 오직 두 종류의 실체, 즉 정신과 물체만을 허용하는 이원론적 존재론에서 필연적으로 도출되는 것이다. 따라서 데카르트에게 인간은 더 이상 전통 철학에서 주장하듯이 유기적 통일체가 아니다. 인간은 순수하게 정신적인 부분과 기계적인 육체적 부분의 기이한 이원론적 결합체로 여겨진다.

앞에서 보았듯이, 기계론적 세계관의 물체 개념에는 흙이나 돌 같은 것뿐만 아니라 식물, 동물과 같은 것들도 포함되어 있다. 생명의 유무에 따른 구별, 즉 흙이나 돌 같은 이른바 '생명이 없는 것들'과 식물이나 동물 같은 '생명이 있는 것들' 간의 구별은 더 이상 유효하지 않게 된 것이다. 이는 죽어 있는 것으로 여겨지는 것이든 살아 있는 것으로 여겨지는 것이든 크기, 모양, 운동이라는 동일한 원리에 의하여 설명될 수 있다는 점에서는 구별되지 않는다는 것을 의미한다.

이처럼 근대 과학의 기계론은 영혼이나 정신과 같은 형상의 원리를 추방함으로써 이 세계를 물질만 존재하는 기계적 세계로 만들었다.

그러나 문제는 인간의 경우이다. 인간 역시 신체를 가진 존재라는 점에서 물체의 범주에 들어간다. 그렇다면 인간을 설명하는 데에도 영혼이나 정신은 더 이상 필요가 없다는 말인가? 데카르트는 기계론적 세계에서 추방된 영혼이나 정신을 인간에게 귀속시킴으로써 사유하는 실체로서의 인간을 만들었다. 그렇지만 데카르트는 연장하는 실체인 신체도 인간의 본질을 구성하고 있다는 사실을 부인할 수가 없었다. 그래서 데카르트에게 인간만은 연장 실체인 신체와 사유 실체인 정신을 가진 예외적인 존재가 되었다. 그러나 하나의 개별체인 인간이 두 개의 실체가 된다는 것은 쉽게 이해할 수 있는 사실이 아니다. 더구나 데카르트에게 인간의 육체는 하나의 연장된 실체, 즉 물체이기 때문에 물질 세계의 기계론적 법칙에 따라 움직여야 하고, 인간의 정신은 사유 실체이기 때문에 그러한 법칙에 의해 지배받지 않고, 정신의 자유로운 의지와 결정에 따라야 한다. 이 때문에 한 인간은 두 개의 다른 법칙, 즉 기계적 세계의 법칙과 정신 세계의 법칙을 동시에 따라야 하는 모순된 결과에 직면하게 되었다. 인간은 두 개의 법칙 사이에서 딜레마에 빠지게 된 것이다.

기계론적 원리에 의해 움직이는 인간의 육체와 그러한 원리에 의해 지배받지 않는 정신이 서로 아무런 관계도 없이 병존만 한다면 이러한 딜레마를 벗어나기 어렵다. 그래서 그는 인간의 육체가 기계적 세계의 법칙에 따르지 않고, 마음의 의지와 결정에 따라 행동한다고 주장함으로써 해결책을 제시하고자 한다. 이러한 인과 관계를 설명하기 위해 그는 송과선이라는 가설을 내세웠다. 이것은 뇌의 뒷부분에 있는 송과선을 통해 정신이 자신의 의지를 몸에 전달하고, 또한 육체가 자신의 활동을 정신에 전달한다는 가설이다. 이러한 심신상호작용설로 말미암아 인간은 자연의 법칙을 따르지 않는 독립된 존재가 될 수 있었고, 또한 자연을 인식 대상으로 삼는 주체적 자아가 될 수 있었다. 이로써 데카르트는 인간을 신으로부터 독립한 존재일 뿐만 아니라 물리적 세계인 자연으로부터도 독립한 존재로 만들 수 있었다.

데카르트의 이신론적 신관과 기계론적 세계관의 결합은 초월적 창조자, 무로부터의 창조, 정신의 자유의지 등 기독교의 중요한 개념들을 인정하면서도 (물리적) 자연에 대한 과학 탐구를 계속할 수 있게 하였다.[5] 과학과 기독교를 모두 수용할 수 있는 세계관이 만들어진 것이다.

2) 스피노자의 세계관 : 범신론과 기계론적 세계관

데카르트는 신이 창조한 세계를 양분해서 정신 세계와 분리된 물질 세계를 설명했다. 그 덕분에 우리는 자연을 과학적으로 탐구할 수 있게 되었다. 하지만 데카르트는 각각 다른 세 세계(신의 세계, 정신 세계, 물질 세계)의 관계를 합리적으로 설명하지 못함으로써 존재론적인 문제뿐만 아니라 인식론적 문제와 심신론적 문제 등을 야기했다. 물질적 세계는 이성에 의한 과학적 탐구가 가능한 합리적 세계이지만, 다른 두 세계는 합리적으로 설명하기 힘든 세계이다. 사실상 세 개의 세계가 실재한다는 관점은 합리적 세계관이 될 수 없다. 합리적 세계

---

5 그의 이원론은 과학을 종교로부터 분리하여 자연에 대한 과학적 탐구를 자유롭게 해줄 수 있는 장점이 있었지만 사실상 이후 과학과 철학이라는 두 분야의 분리를 촉진시키는 계기가 되었다고 할 수 있다.

관에 따르면, 이 세계는 존재하는 모든 것들이 하나의 법칙에 의해 인과적으로 연결되어 있다. 이러한 세계 이외의 다른 세계의 실재를 인정한다는 것은 합리적 사고 방식이 아니다. 그러나 데카르트는 과학적 세계관과 기독교적 세계관을 공존시키는 위해 서로 다른 세 개의 세계를 인정하는 방법을 택했다.

데카르트가 해결하지 못한 대부분의 문제는 세계를 신으로부터 분리했을 뿐 아니라 다시 세계를 정신과 물체로 분리했기 때문에 발생한 것이다. 스피노자의 과제는 이러한 데카르트의 문제들을 해결하는 것이었다. 그 문제들을 근본적으로 해결할 수 있는 방법에는 하나의 세계만을 인정하는 방법이 있다. 관념론, 유물론, 무신론 등은 그러한 방법들이다. 특히 현대철학에서는 주로 유물론적인 방법으로 데카르트의 문제들을 해결하려고 한다. 이것은 신과 정신을 부정함으로써 세계를 물질로 단순화하는 방법이다. 그러나 스피노자는 다른 것을 부정함으로써 하나의 세계를 만드는 방법은 임시방편일 뿐 진정한 해결책이 될 수 없다고 생각하였다. 그는 정신과 물질, 그리고 신마저도 포함된 하나의 세계를 제시함으로써 데카르트의 잘못된 세계관에서 발생하는 문제들을 해결하고자 하였다. 따라서 스피노자에게는 하나의 실체, 즉 신만 있고, 이 신이 곧 자연이다.

스피노자가 데카르트의 문제점을 해결하는 방법은 의외로 간단하다. 정신을 다시 자연으로 귀속시켜 데카르트의 물질적 자연을 정신과 물질을 포함하는 자연으로 만드는 것이었다. 데카르트가 정신을 자연에서 떼어내어 인간에게만 포함시킨 이유는 인간 정신이 지닌 자유의지가 기계론적 자연관과 모순되기 때문이었다. 스피노자는 자유의지를 인간 정신의 상상이나 착각으로 간주하면서 부정하였기 때문에 기계적인 자연에 정신을 포함시키는 데 전혀 문제가 없었다.

인간 정신이 스스로 자유의지가 있다고 착각하는 것은 인간이 자기 의식을 하기 때문에 발생한다. 내가 던져서 날아가고 있는 돌이 자신이 날아가고 있다는 사실을 의식하고 있다고 가정해보자. 그리고 날아가고 있다는 사실의 원인인 내가 던져졌다는 사실을 모른다면 그 돌은 자신의 의지로 자유롭게 날아간다고 생각할 것이다. 우리는 이 돌을 조롱할 것이 틀림없다. 그런데 우리 인간이 이 돌과 같은 처지에 있다는 것이다. 따라서 원인에 대한 올바른 인식, 더 나아가 자연의 필연적 인과관계에 대한 인식은 자유의지에 대한 착각에서 벗어날 수 있게 해준다. 이렇게 스피노자는 인간 정신이 가진 자유 의지를 부정함으로써 정신을 기계적인 자연으로 다시 귀속시킬 수 있었다. 그 결과 정신과 물체로 분리되지 않은 하나의 실체를 주장할 수 있었다. 그리고 그의 자연관과 범신론에 의해 그 하나의 실체는 다름 아닌 신이 된다. 즉 그에게 실체는 신과 동일시되며, 이 실체 즉 신은 유일성을 지니고 있다. 데카르트에게는 신이라는 무한 실체와 정신과 물체라는 유한 실체가 있다. 반면에 스피노자에서는 여러 실체들이 하나의 실체로 단순화된 것이다. 이처럼 스피노자는 세계를 하나의 실체로 간주함으로써 신의 문제와 정신의 문제 등을 기계론적 세계관에 잘 융해시키고 있다.

어떤 대상, 사건, 경험이 고려되든지 그것들은 다른 사물, 사건, 경험들에 의존해 있고, 그것들은 또 다른 무수한 사물, 사건, 경험에 의존해 있다는 것을 발견할 수 있다. 이러한 계속되는 의존관계는 다른 어떤 것에도 의존하지 않는 절대적으로 독립적인 존재에 이를 때까지 무한히 계속될 것이다. 따라서 인과적 연쇄가 무한히 계속되지 않기 위해서 독립적인 존재, 다시 말해 자기 의존적인 존재가 있어야 한다는 것에 동의할 수 있게 된다. 그런데 새로운 문제가 제기될 수 있다. 즉 "자기 의존적인 존재는 무엇인가?", 또한 "이 존재는 자기에게 의존하고 있는 대상, 사건, 경험들의 세계와 어떤 관계에 있는가?"라는 문제가 제기된다. 일반적으로 자기 의존적인 존재인 절대자가 무로부터 세계를 창조하고, 그 세계가 스스로 유지되도록 법칙을 부여하고, 세계로부터는 이탈해 있다고 대답할 수 있다. 또한 절대자는 자신이 창조한 세계에 때때로 기적적인 방법으로 개입하는 전능하고, 초월적인 창조자이다. 이러한 이신론(理神論)적 생각은 스피노자 당시에 거의 일반적이었다. 데카르트 역시 이신론자로서 초월적 절대자의 무로부터의 창조를 인정하였다.

그러나 외부적 창조자와 무로부터의 창조에 대한 주장들은 스피노자를 만족시키지 못했다. 이것은 그의 철저한 합리적 세계관과 상충된다. 그에게 세계는 합리적으로 질서 잡혀져 있고, 인간의 이성으로 이해 가능한 세계이다. 따라서 이 세계를 초월해 있는 다른 존재나 세계를 인정하는 것이나 그 초월적 존재가 이 세계를 창조했다고 생각하는 것 등은 모두 인간의 상상력에 불과하다. 또한 무로부터의 창조와 같은 최대의 기적을 인정하는 것은 이 세계를 제대로 이해하는 데 방해가 될 뿐만 아니라, 세계에 관한 설명을 더 어렵게 만든다. 무로부터의 창조를 합리적이라고 설명하는 것은 거의 불가능하기 때문이다. 따라서 스피노자의 합리적 세계관에서 '초월적 창조자'와 '무로부터의 창조' 개념을 찾아볼 수 없는 것은 당연하다.

그에 따르면 이 세계에 존재하는 모든 것들이 궁극적으로 의존할 수 있는 절대적 존재, 즉 자기 의존적인 존재가 있어야 한다. 그러나 우주를 초월한 곳에서 절대적 존재를 찾는 신비적 방법은 문제해결에 도움이 안 된다. 그래서 스피노자는 각각의 사물, 사건, 경험 등의 절대적인 토대를 우주 안에서 찾으려고 시도했고, 그 토대는 다름 아닌 각각의 사물, 사건, 경험 등의 모든 체계적인 통일이다. 그래서 스피노자는 '이 세계 내에 존재하는 모든 것들이 체계적으로 통합된 전체'를 자기 의존적 존재로 간주한다. 이 '체계적으로 통합된 전체'로서의 존재는 다른 어떤 것에도 의존할 필요가 없는 자기 의존적인 존재이고, 세계의 모든 사물, 사건, 경험들은 이 존재에 의존하고 있다. 이러한 관점은 무로부터의 창조의 문제를 피할 수 있게 한다. 이 세계, 즉 자연은 무로부터 창조된 것이 아니라 자기 자신을 스스로 생성하고 소멸하는 것이다. 따라서 스피노자에게는 세계 스스로의 변화 생성이 곧 창조가 된다. 그리고 이 상호 연결된 시스템으로 이해되는 존재는 자연이라고 불린다.

스피노자는 우주를 초월한 어떤 존재도 인정하지 않았지만, 그 대신 존재하는 것이라고 불리는 것은 무엇이든지 우주 체계에 포함시키려고 시도하였다. 그래서 그는 물질을 부정하는 관념론, 정신을 부정하는 유물론, 또한 신의 실재성을 부인하는 무신론 등의 허울만 좋은 단순성을 거부하였다. 스피노자에게 정신, 물질, 또한 신마저도 우주 체계에서 자신들의 자리를 가진다. 범신론적 해석자들에 의하면, 스피노자에게 신의 자리는 바로 자연의 전 체계이다. 왜냐하면 신은 완전한 자존적인 존재로서 이해되는데, 그의 합리적 세계관에서는 우주체계, 즉 자연이 그러한 존재이기 때문이다. 따라서 '하나이면서 모든 것'이 신이고, 신은 '모든 것인 하나'가 된다. 이렇게 스피노자가 신과 자연과 동일시하기 때문에 학자들은 그의 학설을 범신론(pantheism)이라고 규정한다.

그의 범신론적 신관은 인격신, 초월적 원인, 무로부터의 창조를 부정함으로써 신적 본성의 필연성과 우주의 제일법칙을 동일시하게 한다. 소산적 자연 안에 있는 모든 존재는 능산적 자연의 필연적인 법칙, 즉 신적 본성의 필연성에 의해서 결정되어 있다. 따라서 과학적 탐구에 의해 (소산적) 자연 현상들의 법칙들을 많이 발견하는 것만이 우주의 제일법칙을 알 수 있는 유일한 길이 된다. 또한 그 길이 곧 신적 본성이 지니는 필연성을 인식하는 길이 된다. 이것은 과학적 설명이 곧 종교적 설명이 되고, 종교적 설명이 바로 과학적 설명이 된다는 것을 의미한다. 즉 종교와 과학의 간격이 없어짐으로써 신에 대한 인식이 우주의 법칙에 대한 과학적 탐구만으로 가능하다는 결론에 다다르게 된다. 이렇게 스피노자의 신관은 과학과 종교 사이에 다리를 놓고 있다.

3) 라이프니츠의 세계관 : 기계론적 세계관과 목적론 세계관의 통합

라이프니츠는 기본적으로 근대의 다른 철학자들처럼 기계론적 세계관을 수용한다. 기계론자들은 자연을 원자적 물질과 기계적 법칙에 의해 맹목적으로 이합 집산하여 이루어지는 기계적 조직체로 파악한다. 라이프니츠도 일단은 자연에 대한 기계론적 관점을 수용하여 자연현상이 기계적 구조에 따라 분석될 수 있다고 생각했다. 그러나 그는 자연의 참된 모습은 기계적인 차원을 초월한다는 신념을 가졌다. 그는 자연을 유기체적이고 목적 지향적인 존재자로 파악했기 때문에 기계론을 자연의 참모습에 접근할 수 있는 궁극적인 것으로 보는 당시의 세계관에는 반대하였다. 유기체적이고 목적론적인 관점에서 그는 자연의 내부조직과 운동구조가 인간의 기계적인 분석만으로는 설명할 수 없을 정도로 복잡하다고 주장한다. 그에 의하면, 존재의 구조는 원자론자들에게서처럼 단순히 기계론적으로만 분석되는 것이 아니라, 근본적으로는 목적론적으로도 파악되어야 한다.[6] 이처럼 라이프니츠는 목적론적 사고를 자연 인식의 기본원리로 인정해야 된다고 보고, 기계론적 사고에 대한 상보적 원리로 수용할 것을 요구한다. 그리고 그는 이러한 기계론적 세계관과 목적론적 세계관의 결합을 자신의 단자론을 통해 전개시키고 있다.

라이프니츠의 단자 개념은 '원자' 개념에 기초한다. 원자들은 사물을 구성하며, 세계 안의 모든 사물들은 원자들의 모양, 크기, 배열, 위치의 차이에 의해 생성된다. 그러나 라이프니츠는 단자 개념을 설명할 때 원자들이 갖고 있는 연장을 배제시킨다. 왜냐하면 단자는 부분이 없는 분할 불가능한 단순실체이기 때문이다. 일반적인 물리적 원자들은 물리적으로 분할될 수 없을지라도 그들이 공간을 갖고 있는 한, 이념적으로는 무한히 분할될 수 있다. 그렇기 때문에 모든 단순한 물리적인 원자들은 라이프니츠에게 비실재적이다. 그는 부분이 없는 곳에는 연장이나 모양도 없으며 분할도 불가능하다. 따라서 단자들만이 자연의 참된 원자들이며, 사실상 사물들의 요소라고 주장한다. 「볼더에게 보내는 편지」에서 라이프니츠는 단자란 우리가 자신의 내면으로부터 알고 있는 영혼과 본질적으로 다르지 않다고 말하고 있다. 이렇게 보았을 때 우리는 단자가 부분을 갖지 않는 단순한 실체임을 알 수 있다. 부분이 없다는 것은 연장이 없다는 것을 의미한다. 단순실체, 즉 단자는 위치, 운동성, 관성, 그리고 여러 가지 내재하는 활발한 힘을 갖고 있지만, 공간적인 연장은 갖고 있지 않다. 이렇게 라이프니츠는 실체의 속성에서 연장을 배제시킨다. 그는 데카르트나 스피노자가 연장을 실체의 속성을 나타내는 단순한 개념

6 서양근대철학회, 『서양근대철학』, 창작과비평사, 2001, 175-176쪽.

으로 생각한 것은 연장에 대하여 구체적으로 분석해 보지 않았기 때문이라고 주장했다. 따라서 라이프니츠에게 단자는 정신 즉 영혼이거나 적어도 정신적인 어떤 것이라고 규정할 수 있겠다. 그리고 이 단자들이 모여서 물체를 형성한다고 주장한다. 라이프니츠에게 물체는 단자들로 이루어진 집합체, 즉 단자들의 합성체인 것이다.

이러한 단자들로 구성된 세계는 신의 예정조화에 의해서 창조되었다. 우선, 신은 모든 가능한 단자들의 내부 원리를 예견하고, 내부 지각들이 서로 질서 있게 상응하는 방식으로 조화된 단자들의 집합인 세계를 구성한다. 그런데 무한한 신의 지성에서는 무한히 많은 가능한 세계가 구성될 수 있다. 이 가능 세계들 중에서 신은 최선의 세계를 선택해서 현실세계로 가져온다. 따라서 우리가 살고 있는 이 세계는 유일한 세계이자, 가능한 세계 중에서 가장 좋은 세계가 된다.

그런데 단자들은 모두 창이 없다. 이는 단자들이 독립적이고 자존적인 존재자라는 것을 의미한다. 단자란 실체 개념이고, 실체란 존재하기 위해서 다른 어떤 것도 필요로 하지 않는 독립된 존재이다. 따라서 각각의 단자들은 다른 단자들로부터 어떤 영향이나 도움을 필요로 하지 않는다. 단자들은 서로 단절된 관계에 있는 것이다. 그러나 우리는 단자들로 구성된 이 세계가 인과적으로 연결되어 있다는 것을 경험적으로 관찰할 수 있다. 라이프니츠는 경험적으로 관찰되는 인과적 원리, 즉 물체들이 인과적인 작용을 가진다는 사실은 물체를 구성하고 있는 단자들의 내적 본성에 근거한 신의 예정된 조화에 의한 것이라고 주장한다. 신의 예정조화에 의해서 하나의 단자는 다른 단자들과 관계를 맺으며 세계 전체의 조화로운 합일에 이를 수 있다는 것이다. 이렇게 라이프니츠는 신을 도입함으로써 단절된 단자와 단자의 관계를 연결하고자 한다. 그에 의하면 세계의 모든 사건은 사건이 그렇게 진행하도록 이미 예정된 순서에 따라 이루어지며, 현상 세계에서 관찰되는 모든 인과 관계는 사실상은 예정된 조화의 겉보기 현상일 뿐이다.[7] 단자들 상호간에는 상호작용을 하지 않지만 마치 상호작용을 하는 것처럼 보인다는 것이다.

정신성, 자존성과 더불어 단자의 또 다른 중요한 특징은 지향성 또는 합목적성이다. 즉 단자는 전체와 완전성을 지향한다. 단자는 최고의 가치를 지향하여 변화, 발전하는 존재자이고 세계는 이러한 목적 지향적인 단자들로 구성되어 있다.[8] 플라톤은 선의 이데아를 지향하는 목적론적 세계관을 주장했고, 아리스토텔레스는 최고의 목적인 순수 형상을 지향하는 목적론적 세계관을 주장했다. 이와 마찬가지로 라이프니츠의 세계관에서는 단자들이 가장 완전한 최상의 단자인 신을 지향한다. 이러한 관점에서 라이프니츠의 세계관은 단자들이 완전성을 목적으로 하고 있다는 목적론적 세계관이다. 여기에서 우리는 근대의 기계론적 세계관을 목적론적 세계관과 통합시키려는 라이프니츠의 노력을 볼 수 있다. 근대 과학자들에게는 세계가 생성하고 변화하는 목적이나 신이 세계를 창조한 목적 등은 무의미하다. 기계론적 세계관에서는 어떤 결과의 원인이 무엇인지를 묻는 것만으로 충분하다. 동기나 목적 등은 배제되는 것이다. 그러나 라이프니츠는 목적론적 세계관을 다시 도입한다. 세계는 인과 관계에 따른 단순한 운동에 의해 운행되는 것이 아니라, 신의 예정조화에 의해 완전성이라는 목적을 향해 움직인다,

그러나 라이프니츠의 세계관은 아리스토텔레스의 세계관과 중요한 차이점이 있다, 아리스토텔레스의 목적론적 세계관에서 가능태는

---

7 서양근대철학회, 앞의 책, 170-171쪽.

8 같은 책, 171쪽.

현실태가 될 수도 있고, 되지 않을 수도 있다는 비결정론을 주장한다. 이와는 달리 라이프니츠의 세계관에서는 신이 세계를 창조할 때 이미 예정되어 있으므로 세계 안의 있는 사물들의 미래 변화가 발생할 수도 있고, 발생하지 않을 수도 있는 것이 아니다. 다시 말해 발생하도록 되어 있는 것은 분명히 발생하고, 발생하지 않도록 되어 있는 것은 발생하지 않는다고 하는 예정조화의 결정론이다.[9] 라이프니츠에게 기계론적 인과관계는 신의 예정 조화에 의해 창조된 결정론적 세계를 과학이 현상적으로 파악한 것에 지나지 않는다.

이러한 예정조화론적 결정론은 자유 의지가 없어 보인다. 그러나 라이프니츠는 스피노자가 부인한 인간 정신의 자유의지를 그의 세계관에서 설명하고자 노력한다. 그는 단자들의 세계를 자유 의지가 없는 비이성적 단자들과 자유 의지를 가지고 있는 이성적 단자들로 구분한다. 모든 단자들은 일단 신에 의해 창조되면 자동기계와 같이 자발적으로 활동하는 생명체와 같다. 그러나 이성이 없는 단자들은 선택의 능력이 없고, 이성을 가진 단자인 인간 정신만이 선택의 자유가 가능하다. 신은 이러한 단자들의 집합인 우주를 하나의 일관된 법칙에 의해 지배되도록 하기 위해 모든 단자들의 미래 활동을 예견하여 서로 조화되게 배열하였다. 즉 신은 세계를 창조하기 이전에 이미 그의 지성 안에서 모든 단자들의 변화 과정을 예견함으로써 단자들이 서로 조화를 이루도록 하였다. 이는 단자들이 신이 예정한 대로 행동하는 것을 의미하는 것이 아니다. 거꾸로 단자들이 자발적으로 행동하는 것을 신은 전지하기 때문에 예견하는 것이고, 이러한 예견을 통하여 단자들이 서로 조화되도록 배열했다는 것을 의미한

9 윤선구, 「라이프니츠」, 장영란 외, 『가능성』, 산해출판사, 2001, 65쪽.

다. 여기에서 우리는 선택의 자유의 가능성을 찾을 수 있다. 신은 전지하기 때문에 결정적인 사건만을 예견할 수 있는 것이 아니라 인간의 자유의지에 의한 사건도 예견한다. 따라서 현실 세계에서 일어나는 인간의 행위는 신에 의해 강제된 것이 아니라 인간의 자유 의지에 의한 것이고, 신은 이것을 예견하고 허용했을 뿐이다.[10]

데카르트는 기계론적 세계관과 기독교적 세계관을 양립시키기 위해 이신론을 주장했다. 그러나 이는 두 개의 세계를 인정함으로써 과학과 기독교는 각각 서로 다른 세계를 설명하는 별개의 문화가 되었다. 이를 극복하기 위해 스피노자는 하나의 세계를 설명했지만, 기독교적 관점을 수용하기에는 역부족이다. 무로부터의 창조, 초월 신, 자유의지 등은 스피노자의 범신론적 세계관에서는 수용되지 않는다. 그러나 라이프니츠의 예정조화론은 과학과 기독교의 관점을 모두 수용할 수 있는 세계관을 정립하였다. 그의 예정조화론은 기계론적 세계관에 목적론적 세계관을 도입함으로써 현상 세계를 탐구하는 자연과학을 정당화하면서도 신의 창조, 자유의지 등을 인정하는 기독교적 세계관을 수용하고 있다.[11]

---

10 라이프니츠의 자유의지에 대해서는 다음을 참조하였다. 서양근대철학회, 앞의 책, 179-180쪽; 윤선구, 앞의 논문, 66-69쪽.

11 이렇게 양자를 포괄할 수 있는 세계관에 대한 담론이 합리론 철학자들에 의해 꾸준히 제기되었다. 물론 '과학자와 기독교인들이 합리론자들의 세계관을 인정했는가'라는 문제는 남아 있다. 그러나 당대의 과학자와 신학자에게 이러한 담론의 장을 제공했다는 사실만으로 합리론 철학은 다른 학문이 할 수 없는 중요한 역할을 했다고 생각한다.

3. 과학과 기독교의 대립과 갈등에서 철학의 역할

1) 과학주의와 과학 혁명의 구조

(1) 과학주의

과학주의는 한마디로 '과학이 진리로 이끄는 믿을 만한 유일한 인도자라고 믿는 것'으로 정의될 수 있다. 그래서 과학주의자들은 과학만이 객관적 실재를 인식할 수 있는 완전히 믿을 만한 유일한 방법이라고 주장한다.[12] 과학적 방법은 다음과 같이 설명될 수 있다. 과학은 공개된 자료로부터 출발한다. 그리고 이론들은 실험 관찰에 의해 검증될 수 있는 가설로 구성된다. 많은 이론들 가운데 특정 이론을 선택하고 지지하는 것은 일관성, 객관성, 포괄성, 응용 가능성 등의 평가 기준이다. 이러한 과학의 입장에 따르면 종교적 믿음이란 받아들이기 어려운 것이다. 왜냐하면 종교에는 과학에서와 같이 공개된 자료, 실험적 검증, 평가 기준 따위의 요소들이 없기 때문이다. 그래서 과학주의자들은 과학만이 객관적이고, 누구나 검증해 볼 수 있고, 보편적이고, 축적적이고, 진보적이라고 주장한다. 이에 반해 종교적 전통은 주관적이고, 폐쇄적이고, 편협하고, 변화를 거부한다.[13] 이렇게 과학주의는 총체적 진리에 도달하는 유일하고 적절한 방법은 과학뿐이라고 주장하는 과학 절대주의이다.

이러한 과학주의적 사고는 종교뿐만이 아니라 철학과의 대화도 거부한다. 앞에서 보았듯이 근대 철학은 과학과 기독교적 사유를 수용할 수 있는 세계관을 마련해 줌으로써 두 문화 간의 다리 역할을 하

12 존 호트, 『과학과 종교, 상생의 길을 가다』, 구자현 역, 김영사, 2003, 27쪽.
13 이언 바버, 앞의 책, 34쪽.

였다. 즉 과학과 기독교 간의 괴리를 줄이기 위해서는 양자를 조화시킬 수 있는 제3의 문화가 나타나야 하는데, 근대에는 철학이 그 역할을 담당할 수 있었다. 근대의 과학자들은 자신들의 이론을 정당화하는 데 철학이 필요했고, 기독교 역시 자신들의 세계관을 정당화하기 위해 철학의 도움을 필요로 했다. 오늘날 철학이 이러한 역할을 담당하는 것은 쉽지 않아 보인다. 많은 현대 과학자들은 더 이상 자신들의 이론에 대한 인식론적 정당성을 철학자들에게 묻지 않는다. 더 나아가 그들은 철학이 과학의 영역에 침범하거나 비판하는 것에 대해 단호하게 제동을 건다. 현대 과학자들은 더 이상 철학을 자신들의 파트너로 인정하지 않는 것이다. 과학은 이미 새로운 종교가 되어 버렸으며 과학에 대해 문제제기를 하는 것조차 금지된다. 과학자들의 이러한 태도는 '과학주의'라는 그들의 신념에 기초하고 있다.

(2) 과학 혁명의 구조

과학자들은 과학 절대주의에 빠져서 과학을 비판하는 입장을 모두 비합리적이라고 매도한다. 우리는 이러한 과학의 거칠 것 없는 위력에 비판의 잣대를 대 볼 필요가 있다. 과학자들의 이러한 권위를 비판하기 위해 우리는 토마스 쿤(Thomas S. Kuhn)이 지적하고 있는 과학 혁명의 구조에 주목을 할 필요가 있다.

전통적 과학관에서는 과학은 합리적이며 엄밀하고 객관적인 학문으로 생각되었다. 그러나 이러한 전통적 과학관은 토마스 쿤에 의해 도전을 받기 시작했다. 쿤은 『과학혁명의 구조』에서 과학은 비합리적이고 상대주의적인 요소를 더 많이 포함하고 있다고 주장하였다. 쿤은 이를 패러다임이라는 용어를 가지고 설명하고 있다. 기본적으로 하나의 패러다임은 사물들을 바라보는 한 가지 방식, 즉 공유된 일련의 가정과 신념, 독단, 규약, 이론 등이다.[14] 그리고 과학자들은 그것의 전제에 대해 의심하지 않고 받아들이는 공통의 패러다임, 즉 독단적인 패러다임을 가지고 있다. 정상적인 과학 활동은 바로 이러한 공통의 패러다임을 가지고 연구하는 활동으로 쿤은 이를 정상과학이라고 불렀다. 그러나 정상과학이 가진 패러다임으로는 풀리지 않는 변칙적인 현상들이 있게 되고, 이러한 변칙성이 많아지면 패러다임에 위기가 찾아온다. 기존의 패러다임을 파괴하는 변칙적 현상들을 더 이상 회피할 수 없을 때 뛰어난 과학자들에 의해 새로운 패러다임이 모색되고, 한동안 두 가지 패러다임이 경쟁하게 된다. 그러다가 새로운 패러다임이 과학자 집단의 지지를 받아 승리하게 되면 과학 혁명이 일어나면서 새로운 패러다임을 가진 혁명 과학이 그 자리를 접수한다. 그리고 이러한 혁명과학은 다시 안정되어 새로운 전통, 즉 새로운 정상 과학이 된다. 이렇게 쿤은 정상과학에 혁명이 뒤따르고 이는 다시 정상과학이 되고, 또 다시 혁명이 뒤따르는 식의 순환을 통해 과학이 진보한다고 주장한다.[15]

쿤은 이러한 과학 혁명의 구조를 지적하면서 과학의 객관성을 부정한다. 과학의 객관성을 지탱해 주는 것은 다름 아닌 관찰의 객관성과 중립성이다. 그러나 쿤에 의하면 관찰은 중립적인 것이 아니다. 관찰은 패러다임에 의해 그것의 내용이 규정되며, 패러다임이 다르면 동일한 것을 관찰하더라도 각각 다르게 이해한다. 또한 하나의 패러다임 속에는 세계에 대한 형이상학적 원리 및 가치관이 이미 포함되어 있다. 따라서 과학이 가치 중립적이라는 전통적 과학관의 주

---

14 지아우딘 사더, 앞의 책, 103쪽.

15 오창희, 「현대 과학철학과 기독교」, 현요한 엮음, 『기독교와 과학』, 장로회신학대학교출판부, 2002, 178-179쪽.

장은 부정될 수밖에 없다. 또한 쿤에 의하면 두 개의 패러다임이 경쟁할 때 관찰에 의해 승패가 결정되는 것이 아니라 과학자 집단의 인정에 의해 승패가 결정되기 때문에 새로운 패러다임을 수용하는 것은 마치 기독교적 개종과도 같은 심리적 요인이 크게 작용한다. 결국 쿤은 과학의 객관성을 부정하고 상대주의적인 요소를 지적하면서 과학의 합리성에까지 의문을 제기하고 있다.[16]

쿤은 과학 자체가 세계에 대한 지식이 아니라 세계에 대한 한 가지 해석에 불과한 것이라는 점을 시사하고 있다. 과학은 사실에 대한 진리가 아니라 해석의 패러다임을 제공할 뿐이므로 예술, 시, 종교 등과 대등한 위치와 타당성을 갖는다. 과학은 더 이상 절대적인 진리도 아니고, 이 세계의 실재를 밝혀주는 유일한 방법도 아니다. 과학주의자들은 논증할 수 없으면 말하지 말라고 외친다. 그러나 인간의 삶과 역사를 과연 논증할 수 있을까? 과학이 금과옥조로 삼는 물리적 인과 법칙은 우리의 삶 어디까지 말할 수 있는가? 2천 년 전부터 올바른 설명으로 인정되어 왔던 아리스토텔레스의 역학은 뉴턴에 의해 잘못된 것으로 판명되었고, 뉴턴의 역학조차도 상대성 이론과 양자역학에 의해 도전을 받으면서 이미 고전 물리학이 되어 버렸다. 또한 프톨레마이오스 천문학은 코페르니쿠스 천문학에 의해 잘못된 이론으로 판명되었고, 입자 광학은 파동 광학에 의해 한물간 과학이론이 되었다. 따라서 과학자들은 과학적이라고 믿고 있는 지식이 언젠가는 바뀔 수 있다는 조심스러운 태도를 취해야 한다.[17] 과학이 철학,

---

16 같은 책, 179-180쪽. 쿤의 사상에 대해서는 여러 관점이 있다. 이 글에서 제시된 쿤의 사상은 그를 상대론자로 보는 해석에 기반을 두고 있다.

17 이유선, 「지식과 진리」, 과학철학교육위원회 편, 『과학기술의 철학적 이해』, 한양대학교출판부, 2003, 14쪽.

종교, 예술 등의 타문화와 조화롭게 공존하기 위해서는 과학만이 절대적인 진리라는 과학주의적 태도를 버려야 한다.

2) 성서 문자주의

과학주의가 종교뿐만 아니라 철학과도 단절된 과학 문화를 형성하듯이 성서 문자주의는 진리를 인식할 수 있는 유일한 방법으로 성서를 내세우면서, 과학과 철학을 배제하는 종교 문화를 형성한다. 성서 문자주의는 성서의 기술을 문자 그대로 이해하려는 입장이다. 성서의 기술에는 처음부터 끝까지 전혀 오류가 없으며 문자 그대로 사실이라는 것이다. 성서 문자주의자들은 이렇게 성서의 무오류성을 고집하기 때문에 성서의 기술은 '선지자들의 삶과 그리스도의 삶 속에서 일어난 핵심적인 계시에 대한 인간적 증언'이라는 주장에 단호히 반대한다.[18] 그래서 그들은 성서 무오설에 기초해서 동정녀 탄생, 육체 부활, 예수의 재림, 기적 등을 무조건 문자적으로 인정하고, 의심 없이 믿어야 한다는 근본주의적 입장을 가지고 있다.[19]

성서 문자주의자들은 과학적 개념들이 성서의 글자와 합치하지 않으면, 과학이 잘못되었고, 종교가 확실히 옳다고 주장한다. 이것은 진화론, 우주의 창조, 생명의 기원 등의 문제에 대해서 특히 그러하다. 그들은 성서가 진정한 과학을 가르치고 있으며, 세속 과학이 성서의 문자와 일치하지 않는다면 거부되어야 한다고 주장한다.[20] 이

---

18 이언 바버, 앞의 책, 39-40쪽.

19 오늘날 문자주의에 기초한 근본주의자의 숫자는 미국에서는 20~40% 정도를 차지한다. 그러나 우리 나라의 경우 90~95% 정도를 차지하고 있다(오강남, 『예수는 없다』, 현암사, 2001, 27-28쪽).

처럼 성서 문자주의자들에게 과학은 기독교의 적이 되는 것이다.

그러나 문자주의자들의 주장에 따라 성서가 완전 무오하다면 지구가 태양 주위를 돈다는 것을 주장하는 지동설은 성서 구절에 어긋나는 이론이기 때문에 우리는 지구는 판판하고 태양이 지구 주위를 돈다는 천동설을 주장해야 한다. 따라서 문자주의자들은 지동설을 인정하는 사람들을 반기독교적이라고 주장해야 한다.[21] 그러나 갈릴레오는 성서 구절에 대한 이해를 과학적 사실에 적용해서는 안 된다는 점을 지적한다. 그의 말처럼 우리는 성서를 과학적으로 쓰인 책이라는 생각을 가져서는 안 된다. 성서는 우리가 천국으로 가는 길을 말해주지 결코 하늘의 운행에 관해서 말해주는 책이 아니다.[22] 문자주의자들이 지동설이나 진화론을 반박하는 논거로 성서 구절을 내세우는 것은 종교적 진리와 과학적 진리를 구분하지 못하기 때문이다. 그래서 그들은 과학 절대주의자들처럼, 종교적 진리만이 진정한 진리라는 절대주의적 입장에서 벗어나지 못하고 있는 것이다.

그러나 기독교는 이러한 성서 문자주의에서 벗어나야만 과학과 대화할 수 있는 길을 만 들 수 있다. 호트(John F. Haught)에 의하면 문자주의자들은 기독교의 핵심을 놓치고 있다. 창조에 대한 성서적 설명의 심오한 의미는 우주가 선물이라는 근본적인 메시지, 그리고 이 선물에 대한 인간의 적절한 반응은 감사와 신뢰여야 된다는 점이다. 그런데 우리가 던지는 성서에 대한 일차적인 질문이 우주의 시작이나 생명의 기원에 대한 과학적 호기심 중 하나를 충족시키려는 것이

---

20 존 호트, 앞의 책, 20-21쪽.

21 성서 문자주의자들이 천동설의 근거로 삼고 있는 성서 구절들은 시편 19편 4-6절, 전도서 1장 4절, 여호수아 10장 12-13절 등이다.

22 김용준, 『갈릴레오의 고민』, 솔출판사 1995, 218쪽; 찰스 험멜, 앞의 책, 11쪽.

라면 우리는 성서의 진짜 의도를 틀림없이 놓치고 있다. 그것은 과학의 역할을 성서에서 요구하는 것이 된다. 성서는 과학 이전 시대에 기록되었으므로 그것의 일차적 의미는 20세기 과학의 용어로 전개될 수 없다. 그러나 성서 문자주의자들은 성서가 문자 그대로 진리이기 때문에 우주의 창조에 대해 명확하게 설명을 해 줄 수 있다고 주장한다. 그리고 성서의 설명과 어긋나는 과학 이론은 잘못된 이론으로 간주한다.[23] 예를 들어 그들은 진화론을 과학적으로 잘못된 이론으로 간주하면서 창조에 대한 대안적 과학 이론의 원천으로 성서를 제시한다. 신이 태초(대략 1만 년 전)에 현재의 형태로 생물들을 창조했다고 말하는 창세기가 진화론보다는 더 좋은 과학적 가설임을 함축하고 있다고 역설한다. 더 나아가 그들은 성서의 본문이 다윈주의 과학보다 지질학, 생물학, 고생물학의 실제 데이터에 더 잘 들어맞는다고 주장한다.[24]

그러나 성서는 역사적, 과학적 정보를 제공하는 것을 일차적 목적으로 삼지 않았다. 성서는 우리에게 정보를 주기 위한 책이 아니고 궁극적 변화를 주기 위한 책이다. 즉 성서의 목적은 우리에게 지적 내용을 불러일으키기 위한 것이 아니라, 깨달음을 불러일으키기 위한 것이다. 따라서 우리가 성서를 문자 그대로 믿으면 성서가 주는 깊은 뜻을 놓쳐버리게 된다. 성서가 주는 더 깊은 뜻은 문자를 넘어서 있는 것이다. 예를 들어 노아의 홍수 이야기를 믿는 것은 그것이 역사적으로나 과학적으로나 사실이기 때문이 아니다. 그것의 역사적 과학적 정확성이 중요한 것이 아니라 나에게 주는 깊은 뜻을 헤아려서 깨달음을 얻는 것이 중요하다. 그리고 이 깨달음을 통해서 얻은

23 존 호트, 앞의 책, 84-85쪽.

24 같은 책, 81-82쪽.

진리는 역사적, 과학적 진리와 구분되는 종교적 진리이다. 성서가 진리이기 위해서는 반드시 문자적으로 진리일 필요가 없는 것이다.[25]

성서 문자주의는 기독교가 다른 문화와 대화하기 위해서 우선적으로 버려야 할 태도이다. 문자주의는 성서의 권위를 절대적인 것으로 인정하기 때문에 과학의 권위를 절대적인 것으로 인정하는 과학주의와 정면으로 대립할 수밖에 없다. 또한 문자주의와 과학주의 모두 철학, 예술 등의 다른 문화에 대해 배타적인 자세를 취할 수 없다. 과학과 기독교가 과학주의와 문자주의적 태도를 버리면 대화의 가능성은 열려 있다. 예를 들어, 과학주의에 기초하지 않은 진화론은 신의 존재 유무에 대해 언급하지 않기 때문에 유신론적 진화론도 얼마든지 가능하다. 진화는 신의 존재를 배제하는 것만은 아니다. 그리고 문자주의를 택하지 않는 기독교는 이러한 진화론을 받아들이는 것이 가능하다. 하나님이 만물을 창조하시되 진화론적 과정을 거쳐서 생물을 창조했다고 해도 전혀 문제가 없기 때문이다. 물론 진화의 방식으로 창조가 이루어졌는지는 경험적인 자료를 가지고 연구할 과학의 문제이다.[26] 한스 큉에 의하면 진화와 창조는 대립되는 개념만은 아니다. 진화는 신, 인간, 창조에 대한 더 깊은 이해를 가능하게 하고, 창조는 진화와 대립되지 않으면서 진화를 가능하게 만든다.[27] 이렇게 과학주의와 문자주의적 관점에서 벗어난다면, 진화론의 문제뿐만 아니라 다른 많은 문제에서도 과학과 기독교는 대화할 수 있게 될 것이다.

교황 요한 바오로 2세는 과학과 종교에 대해 이런 말을 한 적이

---

25 오강남, 앞의 책, 68, 85-88쪽.

26 오창희, 앞의 논문, 191-192쪽.

27 Hans Kung, Does God Exist? trans. by Edward Quinn(New York: Doubleday, 1980), 347쪽.

있다. "과학은 종교로부터 그릇된 생각과 미신을 추방하여 종교를 정화시킬 수 있으며, 종교는 과학으로부터 맹목적 심취와 그릇된 절대화의 위험을 제거하여 과학을 정화시킬 수 있다. 과학과 종교는 서로 상대방으로부터 장점을 취함으로써 한층 넓은 세계, 곧 과학과 종교가 함께 번영할 수 있는 세계로 나아갈 수 있다"[28] 화이트헤드(A.N. Whitehead)는 『과학과 근대세계』에서 과학과 기독교의 갈등을 인정하면서도 그것을 긍정적으로 보았다. 왜냐하면 이러한 충돌을 통해 종교는 한층 더 심화되고, 과학은 더 정밀하게 될 것이기 때문이다.[29]

그러나 이러한 낙관론적인 생각들이 현실화되기 위해서는 과학주의와 문자주의적 태도를 버리고 서로의 존재를 인정해 주는 자세가 절대적으로 필요하다. 과학은 관찰과 실험에 의해 이 세계를 이해하려는 방식을 가지고 있고, 종교는 깨달음을 통해 이 세계를 이해하려는 방식을 가지고 있다는 점을 서로가 인정해 주어야 한다.

과학주의와 문자주의를 버리면 우리는 과학과 종교의 딜레마에서 빠져 나와 양쪽 모두를 택할 수 있는 것이다. 과학자는 종교를 가질 수 있게 되고, 또한 기독교인은 성서와 모순되는 과학이론을 인정할 수 있게 된다. 과학과 기독교가 경계해야 할 대상은 서로가 아니라 자신들의 내부에 있는 과학주의와 문자주의에 근거한 독단적인 태도이다. 호트는 과학적이든 종교적이든 우리의 이해는 우주든 신이든 실제 세계를 향하고 있다고 말한다. 그러나 그는 우주와 신이 인간의 마음이 담기에는 너무 거대하기 때문에 과학과 종교는 항상 수정할

---

28 "Message of his Holiness John Paul II." in John Paul II on Science and Religion : Reflections on the New View from Rome, ed. Robert John Russell, William R. Stoeger, S. J. and George V. Coyne, S.J.(Vatican Observatory, 1990), p. M13.

29 화이트헤드, 『과학과 근대세계』, 오영한 역, 삼성출판사, 1982, 215-217쪽.

준비가 되어 있어야 한다고 주장한다.[30]

과학과 기독교가 서로 조화되기 위해서는 서로 만날 수 있는 접경 지역이 필요하고, 우리는 근대에는 철학이 그 지역을 담당하고 있는 것을 보았다. 근대에서처럼 철학이 과학과 기독교를 연결시키는 제3의 문화 역할을 할 수 있으려면 과학과 기독교 모두 절대주의적 태도를 지양하고, 대화할 준비가 되어 있어야 하는 것이 일차적인 요건이다. 사실 과학과 기독교는 자신의 방식으로 진리를 향한 끈질긴 도전과 시도를 해왔다. 이러한 과학과 기독교가 힘을 합쳐 세계의 참 모습에 관해 탐구를 하기 위해서는 인문학 분야의 협조가 필요하다. 특히 철학은 과학과 기독교적 사유가 만날 수 있는 토대를 제공해 줌으로써 과학과 기독교 간의 대화를 풍요롭게 해 줄 수 있을 것이다. 또한 철학은 과학과 기독교의 분열된 현상에 맞서 이를 통일적인 관점에서 재조명하는 작업을 담당할 수 있을 것이다.

---

30 존 호트, 앞의 책, 33쪽.

:: 참고문헌

1차 문헌

Aristoteles, *The Works of Aristotle Translated into English*. 2 vols. Edited and translated by Ross, W. D. Oxford: Oxford University Press, 1926.

Descartes, Rene, *The Philosophical Works of Descartes*, 2 vols. Translated by E. S. Haldane G. R. T. Ross, Cambridge: Cambridge University Press, 1979.

Spinoza, Baruch. *The Chief Works of Benedict de Spinoza*. 2 vols. Translated by R. H. M. Elwes, London: Chiswick Press, 1883.

______, *The Collected Works of Spinoza*. Vol. 1. Edited and translated by Edwin Curley. Princeton: Princeton University Press, 1985.

______, *The Correspondence of Spinoza*. 2 vols. Edited and Translated by A. Wolf. London: Frank Cass, 1966.

______, *The Letters*. Translated by Samuel Shirley. Indianapolis and Cambridge: Hackett Publishing Company, 1995.

______, *Ethics*. Translated by James Gutmann. New York and London: Hafner Press, 1949.

______, *Spinoza Opera*. 4 vols. Edited by Carl Gebhardt. Heidelberg: Carl Winter, 1925.

Leibniz, *Leibniz: Discourse on Metaphysics, Correspondence with Arnauld and Monadology*. trans. Dr. George R. Montgomery. Illinois: The Open Court Publishing Company, 1950.

______, *Monadology and Other Philosophical Essays*. trans. Paul Schrecker and Anne Martin Schrecker. New York: The Bobbs - Merrill Company, 1965.

_______, *Monadologie*. trans. Hermann Glockner. Stuttgart: Reclam-Verlag, 1954.

_______, *Philosophical Papers and Letters*. ed. and trans. L. E. Loemker. 2nd ed. Dordrecht and Boston: Reidel, 1969.

_______, *The Leibniz Arnauld Correspondence*. ed. and trans. H. T. Mason. Manchester: Manchester University Press, 1967.

_______, *Die Philosophischen Schriften von G. W. Leibniz*. ed. C. I. Gerhardt, 7 vols. Berlin: Weidmannsche Buchhandlung, 1875 - 1890.

_______, *Smtliche Schriften und Briefe*, ed. Prussian Academy of Sciences. Darmstadt, 1923.

_______, *Philosophical Essays*. trans. Roger Ariew and Daniel Garber. Indianapolis and Cambridge: Hackett Publishing Company, 1989.

2차 문헌

Ackrill, J. L. Aristotle's Definition of *Psyche,* In *Articles on Aristotle*, vol. 4, edited by Jonathan Barnes, Malcolm Schofield, and Richard Sorabji, pp. 65-75.

Adams, R. M. "Phenomenalism and Corporeal Substances in Leibniz", *Midwest Studies in Philosophy*, Vol VIII. Minneapolis: University of Minnesota Press, 1983.

Allison, Henry E. *Benedict de Spinoza: An Introduction*. New Haven: Yale University Press, 1987.

Aquila, Richard. The Identity of Thought and Object in Spinoza. *Journal of the History of the Philosophy 16* (1978): pp. 271288.

Bakker, Jonathan Bushnell. Did Spinoza Have a Double Aspect Theory? *International Studies 14* (1982): pp. 116.

Baldwin, James Mark, ed. *Dictionary of Philosophy and Psychology*. 2 vols.

New York and London: Macmillan, 1901.

Barker, H. Notes on the Second Part of Spinoza's *Ethics* (3 parts). In *Studies in Spinoza*, edited by S. Paul Kashap, pp.101-167.

Barnes, Jonathan, Malcolm Schofield, and Richard Sorabji, eds. *Articles on Aristotle*, vol. 4, *Psychology and Aesthetics*. London: Duckworth, 1979.

Beck, Robert N. The Attribute of Thought. In *Spinoza's Metaphysics: Essays in Critical Appreciation*, edited by James B. Wilbur, pp.112.

Bennett, Jonathan. Eight Questions about Spinoza. In *Spinoza on Knowledge and the Human Mind*, edited by Yirmiyahu Yovel, pp.11-25.

______. *A Study of Spinoza's Ethics*. London and New York: Cambridge University Press, 1984.

______. A Note on Descartes and Spinoza. *The Philosophical Review 74* (1965): pp.379-380.

______. Spinoza's Metaphysics. In *The Cambridge Companion to Spinoza*, edited by Don Garrett, pp.61-88.

Brandon, Robert B. Leibniz and Degrees of Perception *Journal of the History of Philosophy*. Vol. XIX. October 1981, Number 4.

Broad, C. D. *Leibniz: An Introduction*. London: Cambridge University Press, 1975.

Brown, Stuart. *Leibniz: Philosophers in Context*. Brighton: The Harvester Press Ltd., 1984.

Curley E. M. *Behind the Geometrical Method: A Reading of Spinoza's Ethics*, Princeton: Princeton University Press, 1988.

______. *Spinoza's Metaphysics: An Essay in Interpretation*, Cambridge, Massachusetts: Harvard University Press, 1969.

Curley, Edwin, and Pierre-Francois Moreau, eds. *Spinoza: Issues and Directions*. Leiden and New York: E. J. Brill, 1990.

Davidson, Donald. *Essays on Actions and Events*. Oxford: Claren Press, 1980.

Delahunty, R. J. *Spinoza*. London, Boston, Melbourne and Henley: Routledge and Kegan Paul, 1985.

Della Rocca, Michael. Causation and Spinoza's Claim of Identity. *History of Philosophy Quarterly, 8* (1991): pp.265-276.

______. Spinoza's Argument for the Identity Theory. *The Philosophical Review, 102* (1993): pp.183-213.

______. Spinoza's Metaphysical Psychology. In *The Cambridge Companion to Spinoza*, edited by Don Garrett, pp.192-266.

______. *Representation and the Mind-Body Problem in Spinoza*. New York and Oxford: Oxford University Press, 1996.

Donagan, A. Spinoza's Proof of Immortality, in *Spinoza: Critical Assessments of Leading Philosophers*, vol. 2. Edited by G. Lloyd, Routledge, 2001.

______. *Spinoza*. New York: Harvester and Wheatsheaf, 1988.

______. Essence and the Distinction of Attributes in Spinoza's Metaphysics. In *Spinoza: A Collection of Critical Essays*, edited by Marjorie Grene, pp.164-181.

______. Spinoza's Dualism. In *The Philosophy of Baruch Spinoza*, edited by Richard Kennington, pp.89-102.

Fleming, Noel. On Leibniz on Subject and Substance. *The Philosophical Review*, Jan., 1987.

Freeman, Eugene and Maurice Mandelbaum, eds. *Spinoza: Essays in Interpretation*. LaSalle, Illinois: Open Court, 1975.

Friedman, J. I. Spinoza's Problem of 'Other Minds'. *Synthese, 56* (1983): pp.99-126.

______. Spinoza's Denial of Free Will in Man and God. In *Spinoza's Philosophy of Man*, edited by Jon Wetlesen, pp.51-83.

Garrett, Don, ed. *The Cambridge Companion to Spinoza*. Cambridge: Cambridge University Press, 1996.

Grene, Marjorie and Debra Nails, eds. *Spinoza and the Sciences*. Dordrecht: Reidel, 1986.

Grene, Marjorie, ed. *Spinsoza: A Collection of Critical Essays*. Garden City,

New York: Anchor Books, 1973.

Gustafson, Donald F., ed. *Essays in Philosophical Psychology*. London: Macmillan, 1967.

Hacking, Ian. Individual Substance *Leibniz: A Collection of Critical Essays*. ed. Harry G. Frankfurt. Notre Dame: University of Notre Dame Press, 1976.

Hampshire, Stuart. A Kind of Materialism. In his *Freedom of Mind*, pp.210-231. Oxford: Clarendon Press, 1972.

_____. *Spinoza*. Melbourne, London, and Baltimore: Penguin Books, 1951.

_____. Spinoza's Theory of Human Freedom. In *Spinoza: Essays in Interpretation*, edited by Eugene Freeman and Maurice Mandelbaum, pp.44-54.

Harris, Erroll E. *Salvation from Despair*. The Hague: Martinus Nijhoff, 1973.

_____. Infinity of Attributes and Idea Ideae. *Neue Hefte Fur Philosophie, 12* (1977): pp.920.

Hessing, Siegfried, ed. *Speculum Spinozanum 1677-1977*. London: Routledge and Kegan Paul, 1977.

Horgan, Terence and Michael Tye, Against the Token Identity Theory. In *Actions and Events*, edited by Ernest Lepore and Brian P. McLaughlin, pp.427-443.

Joachim, H. H. *Study of Spinoza's Ethics*. Oxford: Clarendon Press, 1901.

Joseph, H. W. B. *Lectures on the Philosophy of Leibniz*. London: The Claredon Press, 1948.

Kashap, S. Paul, ed. *Studies in Spinoza*. Berkeley, Los Angeles, and London: University of California Press, 1972.

Kline, George. On the Infinity of Spinoza's Attributes. In *Speculum Spinozanum 1677-1977*, edited by Siegfried Hessing, pp.333-352.

Lepore, Ernest and Brian P. McLaughlin, eds. *Actions and Events: Perspectives on the Philosophy of Donald Davidson*. Oxford and New York: Basil Blackwell, 1985.

Lloyd, Genevieve. *Part of Nature: Self-Knowledge in Spinoza's Ethics*. Ithaca: Cornell University Press, 1994.

Mark, T. C. *Spinoza's Theory of Truth*. Now York and London: Columbia University Press, 1972.

Martin, Gottfried. *Leibniz: Logic and Metaphysics*. trans. K. J. Northott. and P. G. Lucas. New York: Barns and Noble 1960.

Mates, Benson. *The Philosophy of Leibniz: Metaphysics and Language*. New York: Oxford University Press, 1986.

Matson, Wallace I. Spinoza's Theory of Mind. In *Spinoza: Essays in Interpretation*, edited by Eugene Freeman and Maurice Mandelbaum, pp.49-60.

McLaughlin, P. Brian. Anomalous Monism and the Irreducibility of the Mental. In *Actions and Events*, edited by Ernest Lepore and Brian P. McLaughlin, pp.331-368.

Meyer, R.W. *Leibniz and Seventeenth-Century Revolution*. Chicago: Henry Regnery Company, 1952.

Murray, J. Clark. The Idealism of Spinoza. *The Philosophical Review 5* (1896): pp.473-488.

Nason, John. Leibniz and the Logical Argument for Individual. *Leibniz: Metaphysics and Philosophy of Science*. ed. R. S. Woolhouse. London: Oxford University Press, 1981.

Odegard, Douglas. The Body Identical with the Human Mind: A Problem in Spinoza's Philosophy. In *Spinoza: Essays in Interpretation*, edited by Eugene Freeman and Maurice Mandelbaum, pp.61-83.

Pap, A. *The Elements of Analytical Philosophy*. Now York, 1972.

Pollock, Frederick. *Spinoza: His Life and Philosophy*. London: Duckworth, 1899.

Radner, Daisie. Spinoza's Theory of Ideas. *The Philosophical Review, 80* (1971): pp.338-359.

Rescher, Nicolas *Leibniz's Metaphysics of Nature*. London: D. Reidel Publishing Company.

______, *Leibniz: An Introduction to His Philosophy*. New Jersey: Rowmnard Littlefield, 1979.

Rosenthal, David M., ed. *The Nature of Mind*. New York and Oxford: Oxford University Press, 1991.

Russell, Bertrand. *A Critical exposition of the philosophy of Leibniz*. London: Allen and Unwin Ltd., 1937.

Schacht, Richard. *Classical Modern Philosophers: Descartes to Kant*. London: Routledge, 1993.

Shaffer, Jerome. *Philosophy of Mind*. Englewood Cliffs: Prentice-Hall, 1968.

Sorabji, Richard. Body and Soul in Aristotle. In *Articles on Aristotle*, vol. 4, edited by Jonathan Barnes, Malcolm Schofield, and Richard Sorabji, pp.42-64.

Taylor, A. E. Some Incoherences in Spinozism (I). In *Studies in Spinoza*, edited by S. Paul Kashap, pp.189-211.

Taylor, Richard. *Metaphysics*. Englewood Cliffs: Prentice-Hall, 1974.

______. Determinism. In *The Encyclopedia of Philosophy*, vol. 2, edited by Paul Edwards, pp.359-372.

Thomas, James. Spinoza's Letter 66 and Its Idealist Reading. *Idealistic Studies* (1994): pp.191-196.

Vesey, G. Agent and Spectator: the Double Aspect Theory. In *The Royal Institute of Philosophy Lectures*, vol. 1, pp.139-159. London: Macmillan, 1968.

von Leyden, W. *Seventeenth Century Metaphysics*. London: Gerald Duckworth, 1968.

Wetlesen, Jon, ed. *Spinoza's Philosophy of Man*. Oslo: Universitetsvorlaget, 1977.

Wilbur, James B., ed. *Spinoza's Metaphysics: Essays in Critical Appreciation*. Assen: van Gorcum, 1976.

Wilson, Catherine. *Leibniz's Metaphysical: A Historical and Comparative Study*. New Jersey: Princeton University Press, 1989.

Wolf, A. "Spinoza", in *Journal of Philosophical Studies*, vol. 2 no. 5 1927, pp.16-27.

______. Spinoza's Conception of the Attributes of Substance. In *Studies in Spinoza*, edited by S. Paul Kashap, pp.16-27.

Wolfson, H. A. *The Philosophy of Spinoza*. 2 vols. New York: Schocken Books, 1969.

Woolhouse, R. S. *Descartes, Spinoza, Leibniz: the Concept of Substance in Seventeenth Century Metaphysics*. London and New York: Routledge, 1993.

Yovel, Yimiyahu. *Spinoza and Other Heretics: The Marrano of Reason*. Princeton: Princeton University Press. 1989.

:: 찾아보기